邹维，男，四川师范大学教育科学学院教师，北京师范大学教育经济与管理博士，主要从事教育管理、师生成长等领域的研究和"教育逻辑学"等课程讲授。主持和参与国家级、省部厅级课题多项，在《教育研究》《教育发展研究》《四川师范大学学报（哲学社会科学版）》等国内外刊物发表论文40余篇，相关论文被《中国社会科学文摘》《中小学校管理（人大复印）》等全文转载。

本书系四川师范大学2022年度教学改革项目（教材建设类）
"教育逻辑学基础"（项目批准号：20220162XJK）的建设成果

教育逻辑学基础

主编 邹 维

四川大学出版社
SICHUAN UNIVERSITY PRESS

图书在版编目（CIP）数据

教育逻辑学基础 / 邹维主编. -- 成都：四川大学出版社，2024.8. --（教师教育精品课程规划教材系列）. ISBN 978-7-5690-7082-8

Ⅰ．G40-059.9

中国国家版本馆CIP数据核字第2024JG2917号

书　　名：	教育逻辑学基础
	Jiaoyu Luojixue Jichu
主　　编：	邹　维
丛 书 名：	教师教育精品课程规划教材系列

选题策划：蒋　玙　周维彬
责任编辑：周维彬
责任校对：王　静
装帧设计：墨创文化
责任印制：王　炜

出版发行：四川大学出版社有限责任公司
　　　　　地址：成都市一环路南一段24号（610065）
　　　　　电话：（028）85408311（发行部）、85400276（总编室）
　　　　　电子邮箱：scupress@vip.163.com
　　　　　网址：https://press.scu.edu.cn
印前制作：四川胜翔数码印务设计有限公司
印刷装订：成都市川侨印务有限公司

成品尺寸：185 mm×260 mm
印　　张：12.75
插　　页：2
字　　数：317千字

版　　次：2024年8月 第1版
印　　次：2024年8月 第1次印刷
定　　价：52.00元

本社图书如有印装质量问题，请联系发行部调换

版权所有 ◆ 侵权必究

扫码获取数字资源

四川大学出版社
微信公众号

前　言

教育逻辑学基础教材建设，源于学科发展需要、教育评估需要和课程建设需要。

其一，学科发展需要。教育逻辑学基础是逻辑学的分支，具有逻辑学的基本思维，但又具有教育学的学科特点，其产生是教育理论与教育科学现状的必然要求。教育逻辑学基础不仅是教育科学发展的客观要求，也是教育认识论、教育辩证法、教育逻辑统一的必然要求，是教育的认识规律、思维规律与教育存在规律统一的基本要求。教育科学以教育存在、教育问题为研究对象，其根本目的在于揭示教育的存在规律，解决教育问题并指导教育实践。这一切都依赖教育理论思维，教育科学研究、教育实践操作都需要处理好认识论、辩证法与逻辑学的关系，教育逻辑学基础是教育学科不可或缺的一门课程，其教材建设是立德树人的关键。

其二，教育评估需要。逻辑学历来就是各个专业的基础课程或核心课程，被视为关于思维工具性的基础课程，与数学具有同等地位。数学提供数学工具，逻辑学提供逻辑工具。逻辑学是推理的工具，是表述思想、建构理论的工具，是论证思想的工具，也是思想分析与批判的工具。在学科评估、专业评估、师范生认证评估等评估活动中，逻辑学都是被重点关注的课程，具体于教育学科，则被称为教育逻辑学基础。

其三，课程建设需要。四川师范大学教育科学学院的教育学是国家级一流本科专业、小学教育是省级一流本科专业，教育逻辑学基础是两个专业的重点建设课程，编写一本适合本科生使用、具有教育学特征、符合人文社科思维、体现四川师范大学人才培养特色的教育逻辑学基础教材，意义格外重大。

当前国内同类教材主要有三类：一是逻辑学教材，属于普适性教材，是抽象的逻辑学概念、理论分析教材，编写人员主要是哲学学院教师；二是逻辑学应用教材，常呈现为《法律逻辑学》《经济逻辑导论》等，编写人员为法学院、经济学院等学院教师；三是教育逻辑学，是当前唯一被命名为《教育逻辑学》的教材，编写人员是教育科学研究人员。

与前两种教材相比，《教育逻辑学基础》的优势是具体学科的教材，是具体学科的专业表达，既有逻辑学的基本框架，也有教育学的科学阐述，是二者结合体，是逻辑学的教育学科应用教材，更符合教育学科学生的认知，也更符合他们的实践与理论需要。当前的《教育逻辑学》教材，实际上并非传统意义上的"教育+逻辑"的教材，而是教育发展与教育研究逻辑的教材，有以下不足：一是偏理论性，不适合本科生使用；二是纯教育性，不适合逻辑学课程使用；三是偏研究性，不适合实践思考使用。也就是说，当前的《教育逻辑学》教材并非逻辑学在教育学科的应用教材，而是一本研究教育逻辑的教材（如课程逻辑、教师逻辑），二者具有本质区别。

《教育逻辑学基础》坚守了九个基本原则：①以马克思主义为指导，服务意识形态工作大局，为培养中国特色社会主义教育工作者服务；②立足点高，以现代逻辑的观点处理传统逻辑内容；③内容简明扼要，知识点达到一定程度的覆盖面，留给教师发挥的空间与余地，区别于一般的通识课教材；④语言精练流畅，表达清楚明白，具备较强的可读性；⑤注意学习方法的引导，留给学生思考的空间与余地；⑥注意案例的选取，例子鲜活和贴近教育；⑦与同类本科教材相比，教材必须创新，注意写出新意；⑧内容准确科学，坚持当代逻辑学的基本理论，并且符合当代逻辑学的发展趋势；⑨具有逻辑思维和教育属性，是有逻辑的教育学，也是从教育论域学习逻辑学。

《教育逻辑学基础》在编写过程中遵守以下要求：首先，逻辑学科的基本思维形式、规律及其方法的总体框架不变；其次，增加教育学科的术语、案例与实践，增强逻辑学的教育属性、教育表达和教育阐述，使学生在熟悉的话语体系中掌握教育学科的逻辑思维形式、规律及其方法；再次，以案例教学法和项目式教学法作为教材编写的思路；最后，以日常教育实践、理论教育研究为培养目的建设教育逻辑学的培养方法，培养懂教育、有逻辑的新时代教育人。

《教育逻辑学基础》旨在不脱离逻辑学的探讨框架，通过大量使用教育学科术语、案例和实践材料，思考逻辑学的教育学科思维形式（主要是推理形式）及其规律以及思维的逻辑方法，帮助学生进行教育逻辑思维训练，增强教育逻辑思维能力，并为学习其他教育类课程提供必要的逻辑分析工具。其理论价值在于从教育学角度思考逻辑学，从逻辑学的角度审思教育学；应用价值在于培养懂教育、会逻辑的学生，可供教育学各专业的本专科生、硕博士生学习研究使用，也可供一线教育实践工作者学习使用。

《教育逻辑学基础》一书的出版，得到了四川师范大学教务处、四川师范大学教育科学学院的领导和教师们的关心与支持，得到了四川大学出版社编辑们认真且专业的帮助，在此表示感谢。

由于编写者的能力水平有限，书中不当之处敬请批评指正。让我们一同走进教育逻辑学的学习之旅，逻辑清晰地发现、分析、解决教育问题，探寻教育规律，促进教育高质量发展，建设教育强国。

邹　维

2023年12月8日记于四川师范大学

目　　录

第一章　导　论 (1)
　　一、逻辑学与教育逻辑学的由来与含义 (1)
　　二、逻辑学的发展历史简述 (2)
　　三、教育逻辑学的研究对象 (6)
　　四、教育逻辑学的基本特点 (8)
　　五、学习教育逻辑学的意义 (9)
　　六、学习教育逻辑学的方法 (11)

第二章　教育概念 (13)
　　一、教育概念的内涵 (13)
　　二、教育概念的外延 (16)
　　三、教育概念的分类 (19)
　　四、教育概念的外延之间的关系 (24)
　　五、教育概念的限制与概括 (32)
　　六、教育概念的内涵揭示：下定义 (36)
　　七、教育概念的外延揭示：划分 (41)

第三章　教育命题 (45)
　　一、教育命题及其分类 (45)
　　二、非模态命题：简单命题 (50)
　　三、非模态命题：复合命题 (64)
　　四、模态命题 (82)

第四章　教育推理一：教育必然推理 (86)
　　一、教育推理的概述 (86)
　　二、教育演绎推理 (91)
　　三、教育完全归纳推理 (142)

第五章　教育推理二：教育或然推理 (146)
　　一、教育不完全归纳法 (146)
　　二、教育类比推理 (158)
　　三、教育溯因推理 (163)

第六章　教育逻辑基本规律·····(166)
- 一、同一律·····(166)
- 二、矛盾律·····(172)
- 三、排中律·····(175)
- 四、充足理由律·····(177)

第七章　教育论证·····(179)
- 一、教育论证的含义与结构·····(179)
- 二、教育论证与教育推理的关系·····(180)
- 三、教育证明·····(182)
- 四、教育反驳·····(190)
- 五、教育论证规则·····(196)

参考文献·····(200)

第一章 导 论

一、逻辑学与教育逻辑学的由来与含义

"逻辑"在英语、德语、法语中对应的单词为——logic、logik 和 logique，源于古希腊语逻各斯（λóγos）。古希腊哲学家赫拉克利特最早使用了"逻各斯"这个概念，他认为逻各斯是一种隐秘的智慧，具有神秘的、非人类的特性，是世间万物变化的一种微妙尺度和准则。逻各斯被视为万物产生的根据，是人们"顷刻不能离开的那个东西"，是"知道一切的东西"。逻各斯（言语、语词、理性的根据）就是与一切运动和变化联系着的规律。严复在《穆勒名学》中将 logic 意译为"名学"，后又音译为"逻辑"。有关逻辑的学问，国内过去称为"形名之学""名学""辩学""名理""理则学""论理学"等。

"逻辑"一词具有丰富的含义，以至于不少人感慨，除哲学外，也许没有一个学科分支像逻辑这样被给予了如此众多的意义，甚至在哲学的专门术语中，也很少有像"逻辑"一词这样有多种含义。

请学生分析下列语句中的"逻辑"一词的含义：

（1）实现教育现代化是中国教育发展逻辑的必然。

（2）在教育均衡发展的艰难历程后，教育优质均衡发展到来了，这是教育的自然逻辑。

逻辑：客观事物的规律。

（3）写文章要讲逻辑。

（4）毕业论文的论证要合乎逻辑。

（5）只有材料丰富且符合实际，才能根据这样的材料得出合乎逻辑的结论。

逻辑：（合乎）思维的规律、规则。

（6）校园欺凌者奉行的是强盗逻辑。

（7）说"知识越多越无德"，真是奇怪的逻辑。

（8）只许教师出校，不许学生出校，这是什么逻辑！

逻辑：某种特殊的观点、方法，特别是谬论、歪理。

（9）大学生学点文法和逻辑是十分必要的。

(10) 语法、修辞、逻辑都是工具性的课程。

(11) 难道教育学类的学生可以不用学习逻辑吗？

逻辑：研究思维形式及其规律的学问，即逻辑学。

根据上文分析，我们可以总结出汉语中"逻辑"的四种基本含义：(1) 客观事物的规律；(2)（合乎）思维的规律、规则；(3) 某种特殊的观点、方法，特别是谬论、歪理；(4) 研究思维形式及其规律的学问，即逻辑学。

可见，逻辑学是一门研究思维形式及其规律的科学，主要包括传统形式逻辑和现代数理逻辑。形式逻辑也叫普通逻辑、传统逻辑，狭义指演绎逻辑，广义还包括归纳逻辑，是关于思维的形式及其规律的科学。思维规律是思维内容与思维形式的统一。形式逻辑也是从内容和形式的统一角度研究思维规律的学说，因而绝不是什么纯形式的逻辑。形式逻辑的对象是事物的质，形式逻辑靠概念、判断、推理（主要包括归纳推理与演绎推理）反映事物的质。数理逻辑又称符号逻辑、理论逻辑、现代逻辑，属形式逻辑形式上符号化、数学化的逻辑，它既是数学的一个分支，也是逻辑学的一个分支。其研究对象是对证明和计算这两个直观概念进行符号化以后的形式系统。数理逻辑是基础数学不可缺少的组成部分。虽然其名称中有逻辑两字，但并不属于单纯逻辑学范畴。

逻辑学是一个哲学分支学科。我国高等院校按"学科门类""学科大类"（一级学科）、"专业"（二级学科）三个层次进行专业设置。哲学与教育学同属一级学科，逻辑学属于哲学下开设的二级学科，但逻辑学的研究不断向其他一级学科延伸，产生了如法学逻辑、医学逻辑、经济逻辑、教育逻辑等。教育逻辑学是一门研究教育活动思维形式及其规律的科学。逻辑学向其他学科或科学领域的渗透，或者其他科学与逻辑学的交叉，是由人的思维规律决定的，也是科学研究和学科自身发展的基本要求。教育科学与逻辑学的联系或交叉也是由人的思维规律决定的，教育逻辑学的产生是教育理论和教育科学的发展的必然要求。

二、逻辑学的发展历史简述

（一）西方逻辑学发展简史

当哲学发展逐渐成熟的时候，人们才致力于去探知、寻找那些针对具体现象给出各种解释时所依赖的原理。于是就有了逻辑学的发端。亚里士多德是进行此项事业的先驱者。亚里士多德把推理看作基于辨识事物类别的活动，有了类的概念，就可以去识别类与类之间的关系，进而就可以对确认这些关系的命题进行操作。他区分了直言命题的类型，如全称肯定命题（所有的 S 都是 P）、特称否定命题（这个 S 不是 P）以及命题之间的关系与理解（如"如果有 S 是 P，那么就不可能没有 P 是 S"）。亚里士多德还运用了不同的联结方法构建包含三个词项的直言命题，构造出了直言三段论——所有的 M 都是 P，所有的 S 都是 M，所以，所有的 S 都是 P。亚里士多德利用这些技术，建立了一个庞大的演绎逻辑系统。

亚里士多德的逍遥学派、柏拉图的学园派、伊壁鸠鲁学派和斯多葛学派是古希腊的四大哲学学派。根据斯多葛主义的见解，哲学由逻辑学、物理学和伦理学三部分构成。克里西普斯是斯多葛学派的主要领袖，他把逻辑分析推向了继亚里士多德后的另一个高度。他认为，命题而非范畴是推理的基本要素，从而否定了亚里士多德的推理基础。我们来看一个命题推理的例子："韩梅梅在四川师范大学就读"或"韩梅梅在北京师范大学就读"，"如果韩梅梅在四川师范大学就读，那么韩梅梅不在北京师范大学就读"，目前确认"韩梅梅在四川师范大学就读"，因此，"韩梅梅不在北京师范大学就读"。这种推理形式被称为肯定前件式，这种简单的论证形式，既常见又有用，并且还存在其他许多类似的基本形式，我们将在推理章节重点讲述。

奥卡姆是近代英格兰最伟大的逻辑学家之一，他的主要贡献在于试图摆脱那些无用的形而上学概念的束缚。他告诫人们：当一个术语或概念被表明不结果实时，就应当将之割掉并放弃。这条祈使性的原则，即"奥卡姆剃刀"。他在《箴言书注》第2卷第15题说："切勿浪费较多东西去做用较少的东西同样可以做好的事情。"奥卡姆的意思：对于同一理论或者同一命题的多种解释和证明过程中，步骤最少、最为简洁的证明是最有效的。他的这些表达迄今仍被视为公共指南：在所有理性思维中，如无必要，勿增实体。

培根于1620年出版了《新工具》一书。"新工具"是一种归纳逻辑。我们常说的三段论（所有人都是必死的。苏格拉底是人。苏格拉底是必死的）就是典型的形式逻辑、演绎逻辑，是对概念的推演。它追求论证形式的精确性，尽管形式的精确可以使人对推理的程序满意，却不能保证它的前提和结论的真理性。培根认为三段论的目的是用来使人同意或者不同意的，而不是用来说明自然的作用。"新工具"的目的则不同，它"不是发明论证，而是发明技艺；不是发明与原理相一致的事物，而是发明原理本身"。"新工具"的目的是指导自然科学的研究，帮助人获得更多的自然科学知识。言外之意，"新工具"是获得更多的三段论的"前提"，它强调归纳逻辑的结果就是三段论的前提。因此，"新工具"研究的是产生这个前提的科学逻辑。归纳逻辑建立在大量事实的基础上，不仅包括正面的事实，也包括反面的事实。后来，《逻辑或思维的艺术》这本以"波尔-罗亚尔逻辑学家"的名义匿名出版的书将演绎逻辑和归纳逻辑统一在了一个融贯的架构之中。逻辑学的第一个重要发展阶段至此结束。

德国哲学家、数学家莱布尼茨带来了逻辑学的第二个重要发展阶段——现代数理逻辑。在数理逻辑出现之前，莱布尼茨便决心构造一门基本学科，这门学科在某些方面像数学，但也包括传统逻辑中一些尚未发展的研究内容。他注意到了传统逻辑与数学的共性，发现逻辑及其词项、命题和三段论与代数中的字母、方程式和变换，具有某种形式上的相似性，因此他将逻辑表示成一种演算，这种演算研究非数量的抽象关系或形式关系，他曾称其为普遍数学。他希望建立一种哲学语言或普遍语言，这种语言不仅有助于思想交流，而且有利于思想本身。莱布尼茨力图发明一种对概念进行演算的理论，使概念也能像数一样进行代数演算。1679年，莱布尼茨开始进行了这方面的研究，他的思想是：每一个简单的词项用一个素数表示，每一个合成词项用素数乘积来表示。例如，用3表示"能思维的"，用7表示"动物"，人是能思维的动物则可用21表示，可写成$21=3\times7$。一个全称肯定命题，如果主项的数能被谓项的数整除，则该命题为真。1686

年，莱布尼茨发展了关于概念相等和概念包含的理论，其中引入了词项 a，b，c，…和运算符号 ¬（表示"非"）。利用这种演算，他成功地将亚里士多德的四种类型的一般命题表示成了符号公式形式，从而使用符号表示逻辑命题成为可能。例如，每一个 A 是 B，符号表示为 AB=A；有的 A 不是 B，符号表示为 AB≠A。

逻辑学是哲学的一个二级学科，研究推理和思考的规律。然而，逻辑学并不仅限于哲学领域，还广泛应用于其他学科领域，包括数学、计算机科学、语言学、认知心理学等。第二次世界大战以后，逻辑学的研究逐渐与不同学科相结合，形成了教育逻辑、心理逻辑、法律逻辑等新兴学科，即逻辑学发展的第三个重要发展阶段——学科应用逻辑。逻辑学与其他科学领域的交叉应用不仅促进了各个学科领域的发展，也有助于人类更好地理解和解决各种实际问题。逻辑学提供了一种通用的思考方式，不仅能帮助人们更加理性地分析和解决问题，同时还可以使人们避免一些逻辑上的误解和错误。

综上所述，逻辑学发展经历了传统形式逻辑（主要包括演绎逻辑和归纳逻辑）、现代数理逻辑和学科应用逻辑三个重要阶段。

（二）中国逻辑学发展简史

中国逻辑学（一般称为"名辩学"）、印度逻辑学（因明学）、古希腊逻辑学被誉为世界古代逻辑学三大源流。在远古时代，人们对周围事物的发展原因和规律知之甚少，只能祈求冥冥中神灵的指引，于是"以其昏昏，使人昭昭"的占卜场面出现了。从留存下来的刻画在用于占卜的龟甲兽骨片上有规则的数字排列组合来看，先人的预测推理能力已经达到了比较成熟的阶段。中国古代逻辑学先于或同于古希腊逻辑学并早于印度古代因明学，我国古代思想家从理论上提出和探讨了关于思维形式和规律方面的理论，并且在论辩和论著中相当全面、合理地运用着各种推理形式。

最迟成于西周初年的《周易》，是中国迄今为止所发现保存最完整、历史最久远的一部书，也是一部奇特的专著，两千多年来一直居"群经"之首。《周易》最初是作为占卜书籍出现的，在以后的易学发展的历史中也始终摆脱不了占卜的影响。占卜自然就要涉及"推"，即推理，而且这种推理要保证其一定的可靠性，可以从前提出发经过一系列的推导规则推导出结论以指导人们的行动，所以先人视之为决疑解惑的"天书"。因此，《周易》具有不同于中国古代其他经典著作的性质，是一部帮助人们进行思维推理的工具书。这也成就了中国逻辑学史一个神秘而又精彩的开场。

春秋战国时期，诸侯林立，各诸侯国为强国图治广招贤士，由此而产生了一批古代思想家。他们提出各种政治、伦理、经济学说，形成了百家争鸣的繁荣局面。争辩之风引起对争辩方法的研究，产生了先秦名辩学说，也就是中国古代的逻辑思想。公元前 400 多年的墨子提出要把"辩"（逻辑的推理和论证）作为一门专门的技术加以学习和研究。公元前 200 多年的公孙龙第一个从理论的高度提出了"唯乎其彼此"的正名理论和同一律原则，并精辟地揭示了种名（"白马"）与属名（"马"）在内涵、外延方面的种属差别及其包含关系。完成于战国中后期的《墨经》，全面提出了名（概念）、辞（命题）、说（推理）、辩（论证）的逻辑理论。

以名家的惠施和公孙龙、墨家的墨子和后期墨家、儒家的孔子和荀子等为代表的重要逻辑思想家，不仅提出了比较系统的正名学说，而且提出了比较完整的名辩学体系，在概念、命题、推论、论证等思维形式及其规律方面都有相当丰富、相当系统的思想和理论，使中国自己创立的逻辑思想和理论达到了中国古代逻辑思想的高峰。

名家是中国逻辑学的典型代表学派。名家〔辩者、刑（形）名家〕作为中国古代政治派别，是以辩论名实问题为中心，并且以善辩成名的一个学派。"名"就是指称事物的名称，用今天的话说，就是"概念"；"实"就是"名"所指称的事物。名家之所以被称为"名家"，是因为他们是在"思以其道易天下"的过程中，为了播其声，扬其道，释其理，最先围绕"刑名"问题，以研究刑法概念著称；之后逐渐从"刑名"研究，延延到"形名"研究、"名实"研究。围绕"名"和"实"的关系问题，展开论辩并提出自己的见解。由于他们的研究方法奇特，按汉代司马谈所言，即"控名指实""参伍不失"，虽然名家擅长论辩，但其论辩既苛察缴绕，又诡谲奇异，所以历史上一直名声不好。名学是一门完整系统的科学，它是由名符、名号、名分、名学、名势、名利组成。名学是以重视"名"（概念）的思想、价值、逻辑，事物"关系"（状况）的符号、工具、载体为中心的相互传播、表达、交流的研究与运作。

我国的逻辑学教育，始于20世纪初。1902年，清政府颁布《钦定学堂章程》，在"政科"设置了"名学"课程，由外国教习授课。1903年制定，1904年1月公布的《奏定学堂章程》，逻辑学（辩学）是"经学科""文学科""商科"的必修课。其中《奏定优级师范学堂章程》，则把逻辑学列为公共课程，共一学年，每周三学时。中华民国时期，逻辑学成为很多大学、高等师范学校乃至中学的必修或通习科目，如金岳霖在清华大学开课讲现代逻辑（数理逻辑）。梁启超、王国维、陈寅恪、冯友兰、熊十力、胡适等，亦将逻辑学应用到各自的研究领域。1978年，第一次全国逻辑学讨论会召开。1979年，中国逻辑学会成立。1982年10月12日，《人民日报》也刊文呼吁"要尽快在中学开设形式逻辑课"，文中指出，据近年来的调查结果，中学生逻辑思维能力的水平之低已到"令人吃惊"的程度："近年来，教育界已有人在上海和北京的某些学校，对中学生逻辑思维能力状况分别做了调查。结果表明，抽象思维的能力和形成概念的能力很低，独立分析问题的能力、相应的审题能力和判断力很差，推理和论证的能力很为缺乏。同上述各种能力的缺乏有关，目前中学生组织思想和表达思想的能力也很为欠缺。"[①]

20世纪90年代后，逻辑学的境遇也并未变好，在很多高等院校，逻辑学从必修课变成了可有可无的选修课，甚至被一些专业剔出了专业基础课程。有人痛心疾首指出，逻辑常识教育的长期缺席，使社会呈现出一种思维上的病态。这种缺席必然会造成严重的负面影响：诉诸情感、诉诸传统、诉诸暴力……背离逻辑的交流方式随处可见。很多公共话题的讨论，因参与者缺乏基本逻辑常识，常沦为无意义的谩骂、口水战。是时候加强逻辑学教育了，尤其是教育科学领域，教育作为培养人的活动，是一项高度互动的事业，没有正确的逻辑思维，教师如何正确看待学生、学习和教学，学生又如何正确理解知识、技能和价值观，师生之间又如何深入、高效、升华式互动。艰深的数理逻辑，

---

① 曹德铮. 要尽快在中学开设形式逻辑课［N］. 人民日报，1982-10-12（005）.

　　　　所有的动物都是生物，
　　　　所有的学生都是动物，
　　　　所以，所有的学生都是生物。

　　形式相同：所有 M 都是 P，
　　所有 S 都是 M，
　　所以，所有 S 都是 P。

　　其中，"所有……都……""如果……那么……"等是逻辑常项，S、P、M 等是逻辑变项，这些句子的共同之处是都由逻辑变项和逻辑常项构成。逻辑常项决定逻辑形式的性质，是区分不同逻辑形式的唯一依据。

　　可见，思维和语言都是内容和形式的统一。思维与语言密不可分的联系，具体表现为思维形式与语言形式总是紧密联系在一起的。

　　因此，教育逻辑学的研究对象：①教育思维的逻辑形式。②教育思维形式的规律，以及普遍存在于教育思维形式中的必然关系，包括基本规律和非基本规律。③教育思维的逻辑方法。在教育思维过程中运用逻辑规律以形成概念和命题、进行推理和论证的方法（如定义法）以及探求因果关系的归纳法和反向证明的方法（如反证法与归谬法等）。

　　教育逻辑学的中心任务是研究教育推理及其有效性标准，进而提供鉴别教育推理有效与否的模式与准则。

四、教育逻辑学的基本特点

　　教育逻辑学是通过对教育语言形式的分析来研究教育思维形式及其规律和思维的一门学科。教育逻辑学的直接对象就是教育语言符号。如"凡是在职教师都具有教师资格证，张三是在职教师，所以，张三具有教师资格证"，如果没有语词、语句，就不可能有上述推理。教育逻辑学具有以下基本特征：

　　第一，教育逻辑学是关于教育思维的工具性学科。七大基础学科依次为数学、逻辑学、天文学、地球科学、物理学、化学、生命科学。逻辑学是七大基础学科之一。应用型学科都是在基础学科上的衍生学科。数学和逻辑学为其他基础学科提供了数学工具和逻辑工具。其他基础学科是具体科学，提供的是事实真理，它们将逻辑学作为普遍适用的原则和方法。逻辑学是推理的工具，是表述思想、建构理论的工具，是论证思想的工具，也是思想分析与批判的工具。教育理论思维和教育实践思维发展都离不开逻辑学这门工具性基础学科的指导。

　　第二，教育逻辑学具有全人类性和超阶级性。教育逻辑学的性质和研究对象，决定了它是一门工具性质学科。教育逻辑不是直接地给受教育者提供各种具体的学科知识，而是间接地为其获取教育知识服务，即为人们获取教育知识，表述论证教育思想提供一种必要的工具。近代归纳逻辑的创始人弗朗西斯·培根，也把逻辑作为工具。作为一门工具性学科，逻辑的本身没有阶级性和民族性，因此教育逻辑学也没有阶级性和民族性。

　　第三，教育逻辑学的应用与理论属性。对于逻辑学而言，教育逻辑学是一门应用学科，是逻辑学的应用分支，主要涉及一般逻辑思维形式及其规律、方法在教育活动中的应用。对于教育学而言，教育逻辑学是一门理论学科，是人们发现教育现象、分析教育问题与揭示教育规律的一种方法论。

五、学习教育逻辑学的意义

第一，学习教育逻辑学有助于提高教育推理能力，正确认识事物，获取新知识。例如，要分析"'受学生欢迎的课'就是'金课'"这一命题（"金课"被阐述为具有高阶性、创新性和挑战度的课，呈现精细、异质、创新、开放、主动、以质取胜等特征）。易知，该命题是一个全称肯定命题，具有"所有的S都是P"的教育逻辑思维形式，而要想证伪这一命题，只需论证"有些'受学生欢迎的课'不是'金课'"或"有些'金课'不受学生欢迎"即可。[①] 通过进一步分析发现，课的质量不是衡量"受学生欢迎的课"的绝对标准，学生可能受利益驱使而选择用脚投票，即受学生欢迎的原因不一定是课的质量，而以质取胜的课可能更易让人产生痛苦感等原因不受学生欢迎，使得"有些'受学生欢迎的课'不是'金课'"。此外，课程的差异性决定必然有学生不喜欢的课、学生的个体性差异使"金课"也未必会受欢迎、教师的独特性并不在于都要受学生欢迎等，导致"有些'金课'不受学生欢迎"。因此可以推断，"'受学生欢迎的课'就是'金课'"这一命题不成立，从而得出"'受学生欢迎的课'不一定就是'金课'""'金课'并非都'受学生欢迎'"等正确认知，从而更好地指导"金课"的课程建设。又如，小狮子老师在给学生讲授"两个黄鹂鸣翠柳，一行白鹭上青天。窗含西岭千秋雪，门泊东吴万里船"（杜甫《绝句》）时，提到杜甫草堂在今成都市浣花溪附近，并且提出杜甫草堂附近肯定有水系，小狮子老师的推理是：因为只有杜甫草堂与东吴有水道通航，来自东吴的船才能泊在杜甫草堂门前；东吴的船停泊在杜甫草堂门前，所以，杜甫草堂与东吴有水道通航。抑或是，如果杜甫草堂门前停泊过来自东吴的船，杜甫草堂与东吴就一定有水道通航；现在杜甫草堂门前停泊过来自东吴的船；所以，杜甫草堂与东吴一定有水道通航。如果要推理出杜甫草堂附近不仅有水系，还能抬头看到西岭雪山，又该如何推理呢？

第二，学习教育逻辑学有助于准确地表达教育思想，严密地论证教育思想。教育部以部门规章的形式制定《校外培训行政处罚暂行办法》，该暂行办法是大力加强校外培训行政执法、依法管理校外培训行业的重要举措，也是切实推进校外培训监管法治化、办好使人民群众满意的教育的题中之意。在校外培训市场监管过程中，因个别工作人员工作上的疏漏，给人民群众带来了不必要的麻烦。某单位周末开设了语文学科补习班，被临时执法的工作人员抓了个正着，现场开出了处罚通知单，通知单最后有一句话是这样表述的："如不服本处罚决定，在接到处罚通知书第2天起十日内，向本局提出申诉，上诉于市基层人民法院。"被处罚者看到这句话后，一时间不知道该向哪个单位提起申诉。又如，某班级的一位学生干部在组织班里的同学进行教室卫生大扫除活动中说：

[①] 邹维，张东娇."金课"就是"受学生欢迎的课"？[J]. 现代大学教育，2020，36（4）：105-110.

"今天的劳动这样安排：一组的同学拖地，女生擦玻璃，其他人帮助擦桌椅，身强力壮的跟我去打水。"大家听完他的话，许多人不知道自己该干什么。

第三，学习教育逻辑学有助于揭露谬误，驳斥诡辩。有位学生到学校超市购物，学生问："老板，可乐多少钱一瓶？"老板答："3块。"学生说："给我拿一瓶可乐。"学生拿到可乐后又问老板："面包多少钱一个呢？"老板答："3块。"学生说："那我不要可乐了，给我拿一个面包吧。"老板给学生拿了一个面包，学生把可乐还给了老板，然后抬腿准备走人。老板把学生叫住，提醒学生给钱，学生说："面包不是我用可乐换的吗？"老板驳斥说："可是可乐你也没给钱呀！"学生继续辩驳说："我没有喝可乐，为何要给钱呢？"老板想："是啊，他没有喝我的可乐……"

"白马非马"是指中国逻辑学家公孙龙提出的一个逻辑问题，出自《公孙龙子·白马论》①。

  "白马非马，可乎？"

  曰："可。"

  曰："何哉？"

  曰："马者，所以命形也；白者，所以命色也。命色者，非命形也，故曰：白马非马。"

  曰："有白马，不可谓无马也；不可谓无马者，非马也？有白马为有马，白之，非马何也？"

  曰："求马，黄、黑马皆可致；求白马，黄、黑马不可致。使白马乃马也，是所求一也，所求一者，白者不异马也。所求不异，如黄、黑马有可有不可，何也？可与不可，其相非明。故黄、黑马一也，而可以应有马，而不可以应有白马，是白马之非马，审矣！"

  曰："以马之有色为非马，天下非有无色之马也。天下无马可乎？"

  曰："马固有色，故有白马。使马无色，有马如已耳，安取白马？故白者非马也。白马者，马与白也；马与白马也，故曰：白马非马也。"

  曰："马未与白为马，白未与马为白。合马与白，复名白马，是相与以不相与为名，未可。故曰：白马非马未可。"

  曰："以有白马为有马，谓有白马为有黄马，可乎？"曰："未可。"曰："以有马为异有黄马，是异黄马于马也。异黄马于马，是以黄马为非马。以黄马为非马，而以白马为有马；此飞者入池而棺椁异处，此天下之悖言乱辞也。"

  曰："有白马，不可谓无马者，离白之谓也。不离者有白马不可谓有马也。故所以为有马者，独以马为有马耳，非有白马为有马。故其为有马也，不可以谓马马也。"

  曰："白者不定所白，忘之而可也。白马者，言白定所白也。定所白者，非白也。马者，无去取于色，故黄、黑皆所以应。白马者，有去取于色，黄、黑马皆所

---

① 邓晓芒. 从公孙龙子看中国语言哲学的困境[J]. 清华大学学报（哲学社会科学版），2023（4）：158-166，224.

以色去，故唯白马独可以应耳。无去者非有去也。故曰：白马非马。"

从"白马是马"到"白马非马"，是诡辩之术从低级阶段到高级阶段的表现，应如何驳斥公孙龙的观点呢？

第四，学习教育逻辑学有助于学业竞争力。其突出优势在于提升应试考试的能力，如在教师资格证考试中有一题为：

与"医生—军人"一致的是（　　）.
A. 青年—少年　　　　B. 中年—老年
C. 青年—干部　　　　D. 明星—影星

该题考查的是概念的交叉关系。

又如某事业单位招聘考试有题为：

陈华、刘刚、王明三人中，星期日只有一个人在家做作业。陈华说："我在家做作业。"刘刚说："我没在家做作业。"王明说："陈华没有在家做作业。"

如果这三句话，只有一句是真的，那么说真话的是（　　）。
A. 无法判断　　　　B. 王明
C. 刘刚　　　　　　D. 陈华

在某些学科的研究生入学考试试题中，也有直接考查逻辑学的题目：

爱因斯坦思想深刻、思维创新。他不仅是一位伟大的科学家，还是一位思想家和人道主义者，同时也是一位充满个性的有趣人物。他一生的经历表明，只有拥有诙谐幽默、充满个性的独立人格，才能做到思想深刻、思维创新。根据以上陈述，可以得出以下哪项？
A. 有的思想家不是人道主义者。
B. 有些伟大的科学家拥有诙谐幽默、充满个性的独立人格。
C. 科学家一旦诙谐幽默、充满个性，就能做到思想深刻、思维创新。
D. 有些人道主义者诙谐幽默、充满个性，但做不到思想深刻、思维创新。
E. 有的思想家做不到诙谐幽默、充满个性，但能做到思想深刻、思维创新。

实质上，即便题目不是直接考查教育逻辑学，但学习了教育逻辑学，不仅有助于我们思考、表达，也会影响逻辑素养提升。

六、学习教育逻辑学的方法

首先，明确学习教育逻辑学的目的。紧密结合教育日常语言、思维材料，系统介绍明确教育概念的逻辑方法、命题的分类与形式、推理的形式与规则、逻辑基本规律、论证规则及方法，帮助学生进行教育逻辑思维训练，增强教育逻辑思维能力，并为学习教育学其他课程提供必要的逻辑分析工具。

其次，勤思考，多练习。例如：

某中学举行田径运动会，高二（3）班甲、乙、丙、丁、戊、己6人报名参赛。在跳远、跳高和铅球3项比赛中，他们每人都报名1~2项，其中2人报名跳远，3人报名跳高，3人报名铅球。另外，还知道：（1）如果甲、乙至少有1人报名铅球，则丙也报名铅球；（2）如果己报名跳高，则乙和己均报名跳远；（3）如果丙、戊至少有1人报名铅球，则己报名跳高。请问6人的参加的比赛项目是什么？

你能够解答出来吗？

最后，紧密联系教育日常思维和表达中的实际问题学习。

某北方人甲到某杭州人乙的家乡旅游，发生了一段这样的对话。甲："这是我第一次来杭州，你能用一两个字概括一下杭州的特点吗？"乙："可以用'秀'这个字概况。"甲："秀？"乙："杭州山清水秀，杭州人长得也比较秀气。"甲："恐怕你说得不对吧！"乙："为何？"甲："你就不怎么秀气啊！"

甲的言论有何逻辑错误？

【思考与讨论】

请扫描二维码完成习题。

第二章 教育概念

教育思维宛如一座大厦，教育概念是这座大厦的一砖一瓦。由教育概念到教育命题，再由教育命题到教育推理，直至教育推理构成教育论证。正是由诸多教育论证组成了我们的教育思想体系，构成了教育思维的大厦。

阅读下列材料，谈谈你对教育概念的基本看法。

某中学历史课堂上，教师提问一位学生："你对孙中山先生有怎样的认识？"

这位学生涨红了小脸，吞吞吐吐地说："老师，我不认识孙中山先生。"

听到这位同学的答案，全班同学哄堂大笑，教师也是哭笑不得。

为何这位同学的回答会闹出笑话？我们都知道，教师说的"认识"，是评价和理解孙中山先生，而回答问题的学生说的"认识"，是指日常交往活动。学生没理解教师提出的教育概念，才导致答非所问的尴尬场面。

或许你已接受了高等教育，或许还会因自己知道成千上万个教育概念而沾沾自喜。然而人是有局限性的，我们需要明白：绝大多数教育概念我们是说不清、道不明的，因为我们并没有完整把握教育概念。

不正确使用概念/词项，就不能正确思维。

人是世间万物中第一个可宝贵的；我是人，所以，我是世间万物中第一个可宝贵的。分析这个推理犯了什么错误？

一、教育概念的内涵

（一）教育概念的内涵界定

概念是通过语词反映事物特有（本质）属性（特性）的思维形式。教育概念则是通过教育语词反映教育事物特有属性的思维形式，如课程、教学、教育目的等。概念所反映的对象包括一切能够被思考的事物，如文曲星君、魁星、孔子、教室。事物具有多种多样的性质，如颜色、好坏、形状等。事物之间又具有各种各样的关系，如前后、上下、大小等。事物的性质和事物之间的关系统称为事物的属性。事物的属性包括本质属性和非本质属性，本质属性是一事物之所以为该事物并与其他事物相区别的属性，非本质属性是对事物不起决定性意义的属性。下文中的例子，就是没有正确把握概念的内涵所闹出的笑话。

13

"笨人俱乐部"与"笨人大学"[①]

1929年，美国堪萨斯州成立了一个奇葩组织——"笨人俱乐部"。这个俱乐部的口号：越学越无学，越知越无知。这个俱乐部的章程规定：只有称得上最没有用的人，才有当选俱乐部主席的资格。这个奇葩的笨人俱乐部居然也搞学术研究。当然，他们搞的研究也是比较奇葩。比如在他们的研究中，有一项成果是鸡是植物。他们的逻辑是：因为鸡蛋是鸡生的，所以，鸡就可以说是"鸡蛋工厂"。而在英文中，鸡蛋是"egg"，工厂是"plant"。那么，"鸡"这个词也应该由"egg"同"plant"组成，就是"eggplant"。可是，在英文中，"eggplant"是"茄子"的意思，即"eggplant"是植物，所以"鸡是植物"！

这个俱乐部还办了一所"笨人大学"，当然也是请最没有用的人当校长。一天，校长收到堪萨斯州州长赠送的一个重140磅（1磅＝0.4536千克）的西瓜。这所大学以瓜为题开展讨论，师生都认为这个瓜不是西瓜。原因何在？因为堪萨斯州的西瓜过去最重的一个只有134磅。所以，他们决定把这个瓜叫作"笨瓜"。明明是个西瓜，"笨人大学"的师生却否认它是西瓜；鸡明明是动物，他们据"eggplant"词义说鸡是植物。

（二）教育概念与教育语词的关系

瑞士语言学家索绪尔认为，任何语言符号都是由"能指"和"所指"构成的，"能指"是指语言的声音或图象，"所指"是指语言反映的事物的概念（意义）。因此，思维形式就相当于语言的"能指"，思维的内容就相当于语言的"所指"。教育概念与教育语词既有区别又有联系。教育概念是教育语词的思想内容，教育语词是教育概念的语言表达形式。教育概念通过教育语词来表达，教育语词是表达教育概念的基本形式。词项是表达概念的语词。也有一种观点认为传统逻辑中的概念与现代逻辑中的词项区别不大。

教育概念与教育语词的区别如下：

第一，本质不同。教育概念是对客观事物的反映；教育语词是一组笔画或声音，是民族习惯或约定俗成的产物。例如，"学生"的写法、笔画和发音，就是教育语词；而当"学生"指正在学校、学堂或其他学习地方受教育的人时，就是教育概念。

第二，同一教育概念可以用不同的教育语词表达。语言具有丰富性，如"教师"这个教育概念，有许多教育语词可以表达。①老师。原是宋元时期对地方小学教师的称谓。后专指学生对教师的尊称，一直沿用至今。②先生。《礼记·玉藻》："〔童子〕无事，则立主人之北南面，见先生从人而入。"③园丁。常喻指教育工作者。柳仲甫《园丁之歌》："好花要靠园丁育。"④蜡烛。在文学艺术作品中，蜡烛有牺牲、奉献的象征意义，所以常用作对教师的尊称。⑤春蚕。李商隐的《无题》"春蚕到死丝方尽，蜡炬成灰泪始干"，把春蚕的执着、坚贞、奉献精神表现到了极致，人们便生动地把教师比作"春蚕"，这是对教师的无私奉献精神和高尚品质给予高度的评价。⑥人梯。其指为

[①] 彭漪涟，余式厚. 趣味逻辑（修订版）[M]. 北京：北京大学出版社，2019：1-2.

别人的成功而自我牺牲的人,现亦用做对教师的最高评价。例如,他甘当人梯,言传身教,培养青年一代。⑦孺子牛。"孺子牛"出自《左传·哀公六年》中记载的一个典故,原意是表示父母对子女的过分疼爱。后来,鲁迅在《自嘲》中"横眉冷对千夫指,俯首甘为孺子牛"的名句使"孺子牛"的精神得到升华,人们用"孺子牛"来比喻心甘情愿为人民大众服务,无私奉献的人。⑧人类灵魂工程师。这一词原是斯大林对作家的赞誉,后来被教育学家加里宁引用到教育界。他说:"很多教师常常忘记他们应该是教育家,而教育家也就是人类灵魂的工程师。"从此,"人类灵魂工程师"成为教师特定的称谓。

鲁迅在《孔乙己》[①]中有一段这样的描述:

> 孔乙己是站着喝酒而穿长衫的唯一的人。他身材很高大;青白脸色,皱纹间时常夹些伤痕;一部乱蓬蓬的花白的胡子。穿的虽然是长衫,可是又脏又破,似乎十多年没有补,也没有洗。他对人说话,总是满口之乎者也,教人半懂不懂的。因为他姓孔,别人便从描红纸上的"上大人孔乙己"这半懂不懂的话里,替他取下一个绰号,叫作孔乙己。孔乙己一到店,所有喝酒的人便都看着他笑,有的叫道,"孔乙己,你脸上又添上新伤疤了!"他不回答,对柜里说,"温两碗酒,要一碟茴香豆。"便排出九文大钱。他们又故意的高声嚷道,"你一定又偷了人家的东西了!"孔乙己睁大眼睛说,"你怎么这样凭空污人清白……""什么清白?我前天亲眼见你偷了何家的书,吊着打。"孔乙己便涨红了脸,额上的青筋条条绽出,争辩道,"窃书不能算偷……窃书!……读书人的事,能算偷么?"接连便是难懂的话,什么"君子固穷",什么"者乎"之类,引得众人都哄笑起来:店内外充满了快活的空气。

那么"窃"与"偷"这两个不同的语词,是不是同一概念呢?

第三,同一语词在不同的环境中可以表达不同的概念。对比下列各语句中带下划线的语词或概念,体会同一词语在不同场景所表达的不同概念。

    A. "一只<u>白头翁</u>在枝头鸣唱。""一个<u>白头翁</u>在教室里讲课。"
    B. "这<u>案</u>子很棘手。""作业放在<u>案</u>子上。"
    C. "浪费课堂时间是一种<u>犯罪</u>。""校园欺凌是严重危害学生身心健康的<u>犯罪</u>行为。"

第四,并非所有的语词都表达教育概念,如"虚词"。虚词泛指没有完整意义的词汇,但有语法意义或功能的词。其必须依附于实词或语句,具有表示语法意义、不能单独成句、不能单独作语法成分、不能重叠的特点。助词"的""得""地",叹词"啊""哇""呀""唉",疑问词"吗""呢"等,由于不能在句子中充当独立的语法成分,必须与其他的句子成分相配合才能表达某种意义,因此它们都不能算作概念(教育概念)。

不把握教育概念与教育语词的关系,容易闹出笑话。下面是关于作家雨果的一个故事[②]:

---

    ① 教育部组织编写. 语文九年级下册[M]. 北京:人民教育出版社,2018:19.
    ② 陈娜. 逻辑思维这么想才是对的[M]. 北京:企业管理出版社,2017:22.

概念是以直接统一的凝缩形式来反映思维对象的，在形式结构上，它没有做出断定，因而不存在与反映对象相背离的问题，更谈不上与客观现实相对照的真假断定。只要是概念，它们都有与之相应的对象类，将现实中没有客观原型或客观根据，以及在客观世界里找不到与之相应的对象类的概念称为"虚概念"比称为"假概念"更恰当，所以必须废止把概念分为真假两类的错误提法，采用把概念总体分为实概念和虚概念的分类法。

另一种观点认为虚概念即是假概念，概念有真、假之分。理由：①任何抽象的概念，其根源无一不在客观世界，一种思想是正确的还是错误的，不在于它是不是客观外界的反映，而在于它是正确反映还是错误反映。既然概念是人脑对客观外界事物的反映，那就势必存在正确或错误反映的问题，虚概念正是一种错误反映。②正是因为判断和推理都有真、假之说，所以概念也应该有真假。如同人类其他的认识发展一样，概念的发展也有一个辩证过程，人们对事物概念的认识不是一次就能达到正确反映的程度，而大都是由不正确或不够正确的反映到比较正确的反映，所以应当承认有假概念。③概念有真假，但不是所有的虚概念都是假概念。概念既然作为一种反映一定对象的思维形式，就自然存在着是否与其所反映的对象相符合、相一致的问题，因而也就有真假问题。认为概念无所谓真假，因而虚概念亦无所谓真假的说法是不符合事实的。这种观点认为有的虚概念是假概念，有的虚概念则不是假概念，实际上是跟将虚概念分为若干类的观点相吻合。

下列语句中标有下划线的概念是单独概念还是普遍概念？

（1）<u>中华人民共和国</u>是统一的多民族国家。
（2）<u>中华人民共和国</u>的受教育者一律平等。
（3）<u>中华人民共和国教育部</u>是最高国家教育行政机关。
（4）<u>《中国教育报》</u>是教育部门的宣传报。
（5）与会代表每人手中都拿着一份<u>《中国教育报》</u>。

需要注意的是，应当在具体语境中确定单独概念和普遍概念。单独概念和普遍概念最大的区别就是在外延上是否真正唯一，如"全国最美高校"是单独概念，如果把"最"去掉，就不是单独概念了。另外，运用单独概念和普遍概念运用时也需要保持前后一致，避免偷换概念，把单独概念变成普遍概念，或者把普遍概念变成单独概念。如下面这则小故事：

小狮子老师："小山同学，昨天的成人礼你怎么没有参加？"

小山同学："老师，真对不起，昨天我头疼发烧，应该是感冒了，所以没有出席，下次成人礼我一定出席。"

小狮子老师说的"成人礼"是针对小山同学这一届学生而言，应该是单独概念，有且仅只有一次。然而，小山同学将"成人礼"当成了普遍概念，认为有很多次，导致前言不搭后语，闹出笑话。

特定语境中，单独概念也可以表示普遍概念。毛泽东同志题词"向雷锋同志学习"，此处的"雷锋"是单独概念，专指雷锋本人。小狮子老师在3月5日学雷锋纪念日中说"我们就是千万个雷锋"，此处"雷锋"是普遍概念。

第二，根据教育概念外延所指对象是集合体还是非集合体，可将概念分为集合概念和非集合概念。先看两个例子，分析下划线标识的概念是否相同。

<u>中国学生</u>是勤奋的，小山是<u>中国学生</u>，所以小山是……

<u>中国教育工作者</u>为中国的教育事业作出了重大贡献。<u>中国教育工作者</u>要带头终身学习。

集合体：由许多同类个体组成的（属性）不可分的整体，其属性不为个体所具有。所指对象为集合体的概念就是集合概念，如北京市教育工作委员会、丛书、词汇、教育集团等。

非集合体：一类事物，或并非由同样分子组成的一个事物，其属性为分子所具有。所指对象为非集合体的概念就是非集合概念（类概念），如四川师范大学、杜威、稷下学宫、《学记》、某学生、某教师等。

以下各项中带下划线的概念是集合概念还是非集合概念？

<u>甲班学生</u>是从华东六省来的。小王是<u>甲班学生</u>。<u>甲班学生</u>都应该努力学习。

我国有一千二百多所<u>本科院校</u>。四川师范大学是一所<u>本科院校</u>。你就读的是<u>本科院校</u>吗？

<u>群众</u>的力量是伟大的。让<u>群众</u>发表意见。<u>群众</u>是真正的英雄。

<u>人</u>是世间万物中第一个可宝贵的，我是<u>人</u>，所以，我是世间万物中第一个可宝贵的。

怎样判别集合概念与非集合概念？集合概念所反映的对象不可个体化，非集合概念所反映的对象可个体化。对于集合概念而言，组成总体的个体不一定具有整体的属性，对于非集合概念而言，组成类的子类或分子一定具有类所具有的属性。或者说，若关于一概念的论断适用于该概念所指称的任一个体，则此概念是非集合概念［（除专名外）可加数量（冠词）限定］，否则就是集合概念［不可加数量（冠词）限定］。应在具体语境中区分集合概念和非集合概念！

需要注意：①不可将集合概念运用于组成该集合体的某一对象上。因为集合体所具有的属性，其组成单位（个体）未必具有。②有时同一概念既可在集合的意义上使用，也可在非集合的意义上使用，这时应根据具体的语境进行分析。

请分析以下两句话中"鲁迅小说"的用法：

鲁迅的小说不是一两天能读完的。（"鲁迅的小说"，集合概念）

鲁迅的小说最长不超过三万字。（"鲁迅的小说"，非集合概念）

检验一下学生是否掌握了集合概念与非集合概念及其区别，请看下题：

高校教师要发表一定数量的学术论文，小山是一名高校教师，所以他发表了一定数量的学术论文。

以下哪项论证展示的推理错误与上述论证中的最相似？

A. 师范专业的学生的教育教学素养不错，小狮子是师范专业的学生，所以小狮子的教育教学素养不错。

再看下面一首元曲《天净沙·即事》：

莺莺燕燕春春，花花柳柳真真，事事风风韵韵。娇娇嫩嫩，停停当当人人。

其中，莺莺、燕燕、春春、花花、柳柳、事事、人人等都是实体概念。在马致远的《天净沙·秋思》中，"枯藤老树昏鸦，小桥流水人家，古道西风瘦马。夕阳西下，断肠人在天涯"，则几乎全是由实体概念组合成的一首曲子。

属性概念（抽象概念）：反映事物属性的概念，例如，性质概念（红、好、坏、优秀、先进、善良、残暴等）、关系概念（统治、管理、多于、等于等）。下文是四川师范大学简介的一小段：四川师范大学是四川省属重点大学、国家首批"中西部高校基础能力建设工程"实施高校及全国深化创新创业教育改革示范校，是四川省举办本科师范教育最早、师范类院校中办学历史最为悠久的大学。其中，重点、首批、最早、最悠久等概念，都是属性概念。

实体是指客观存在的事物，而属性就是实体的特性，所以两者的主要区别在于客观事实。实体可以是具体的对象，如一个男学生、一间教室等；也可以是抽象的事件，如一次借书、一场球赛等。属性实体有很多特性，每一个特性称为属性。每个属性有一个值域，其类型可以是整数型、实数型、字符串型。例如，学生有学号、姓名、年龄、性别等属性，相应值域为字符、字符串、整数和字符串型。

四、教育概念的外延之间的关系

有一天，博士研究生小山去辅导员办公室请假，发生了如下故事：

小山：老师，我丈母娘家死人了，我想请5天假。

辅导员：死了谁，要请5天假？

小山：我的丈人，娃的外公，娃他妈的爹。

辅导员：哇，死了三个人。好，我同意。

从逻辑学看，辅导员没弄清"我的丈人""娃的外公""娃他妈的爹"这三个概念的关系。考察概念间的关系，有助于我们正确地认识和使用概念。概念间的关系需从外延角度考察。具体而言，教育概念外延间的关系包括相容关系和不相容关系，其中相容关系包括全同关系、属种关系、种属关系、交叉关系，不相容关系包括矛盾关系、反对关系和一般全异关系。

（一）教育概念的相容关系

教育概念的相容关系指两个教育概念的外延至少有一部分存在重合或交集。我们可以根据重合的多少，进一步将相容关系分为全同关系、属种关系、种属关系、交叉关系，如图2-1所示。

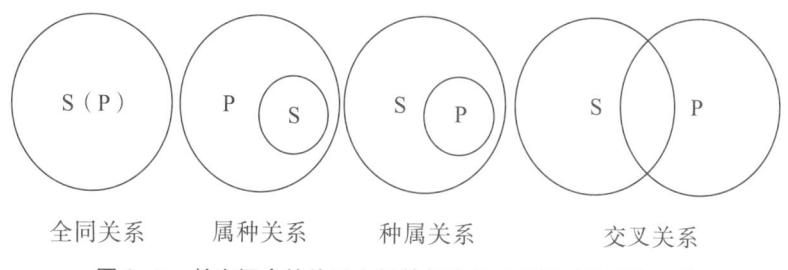

图 2-1　教育概念的外延之间的相容关系类型欧拉图解法①

全同关系　　属种关系　　种属关系　　交叉关系

（1）全同关系，又称同一关系，指两个教育概念在外延上完全重合。

S 与 P 是全同关系：凡 S 是 P，凡 P 是 S。如"教师"与"老师"、"义务教育统编教材"与"义务教育阶段语文、道德与法治、历史教材"、"中国第一所师范大学"与"北京师范大学"、"中国第一所师范学校"与"南洋公学师范院"、"《出师表》的作者"与"诸葛亮"。

如果两个教育概念有全同关系，那么，这两个教育概念的外延就是同一的。如果具有全同关系的两个教育概念分别地作为一个命题的主项与谓项，那么，它们是可以互换位置的。例如，"《出师表》的作者是诸葛亮"可以表示为"诸葛亮是《出师表》的作者"。

由于具有同一关系的教育概念在外延上是重合的，即指同一事物的，因此，我们在讲话和写作过程中，将二者互换使用，一般并不违反逻辑要求。甚至，我们还需要有意识地进行这种代换，以便在需要多次使用某一教育概念时，避免用词重复，从而增加言语和文章的修辞色彩。

但需要注意，教育概念全同关系是从外延角度界定的，因此其内涵不一定相同，而全同关系的教育概念通常是从不同角度描述同一事物。例如，"孔圣人"与"孔子"虽然是全同关系，但"孔圣人"侧重于阐述孔子的地位、贡献与才华，而"孔子"指代的是"孔氏，名丘，字仲尼，春秋时期鲁国陬邑（今山东省曲阜市）人"等个人信息。

表示教育同一关系时，通常可以用"……即……""……就是……""……也就是说……"等标志性语词。

金钱板是四川省的传统曲艺品种。表演者左手执两块竹板，右手执一块竹板击节伴奏说唱故事，因其中两块竹板上嵌有古铜钱而得名。《秀才过沟》②是金钱板的经典曲目，描述的故事（可吟唱）如下：

> 有一个秀才本姓吴
> 外号人称死啃书
> 诸子百家全读过
> 唯有那本《康熙字典》他硬背得熟
> 有一天

---

① 欧拉图解法又称欧拉逻辑图解法，是一种逻辑学上的图解，用来揭露两个概念是否有重叠关系。
② 相关影视资料可以参见由邹忠新演唱的金钱板《秀才过沟》，哔哩哔哩平台地址：https://www.bilibili.com/video/BV1ba4y1Y7mU/?vd_source=0afacaaa87730b7020ad3ad49e61e132。

老表请他去吃晌午
连忙穿上了好衣服
苏缎鞋子新崭崭
这个瓜皮帽儿啰是个紧箍箍
团花马褂灯笼裤
夹孔下还外夹有一大包书
收拾停当忙上路
一路走来兴致蓬勃
哼什么
秀才不出门我能知天下事
这书中自有黄金屋
忽然一下
嘿嘿
经过了菜园圃
秀才老爷他把苦瓜认成一个嫩苞谷
明明是一条大萝卜
他硬说成是红苕长得粗
嘿嘿
韭菜蒜苗子他都分不清楚
把脚板苕认成了何首乌
忽然一下把脚停住
哎　嘿嘿
看见一条小沟沟挡路途
水沟也不过只有二尺五
秀才在一旁暗踌躇
唉　古人说得好
君子必须要走正路
我过沟还是要来翻翻书
于是就取出了书几部
首先就翻他的《人之初》
接到又翻《百家姓》
跟到又看《天生物》
翻完《大学》翻《中庸》
《论语》《孟子》
他都细细读
秀才老爷从晨上读到了吃晌午
读得他　汗流浃背　气喘呼呼
哎……

这书上面齐家治国都谈得很清楚
嘿嘿
就是偏偏没有过沟这一个大题目
秀才正在心无主
迎面就来了一位农夫
农人问他　哎　秀才老爷
你站在沟边因何故
嘿嘿　农夫哥啊农夫哥
我没有办法过沟沟
还在这里请教书
哈哈哈　呀呀呀
农夫一听笑破肚
秀才先生哩你太糊涂
双脚一跳就能过嘛
何必在此费功夫
秀才连说
噢　对　对呀　对对对
这跳字的道理我记得熟
说时迟　来时快
挽起袖子就提衣服
两脚合拢往上这么一跳
只听得那个水沟沟里头
扑咚　呼噜噜
淹得秀才老爷眼睛鼓
把他拉起来一看
把肚皮都灌成一个大茶壶
又是气来又是怒
浑身的衣裳湿漉漉
农人一步跨过沟
准备回家给他拿衣服
秀才上前忙挡住
且慢　且慢啦　农夫你慢走　请明目
我刚才看见你嘛是跨一步先
你为啥说成了这个跳字
哎哟　太含糊
你来看嘛　你来看嘛
这个书上说得好　双脚为跳
你那个单脚就叫跨

  人家我们《康熙字典》
  印得来清清楚楚　明明白白
  没有含糊
  今天害得我好苦
  你呀你呀你呀　农夫哥哩
  你才是不懂得我的　哎哟　圣贤书
  哈哈哈　呀呀呀

  同学们想一想，秀才为何掉沟里了？"跨"与"越"是什么关系？
  此外，多个概念之间也可能是全同关系，且看以下例子。在英国有一个女王敲门的故事：

  有一次，维多利亚女王与丈夫吵架了，丈夫独自回到卧室，闭门不见。女王回卧室看到门紧闭着，就敲门。丈夫听到敲门声，在里面问："谁？"维多利亚带着女王的风范，蔑视一切而又坚强不屈的语气回答："女王。"丈夫到听妻子如此傲然地回复，不去开门，也不出声。女王没有听到回复，也没有来开门声音，只好继续敲门。丈夫在里面又问："谁？"女王回答："维多利亚。"卧室里的丈夫听后依然没有开门，女王只好再次敲门。丈夫还是在里面问："谁？"女王最后柔声回答："你的妻子"。这一次，丈夫终于过来把门打开了。

  虽然"女王""维多利亚"与"你的妻子"三个概念是全同关系，但概念的内涵并不一致。

  (2) 属种关系，又称真包含关系、上属关系，指一教育概念的部分外延与另一教育概念的全部外延相重合。
  P 真包含 S：所有 S 是 P，但有的 P 不是 S。例如，"教育工作者"与"教师"、"学生"与"大学生"、"学校"与"大学"、"教学设施设备"与"实验楼"等。在具有属种关系的两个概念中，外延大的概念称为属概念，外延小的概念（被包含的概念）称为种概念。

  (3) 种属关系，又称真包含于关系、下属关系，指一教育概念的全部外延与另一教育概念的部分外延重合。
  S 真包含于 P：所有的 S 是 P，但有的 P 不是 S。例如，"教师"与"教育工作者"、"大学生"与"学生"、"大学"与"学校"、"实验楼"与"教学设施设备"等。

  属种关系与种属关系是一种互逆关系。属种关系和属种关系统称为从属关系。教育概念间的从属关系实际上表现为两种不同的关系：真包含关系（属种关系）与真包含于关系（种属关系）。一个教育概念，如果它的外延包含着另一个教育概念的全部外延，且另一个教育概念的外延仅仅是前一教育概念外延的一部分，那么，这两个教育概念之间的关系就是真包含关系，亦称属种关系。一个教育概念，如果它的全部外延包含在另一个教育概念的外延之中，并仅仅作为另一教育概念的外延的一部分，那么，这两个教育概念之间的关系就是真包含于关系，亦称种属关系。

  为了防止出现逻辑错误，必须厘清属与种的关系和整体与部分的关系这两种关系的区别。

属种关系不是整体与部分的关系。例如，"学校"与"教室"，是整体与部分的关系，"学校"的外延不包含"教室"的外延，所以，我们不能说"教室是学校"。而具有属种关系的概念，如"学校"与"高等院校"，我们就可以说"高等院校是学校"。一定要先判定两个教育概念是否是属与种的关系，才能继续判定是属种关系还是种属关系。

种属关系的判定："X种概念是X属概念"一定成立，如"教育学"与"社会科学"，我们可以表示为"教育学是社会科学"，这个命题成立，因此，"教育学"是种概念，"社会科学"是属概念。

日常生活中有很多表达未注意到种与属的关系，从而产生逻辑错误，如：

严禁携带易燃品、爆炸品、危险品上车。

欢迎本市和全国的教育专家来本校聚会、指导。

出席座谈会的有著名的社会科学家和教育学家。

种与属的关系常见于教育概念的分类，如生物学课上，小山和小龙针对西红柿是水果还是蔬菜展开了激烈的讨论，即争论西红柿作为种概念，其属概念应该为何，小狮子老师给出了以下文献[1]，回答了他们的争论。

您可能不知道，西红柿（番茄）是蔬菜还是水果，这个问题在一百多年前的美国曾闹到了最高法院。按照美国《麦金莱关税法》，进口蔬菜要缴纳10%的关税，而水果则不需要。当时纽约海关将西红柿归类到蔬菜，这意味着进口西红柿需交10%税。1893年，约翰·尼克斯等从国外运来一批西红柿准备进入美国，有意钻空子的尼克斯坚定认为西红柿是水果，据理力争：西红柿有丰富的果汁，这是一般蔬菜所不具备的；同一般蔬菜不一样，它可以生食，形状色泽也都应当属于水果范畴。双方为此争执不下，最后只好把它作为"被告"，此案一路闹到美国最高法院。法院最终判决："像黄瓜、大豆和豌豆一样，西红柿是一种蔓生的果实。人们更习惯于把它和种植在菜园中的马铃薯、胡萝卜等作物一起做菜食用。无论是生吃还是熟食，它同饭后才食用的水果不一样。"

根据《韦氏词典》，果实通常指"种子植物的可食用繁殖体"。《韦氏词典》网站上的一篇文章给出了更简单的释义："果实是长在植物上、能够将植物种子带到外面的部分。"这个定义包含了苹果、番茄等任何有种子的植物部位。从科学意义上讲，黄瓜、辣椒、南瓜、牛油果都属于果实。蔬菜的定义要更模糊一些。我们把一大批具有根茎叶等可食草本部分的植物归类为蔬菜。根据《韦氏词典》，二者的关键区别是：蔬菜必须是植物的一部分或整体本身，而果实只是特定植物传播种子的方式。《韦氏词典》称："番茄不是植物本身的一部分，最多就像蛋与鸡、苹果与苹果树的关系一样。"但问题在于："蔬菜"更多的是一种烹饪分类，而不是一种植物学分类。与此同时，《韦氏词典》称，"fruit"也可以是一种烹饪食材，指"拥有带种子的甜果肉""主要用于甜点或甜食"的东西。也就是说，从科学角度，果实

---

[1] 周防，中宽. 水果乎？蔬菜乎？——美国西红柿税收案趣闻 [J]. 涉外税务，1990 (6)：40.

不必是甜的；但从烹饪角度，大多数人会根据果实的味道将其归类为蔬菜，如番茄。营养学家根据番茄的主要用途将其列为蔬菜，而美国农业部的指导方针也将番茄列为蔬菜。其实，蔬菜和水果本来就不是一个科学的分类，更像是一种习惯，没有确切的定论，所以，你开心就好。

(4) 交叉关系，两个教育概念的外延只有部分相重合。

有些S是P，有些S不是P，且有些P不是S。如"律师"与"教师"、"中国共产党员"与"学生"、"教师"与"干部"、"学生"与"青年人"、"男性"与"学生"。

有则笑话叫《求你别写》，其中就表达了两个教育概念之间的交叉关系。

> 某甲书法极差，但偏偏喜欢替人写字。一日，某乙手里拿着一把白纸扇，碰到了甲，甲便要为他写个扇面。但乙却扑通一声，跪在地上。甲说："写几个字，举手之劳，何必行此大礼呢？"
>
> 乙连忙说："我不是谢你写字，只是求你别写！"

在上例中，"跪在地上的人"这一概念和"请某甲写字的人"这一概念之间具有交叉关系。这种关系可以表述为："跪在地上的人"，有的是"请某甲写字的人"，有的是"求某甲别写字的人"；而"请某甲写字的人"，有的是"跪在地上的人"，有的是"不跪在地上的人"。总之，"跪在地上的人"和"请某甲写字的人"两个概念间，其外延有而且仅有某部分重合，由于某甲将"跪在地上的人"与"请某甲写字的人"两个概念间的交叉关系误解成同一关系，故造成了笑话。

我们再来看一道比较典型的题。旱田作物：粮食作物：高产作物（　　）

  A. 工业酒精：食用酒精：医用酒精
  B.《人民日报》：《光明日报》：《解放日报》
  C. 领军人物：新闻人物：公众人物
  D. 脊椎动物：哺乳动物：高等动物

首先，题干三个词组分别是从作物的生长环境、用途及产量情况三个不同的角度对作物的分类，它们之间两两互为交叉关系。按此规律分析四个选项。A项：工业酒精、食用酒精及医用酒精，都是根据酒精的不同用途划分的，它们之间是并列关系。B项：《人民日报》《光明日报》及《解放日报》，三者之间也是并列关系，是根据报纸的不同出版社划分。C项：三词间两两互为交叉关系，与题干逻辑关系一致，当选。D项：哺乳动物都是脊椎动物，二者是种属关系，与题干逻辑关系不一致，排除。

不弄清楚教育概念的外延之间的关系，容易出洋相，比如：

> 有位学生干部在批评与自我批评活动中作深刻的检讨发言："同学们常说，工作中的错误是不可避免的，我的这些错误都是工作中犯的，因此，请大家谅解。"

问：从概念间的关系看，这位干部的说法有何逻辑问题？

答：这位学生干部把"工作中的错误"和"不可避免的错误"这两个有交叉关系的概念混淆于同一关系了。

（二）教育概念的不相容关系

全异关系又称不相容关系，是逻辑学所讲概念间的五种关系之一。它是指外延没有任何重合的概念间的关系。全异关系分为三种情况，分别是矛盾关系、对立关系和一般全异关系，其中矛盾关系和对立关系是全异关系的两种特殊情况，如图 2-2 所示。

矛盾关系　　　　对立关系　　　　一般全异关系

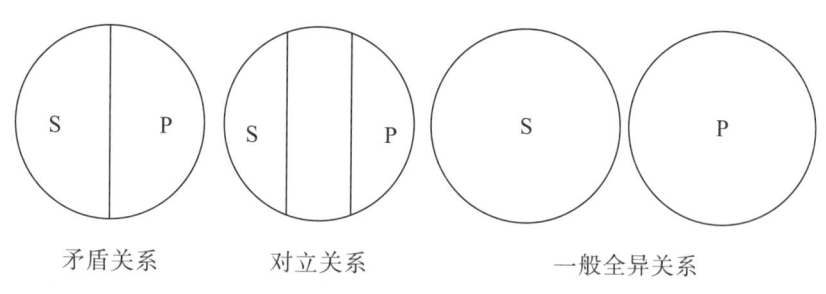

图 2-2　教育概念的外延之间的全异关系类型欧拉图解法

（1）矛盾关系，在同一属教育概念下两个外延完全不同并且其外延之和等于类概念的外延的教育概念间的关系，如"学生"与"非学生"、"教师"与"非教师"、"学校"与"非学校"等。具有矛盾关系的概念常用正概念和负概念来表达。但两个正概念之间也可能具有矛盾关系，如"辩证法"和"形而上学"。

要判断两个概念是不是矛盾关系，一定要先界定它们的共同邻近属概念。如"男"和"女"，我们不能直接说它们是矛盾关系，而要说"相对于人的性别来说，男和女是矛盾关系"。

《梦溪笔谈·权智》载：王元泽数岁时，客有以一獐一鹿同笼以问雱："何者是獐，何者是鹿？"雱实未识，良久对曰："獐边者是鹿，鹿边者是獐。"客大奇之。

王元泽是如何分辨獐与鹿的？王元泽清晰地知道语境中属概念为"笼子中的动物"，种概念为"獐"与"鹿"，在该语境中，"獐"与"鹿"两个种概念的外延不重合，且两个种概念的外延之和是属概念"笼子中的动物"的外延，故"獐"与"鹿"具有矛盾关系。王元泽正是利用了这种关系，才做出了如此精彩的回答。

（2）对立关系，在同一属教育概念下两个外延完全不同并且其外延之和小于类概念外延的教育概念间的关系。"优秀学生"与"后进学生"、"红色"与"白色"、"动物"与"植物"，可以说都是对立关系。因为"红色"与"白色"的外延之和小于类概念"颜色"的外延。但是，"红色"与"非红色"就不是对立关系，而是矛盾关系了。

有一天，小山和小龙在下棋，棋局结束后，小华问他们比赛胜负情况。

小山说："我没输"。

小华问小龙："那是你赢了呀？"

小龙回答："我没赢"。

小华很愤怒，说："你们要我玩呢，他没输，你也没赢，怎么可能？"

请同学们帮帮小华，到底小山和小龙是不是在耍他？这段对话中，小华把下棋比赛的结局想成是"输"与"赢"的矛盾关系,实际上,"输""和棋"分别都与"赢"是对立关系,由此闹出了不愉快。

(3)一般全异关系,全异关系中矛盾关系和对立关系以外的情况就是一般全异关系,其外延没有任何重合的两个概念也没有共同的属概念,如"学生"和"教室"、"教师"和"黑板"、"学校"和"孔子像"。请同学们思考,"教育科学学院"与"四川师范大学"的关系。由于"教育科学学院是四川师范大学"是不通的,所以二者不是种属关系,是全异关系,实质上是整体和部分的关系。那么,整体与部分的关系一定是全异关系吗?在教育逻辑学中,教育概念都探究的是每一个非集合概念与其构成分子之间的属种关系,它们之间关系是类和分子的关系,而非整体与部分关系,这里需要区分它跟马克思主义哲学中整体与部分的关系。

(4)并列关系,三个或三个以上教育概念(外延)间的关系。

相容并列关系。其中任何两个教育概念之间的都是交叉关系,如笛卡尔是数学家,也是物理学家,还是哲学家。

不相容并列关系。其中任何两个教育概念之间都是全异关系,如三角形、四边形、五边形……

下列句子是否符合逻辑思维:

> 今天的讲座举办得非常成果,小狮子作为在教育界、思想界、文学界颇负盛名的教师,讲述生动传神,娓娓道来,吸引了来自四川师范大学、四川师范大学附属中学、四川师范大学实验小学、中小学生的参与。

教育概念要并列使用,必须是并列关系才行,而上述内容中涉及种属关系,故不可以并列使用。

五、教育概念的限制与概括

思政课堂上,小狮子老师与同学们关于中国革命战争的相关问题,分享了《毛泽东选集·中国革命战争的战略问题》[①]中的相关描述:"我们现在是从事战争,我们的战争是革命战争,我们的革命战争是在中国这个半殖民地半封建的国度里进行的。因此,我们不但要研究一般战争的规律,还要研究特殊的革命战争的规律,还要研究更特殊的中国革命战争的规律。""战争"—"革命战争"—"中国革命战争"是对"战争"概念的限制,抑或"中国革命战争"—"革命战争"—"战争"是对"中国革命战争"的概括,是根据教育概念的内涵与外延间的反变关系明确教育概念的两种逻辑方法。

(一)教育概念的限制

教育概念的限制是通过增加教育概念的内涵以缩小教育概念的外延来明确教育概念的,由属概念过渡到种概念。如"科学家"增加"中国"的内涵就限制为"中国科学

---

① 毛泽东. 毛泽东选集(第一卷)[M]. 北京:人民出版社,1991:171.

家"。"大学生"增加"四川"的内涵就限制为"四川的大学生",再增加"师范"的内涵,就限制为"四川师范的大学生"。

语文课堂上,小狮子老师讲述苏东坡的词时候,分享了一个关于苏东坡的民间故事。

相传,苏东坡在杭任职时,到莫干山游玩。途经一座寺庙便进去拜会,寺庙里方丈见苏东坡衣着朴素,以为他是普通的游客,便漫不经心地对苏东坡说:"坐。"并吩咐旁边的小沙弥:"茶。"

小沙弥遵嘱端出一碗普通茶。宾主稍事寒暄后,主持感到来者谈吐不凡,并非等闲之辈,便礼貌地将"坐"改为"请坐",并重叫"敬茶",小沙弥第二次奉上一碗好茶,交谈之后,主持才知道来人即是大名鼎鼎、新上任的知州苏东坡,顿时受宠若惊,便情不自禁地起身高叫:"请上坐",并再次吩咐小沙弥:"敬香茶"。临别时,主持慕名求字留念。苏东坡略作思索后,便将刚才的亲身经历写成一副对联:坐,请坐,请上坐;茶,敬茶,敬香茶。在旁观看的主持霎时满面通红无地自容。

这个典故便巧妙地反映了教育概念的限制。

教育概念限制的方法:在概念前加修饰词,或者直接用种概念,例如,科学家—中国科学家—中国自然科学家—中国年轻的自然科学家—……又如,问题→复杂的问题;本质→人的本质;勤奋→非常勤奋;现代化→教育现代化……

教育概念限制可以连续进行,其极限是单独教育概念,如生物—动物—人—中国人—曲阜人—孔子。

以下教育概念限制是否正确?

旧社会教育→万恶的旧社会教育;

教师→帅气的教师;

教师节→热闹的教师节;

教师节→九月十号教师节;

浪费→不必要的浪费。

以上教育概念的含义没变,只是强调了该教育概念具有某种属性,在教育概念前加修饰词不一定能构成对教育概念的限制。

以下限制是否正确?为什么?

将中华人民共和国教育部限制为中华人民共和国教育部教师司;

将四川师范大学限制为四川师范大学教育科学学院;

将中国教育限制为中国西南地区的教育。

不正确,因为相应教育概念不是种属关系。限制只能在具有属种关系的教育概念间进行。

教育概念的限制要恰当,否则就会变成废话、错话。由于对教育概念进行限制的过程是由外延大的属概念过渡到外延小的种概念的逻辑思维过程,因此,在实际思维中,对教育概念进行正确的限制,有助于人们对事物从一般过渡到特殊或具体的认识。尤其质。所以，在思维活动中，对教育概念的概括有助于使人的认识由特殊到一般，由具体上升为抽象，从而掌握一类事物所共同具有的本质属性，加深对事物的普遍本质和规律性的认识。

六、教育概念的内涵揭示：下定义

先看一则材料[①]：

　　人们时常仰望着星空，思索着"人是什么"。古希腊哲人柏拉图曾经面对他的学生给"人"下了一个定义："人就是没有羽毛、两条腿直立的动物。"于是学生中就有反对者抓了一只公鸡，把羽毛全部拔光，拎着公鸡来到柏拉图面前质问说："这就是老师所说的人吗？"面对学生的质问，柏拉图一时无言以对，面红耳赤。柏拉图当时只是从外部特征来定义人，显得过于表面化，是错误的。

　　人是什么？看看下面一些经典的说法：

　　人是能制造工具并能使用工具进行劳动的高等动物。（生物学）

　　人是一个由无数的原子组成的一个大团体。（化学）

　　人是能用大脑进行思维并能用语言进行交流的高等动物。（社会学）

　　人是一种可以精神常存于世的动物。

　　人是永远有着不尽动力的能源库。人是有着无限关爱的群体。人，天地之性最贵者也。

　　宇宙的精华！万物的灵长！（《哈姆莱特》）

　　而帕斯卡认为：人是一根能思想的苇草。

　　所以，人是什么？

由于不能准确揭示教育概念的内涵，也就无法准确给教育概念下定义，生活中也因此产生了很多哭笑不得的事情，最有趣的事情莫不过于对大学专业概念的"恶搞"。

　　寒假来临，七大姑八大姨又凑到了一起，当谈论到某一家的大学生时，亲戚们虽然不够专业，但他们总有"专业"的眼光来看待大学生的专业，然而他们的眼光和实际总是差点。

　　计算机专业。某些亲戚眼中：以后我家电脑有问题就找你了；回头帮大姨家电脑重新装个系统吧，电脑总卡；修电脑的能找着对象吗？当程序员真不容易，以后连头发都没有。

　　语言类专业。某些亲戚眼中：你给大姑看看，电视上这英文是什么意思；你们是不是天天和外国人在一起啊？说几句外语让咱们听听；你弟弟英语不好，你学的这个，给你弟弟补一补吧。

　　经济类专业。某些亲戚眼中：这个好！铁饭碗！在银行里上班吧！天天数钱吧！帮大姑看看哪只股票势头最好啊？

---

① 第欧根尼·拉尔修. 名哲言行录[M]. 徐开来，溥林，译. 桂林：广西师范大学出版社，2010：271.

心理学专业。某些亲戚眼中：你们这个专业是不是算命的？猜猜我的心里现在想什么呢，给大姑看看手相吧。

艺术类专业。某些亲戚眼中：过年了，给咱们大家唱个歌吧，《青藏高原》行吗？学了这么多年舞蹈，劈个叉吧。大过年的表演个节目吧。

教育学专业。某些亲戚眼中：你大学四年就学怎么带孩子？你学教育的，帮我带带孩子肯定没问题吧？

上述问题的根源在于未能准确地揭示教育概念的内涵。

（一）教育概念的定义

教育概念的定义是通过揭示（描述）教育概念内涵（教育概念所反映的事物的本质属性）明确教育概念的逻辑方法。定义有一定的结构，是由被定义项、下定义项和定义联项三部分组成。定义的一般表达形式为：Ds＝Dp。其中"Ds"表示被定义项，"Dp"表示下定义项，"＝"表示定义联项。进一步地，"被定义项"是其内涵被明确的概念，是由词或词组来表达。"下定义项"是用来确定被定义项内涵的概念，通常的语言表达形式是词组，有的是由词组和语句表达。"定义联项"是揭示下定义项和被定义项之间逻辑联系的概念。它的语词表达形式通常为"是""就是""是指"等。

如"教育"概念，我们可以定义[①]如下：

广义的教育：凡是增进人的知识和技能、发展人的智力和体力、影响人的思想和品德的活动都是教育。它包括社会教育、学校教育和家庭教育。

狭义的教育：主要指学校教育，是教育者根据一定的社会要求，有目的、有计划、有组织地对受教育者施加影响，促使他们朝着所期望的方向发展的活动。

更狭义的教育，有时是指思想品德教育活动，与学校教育中常说的"德育"是同义词。

（二）教育概念定义的类型

1. 真实定义

揭示教育概念所反映的事物本质属性，包括实质定义、发生定义、功用定义和关系定义。

常用的定义方法是属加种差法。首先，找出被定义项最邻近的属词项；其次，找出被定义项与其他同级种词项之间的差别——种差，最后把最邻近的属与种差加在一起，组成定义。这种方法可以用下列公式表示：被定义项＝种差＋邻近的属词项。

例如，给"逻辑学"下定义，首先要找出"逻辑学"邻近的属概念"科学"，将"逻辑学"置于"科学"这个更广泛的概念里，确定逻辑学是科学的一种。其次，逻辑学同其他科学加以比较，找出它与其他科学的差别，即"研究思维的逻辑形式、逻辑规

---

① 全国十二所重点师范大学联合编写. 教育学基础（第3版）[M]. 北京：教育科学出版社，2014：3.

律和逻辑方法",也就是它与其他科学相区别的种差。最后,将"种差"和"邻近的属概念"相加,就形成了这个定义"逻辑学是研究思维的逻辑形式、逻辑规律和逻辑方法的科学"。

给一个复杂教育概念下定义,种差部分要尽可能多方面地完整地揭示其内涵,不能遗漏。当然,同一事物的几个本质属性不是平列的,其反映事物的程度有深有浅。如果能找出一个起决定作用的本质属性作种差也是可以的。例如,"人"的本质属性有多个,但起决定作用的是"制造和使用生产工具进行劳动",这样,就可以给"人"下一个简化定义:"人是制造和使用生产工具进行劳动的动物。"

属加种差法定义的局限性如下:

一是单独教育概念不宜用属加种差法定义。因为单独教育概念反映的是一个对象,而单独对象与其他对象区别的属性很多,难以概括出种差。对于单独教育概念,人们常常用特征描述法来代替下定义。

二是范畴教育概念不能用属加种差法定义。范畴教育概念是一定领域内外延最广、最高的概念,它们没有属教育概念,不可能用属加种差法下定义。一般是通过把这一对象与其他对象相比较,揭示其特有不同来下定义。如哲学上的不少范畴,物质、意识、内容、形式、原因、结果等,都不可能用属加种差法下定义。

真实定义的属加种差法包括以下四种,详情如下:

实质定义,其种差揭示教育概念所反映的事物的性质。例如,教学是教师的教和学生的学的共同活动。学生在教师有目的、有计划的指导下,积极、主动地掌握系统的文化科学基础知识和技能,发展能力,增强体质,并形成一定的思想品德。其中,"教学"的性质被定义为"活动"。

发生定义,用事物发生或形成情况作种差。例如,教育惩戒,是指学校、教师基于教育目的,对违规违纪学生进行管理、训导或者以规定方式予以矫治,促使学生引以为戒、认识和改正错误的教育行为。

功用定义,其种差揭示概念所反映的事物的功用。例如,教鞭是指教师讲课时辅助指示板书、图片用的棍儿。

关系定义,其种差揭示概念所反映的事物间的关系。例如,学生一般是指各级各类教育机构中接受教育、进行学习的人。学生具有发展的主动性,是具有可塑性的教育对象。教师是教育者,学生是学习者,学生是教育活动的主体。此概念定义探讨了"学生"与"学校""教师"的关系。

2. 语词定义

说明或规定教育语词的意义。语词定义没有直接揭示出教育概念的内涵,只是解释教育概念的语词意义,故称"类似定义"或"名词定义"。

说明教育语词的定义:说明已有语词的意义。例如,广义的课程是指学生在校期间所学内容的总和及进程安排。狭义的课程特指某一门学科,如语文、数学、英语等具体科目就是课程。

规定教育语词的定义:规定一个教育语词的意义。例如,义务教育阶段的适龄儿童、少年，指的是 6~15 周岁的人。

3. 外延定义

指出被定义项外延以明确其定义。

指示定义：指出被定义项的外延。例如，1，2，3，…称为正整数。

枚举定义：列举被定义项的全部外延。例如，实数是有理数和无理数的统称。

（三）教育概念定义的规则

在某次思维训练课上，小狮子老师提出"尚左数"这一概念的定义：在连续排列的一组数字中，如果一个数字左边的数字都比其大（或无数字），且其右边的数字都比其小（或无数字），则称这个数字为尚左数。根据小狮子老师的定义，在8、9、7、6、4、5、3、2 这列数字中，以下哪项包含了该列数字中所有的尚左数？（　　）

A. 4、5、7 和 9　　　　B. 3、6、7 和 8
C. 2、3、6 和 8　　　　D. 2、3、6 和 7

以上例题是通过下定义的方式帮助我们认识教育概念，而下定义还需要遵循以下规则：

第一，教育定义必须相称。定义项与被定义项外延须全同。否则，就会犯"定义过宽"或"定义过窄"的逻辑错误。所谓定义过宽，是定义项的外延大于被定义项的外延。将本来不属于被定义项所反映的对象纳入定义项之中。而定义过窄，则是定义项的外延小于被定义项的外延，将本来应该属于被定义项所反映的对象排除在定义项之外。定义过宽，如"教育就是活动""人是两足独立行走的动物"；定义过窄，如"逻辑学是研究思维形式的科学""笔是用来写字的工具"。

本杰明·富兰克林有一句名言："站着的农夫比跪着的绅士高贵。"

富兰克林的仆人是个黑人，他问富兰克林："主人，绅士是什么东西？"

富兰克林回答说："这是一种生物，是一个能吃、能喝、会睡觉的生物，可是什么都不做的有生命的东西。"

过了一会，仆人跑到富兰克林身边说："主人，我现在知道什么是绅士了。人们在工作，马在干活，牛在劳动，只有猪只知道吃、睡，什么都不干。毫无疑问，猪便是绅士了。"

虽然这是一个幽默故事，但是我们从中可以看到，富兰克林给绅士下的定义属于外延过大，甚至可以把猪都涵盖在内。

第二，教育定义不能循环。定义项中不能直接或间接包含被定义项，否则，就会犯"同语反复"或"循环定义"的逻辑错误。"同语反复"与"循环定义"实质上等于没有下定义，是无充分内涵的定义。例如，我们经常把"教学"定义为"教师的教和学生的学组成的共同活动"，这里面就直接用"教"和"学"来定义被定义项"教学"，就犯了"同语反复"的逻辑错误。又如，"原因就是引起结果出现的现象，结果就是原因引起的现象"就犯了"循环定义"的逻辑错误。

第三，教育定义应为肯定（除给否定概念下定义外），否则，就会犯"定义否定"的错误，即定义项一般不能包含负概念，且定义不能是否命题，要用肯定命题来表达。由于给概念下定义的目的是揭示概念的内涵，也就是要揭示被定义项所反映对象所具有的特有属性和本质属性。但负概念或否定命题只能说明被定义项不具有什么属性，没法说明被定义项应该是什么，从而达不到定义的目的。例如，"教师不是体力劳动者"或"教师是非体力劳动者"，这个定义只是指出了教师不具有某种属性，并未揭示出教师具有什么属性。

什么样的定义不受第三条规则制约呢？如果被定义项本身就是一个负概念，那么就可以使用否定的语句。负概念是表达对象不具有某项属性，而此时定义的要求就是界定它不具有某项属性。因此，负概念才可以使用否定的语句来进行定义。例如，"无脊椎动物是体内没有脊椎骨的动物"。

第四，教育定义项必须明确。定义项不能用含糊不清的概念或比喻，否则，就会犯"定义不清"或"以比喻代定义"的逻辑错误。例如，"儿童是祖国的花朵""逻辑学是锻炼思维的体操"，"健康是个人在身体上、精神上、社会上的完全安宁状态"。

下定义是为了让他人清楚这个教育概念是什么。这条规则要求定义项应该清楚确切，不允许使用含混晦涩以及包含比喻的语词。如果下定义时语词是含混不清的，那么会犯"定义含混"或"定义不清"的逻辑错误；如果使用了比喻，就会犯"以比喻代定义"的逻辑错误。例如，"教师是人类灵魂的工程师"，看似非常形象生动，但是这种陈述并没有给予"教师"一个非常明确内涵的定义。有本台历，把下面这些对爱情的不同理解称为"较著名的定义"：

爱情是生活中的诗歌和太阳。（别林斯基）

爱情，不是两人相对而看，而是朝着一个方向看。（圣·埃格祖佩里）

爱情，不是一颗心去敲打另一颗心，而是两颗心共同撞击的火花。（伊萨柯夫斯基）

爱情是一根魔杖，能把最无聊的生活点化成黄金。（西班牙谚语）

爱情是一位甜蜜的暴君，恶人都心甘情愿地忍受它的折磨。（德国谚语）

可惜的是，这些"较著名的定义"都是比喻，虽然对爱情作出了直观、生动形象的说明，但不能准确地揭示概念的内涵，达不到定义的目的。

下列定义是否正确？如不正确，犯了何种逻辑错误？

实词是相对于虚词的词，虚词是相对于实词的词。

宗教是精神鸦片。

期刊就是每月或每周定期出版的出版物。

书是人类进步的阶梯。

教育学是研究教育现象的科学。

正方形就是四角相等的四边形。

课程不是学科。

（四）教育概念定义的作用

明确概念的最基本方法，可以检验人们所用教育概念是否具有确定性，可以总结并巩固人们对客观事物的认识成果，有助于人们学习和传授知识，有助于人们说理和交际。

七、教育概念的外延揭示：划分

先看一个案例：

> 小山上课时不认真听讲，总是爱讲话。妈妈为了教育一下儿子，就与他进行了一次谈话。
> 妈妈问："小山，你们班上都有谁听课不认真啊？"
> 小山说："我不知道。"
> 妈妈继续问："那么，小山，当所有同学都坐在那里安静地听课时，是谁在那里一直不停地讲话呢？"
> 小山想了想回答："小狮子老师。"

这个案例中，"班上听课不认真的学生"是一个母项，而听课不认真的所有学生则是各个子项。妈妈问小山"你们班上都有谁听课不认真"，实际上是想让他对这个母项概念进行划分，进而找出那个子项，即小山，从而达到警示他的目的。但小山却把"小狮子老师"作为一个子项划进了"听课不认真的学生"这个母项中，从而使子项外延之和大于母项外延，犯了"多出子项"的逻辑错误。

（一）教育概念的划分

根据教育概念所指称的思维对象某方面的性质把对象分为若干个小类以明确概念外延的逻辑方法，由划分的母项、子项和根据（标准）三部分组成。学校按教育程度不同可划分为大学、中学、小学等。人按人种可划分为黄种人、白种人、黑种人等。其中，"学校""人"是母项，"大学、中学、小学""黄种人、白种人、黑种人等"是子项，"教育程度""人种"是根据（标准）。

充当划分根据的标准可有多个，划分的标准不同，划分结果也不同。对"课程"这一教育概念进行划分，按照课程内容所固有的属性，可将课程分为学科课程和活动课程两种类型；按照课程内容的学科综合程度，可将课程分为综合课程和分科课程；按学生选择课程的自主性，可将课程分为必修课程和选修课程；从课程的呈现方式进行划分，课程可分为显性课程与隐性课程；从课程设计、开发和管理主体来看，课程可以分为国家课程、地方课程和校本（学校）课程；根据课程任务，课程可以划分为基础型课程、拓展型课程和研究型课程。

民间有个关于大学士刘墉的传说[①]，就是典型智用划分根据的故事：

---

① 王敬波. 中华历代名人故事[M]. 合肥：黄山书社，2009：168.

一日朝会结束后，大臣们即将退去的时候，乾隆却叫住了大学士刘墉，问了他一个问题：刘爱卿可知京城九门中，每天出去和进来的人有多少？

这样的问题简直就是没事找事，每天进出京城九门的人数能不能数过来先放在一边姑且不说，而刘墉也不是干门卫的。但皇帝提问，你答不答吧？

刘墉自然不知道答案，但他眼珠子上下左右这么一转，就有了主意：回皇上，九门每日进出的只有两人。

乾隆听后估计都蒙了，怎么想都不会只有两人，甚至他还要给刘墉放一天假，让他专门去九门边待上一天，数数到底有几个人，而刘墉不紧不慢地回答：皇上，臣说的两人，意思是只有两种人，分别是男人和女人。

乾隆这才恍然大悟，顿时两眼一瞪，而后被气笑了：那朕再问你，我大清每年生多少人，又死多少人？这次不能用男女来回答。

刘墉给出的答案和上一题同样精妙：皇上，大清每年生一人，死十二人。

这样的回答，乾隆自然摸不着头脑，甚至还有些生气：照你这么说，我大清每年都"负增长"十一人，那岂不是百年过后我大清就无人了？

刘墉这才淡定地解释道：皇上，臣所言"每年生一人"的意思，不是真的每年就只出生一人，而是每年都只出生同一属相的人，因为一年的属相只有一个。

而"每年死十二人"的意思是，一年之中最多也只有十二种属相之人去世，这便是"死十二人"，而且每年只死十二人听上去也好听，说明大清在皇上的治理下，百姓相安无事，人寿悠长啊。

不得不说，刘墉绝对是一个有智慧的人，同时还是一个拍马屁的高手，他既回答了乾隆的提问，还借机好好恭维了皇上一把，实在是高手。

需要注意，在同一次划分中只能运用一个标准。

有一个小孩得到八个桃子，有人就跟他开玩笑，要他分成四份，给爸爸选两个最大的，给妈妈选两个最好的，给弟弟选两个最红的，自己则留两个最圆的。他选来选去，怎么也选不出来，因为他选的最大的桃子偏偏又是最好的和最红的，给了爸爸就不能再给妈妈和弟弟了。这个玩笑故意违反划分标准，在一次划分中提出了"大""好""红""圆"四个根据。

以下语句是不是对带下划线概念的划分？

<u>树</u>根据组成部分分为"树根""树干""树枝"和"树叶"。
<u>四川省</u>根据地区名称分为"成都、德阳、乐山等地区"。
<u>四川师范大学</u>根据学科归类分为"教育科学学院、文学院、音乐学院、舞蹈学院、外国语学院等"。

注意：划分不适用于单独概念，即划分的母项不能是单独概念。划分不同于分解。划分和分解有相同的结构形式：A 分为 $A_1, A_2, A_3, \cdots, A_n$。如果"$A_i$ 是 A"（$i = 1, 2, 3, \cdots, n$）论断成立，就是划分，否则不是。"老人是人"成立，把"人"分为"老人"等是划分。"成都市是四川省"不成立，因此"四川省分为成都市等地区"就不

是划分。

(二) 教育概念划分的类型

第一,根据划分层次的不同,教育概念划分可分为一次划分和连续划分。

一次划分只包括母项和子项两个层次。例如,"教育目的"可以从其体现的范围角度,分为内在教育目的和外在教育目的。

连续划分是包括三个或更多层次的划分(子项作为母项继续进行划分)。例如,根据受教育程度划分,学校可以分为小学、中学、大学,其中中学又可以分为初中和高中。

第二,根据子项数量的不同,教育划分可分为多分法划分和二分法划分。

多分法划分:一次将母项划分为两个以上的子项。例如,学制的类型主要包括以下三种:双轨学制、单轨学制、分支型学制。

二分法划分:根据对象有无某种属性将一个属概念划分为两个矛盾的种概念(正、负概念)。例如,根据有无目的性、组织性和计划性,可将教育分为正式教育和非正式教育。二分法的优点在于划分时不一定知道划分的母项究竟包含几个小类,只要了解其中一个小类,就可以根据概念间的矛盾关系,把母项划分为两个互相排斥的子项;二分法的缺点在于,划分后的两个子项中,负概念那个子项的外延是不够明确的。

(三) 教育概念划分的规则

第一,教育概念划分要相应相称。各子项外延之和须与母项的外延相等。否则,就会犯"划分过窄"("划分不全")或"划分过宽"("多出子项")的逻辑错误。阶级社会有奴隶社会、封建社会、资本主义社会和共产主义社会,此划分就缺失了"社会主义社会"这一子项,属于"划分过窄"或"划分不全"。

第二,教育概念划分要按同一标准进行。否则,就会使各子项的外延互相交叉重合,导致混乱不清;就会犯"划分标准不同一"的逻辑错误,如教师可分为男教师、女教师、青年教师、中年教师和优秀教师等。

第三,各子项的外延须是不相容的(都是全异关系),否则就会犯"子项相容"的逻辑错误,如本校学生有南方人、北方人、本省人、外省人。

第四,教育概念划分要层次清楚,子项应是母项邻近的种概念,否则就会犯"越级划分"的逻辑错误。例如,将"学生"划分为"普通中学学生""职业中学学生""综合大学学生",这些子项都不是母项"学生"最邻近的子项。越级划分往往因遗漏子项而产生划分不全的逻辑错误,使母项的外延得不到正确地揭示。

下列划分是否正确,为什么?

地球分为南半球、北半球。

哲学分为唯物主义、主观唯心主义和客观唯心主义。

一年包括1月、2月、3月……12月。

学生全面发展包括德智体美方面发展。

今天出席会议的有科学家、教育家、同学们和老师们。

（四）教育概念划分的作用

第一，教育概念划分是明确教育概念的外延的一种逻辑方法，而正确的教育概念划分可以让人们了解教育概念适用的范围，清楚教育概念的外延，有助于人们准确恰当地使用教育概念，防止任意扩大或缩小概念所指的对象，并有助于明确概念的内涵。

第二，依据不同的标准可以对教育概念进行不同角度的划分，得出不同的子项。这种划分可以让人们从各个方面了解教育概念所反映的对象的各种属性，从而更深入地了解教育概念的内涵和外延。

第三，对教育概念正确、适当的划分可以把各种知识系统起来，有助于人们掌握、巩固和传授知识。

第四，人们对母项概念所划分出的各级子项的层次性会有更直观、清晰的了解，可以尽可能地避免各级子项间的混淆。

需要说明的是，划分的作用只有在遵循划分的规则的基础上才能最大限度地发挥出来。如果违反了划分规则，得出的结果就是错误的，那划分也就失去了它的作用。正确运用逻辑划分的方法，对我们做好工作乃至日常交际都大有裨益。一起来看一下下面这则故事：

米芾是个奇才，书画自成一家，枯木竹石，山水画独具风格特点，书法方面造诣颇深，北宋四大书法家"苏黄米蔡"中的米就是指米芾。

米芾生性怪异，举止癫狂，遇见石头竟然口称其为"兄"，令世人难以理解。服装特立独行，作为宋人，穿唐装面世，戴上高高的草帽，招摇过市。所以大家都叫他"米癫"。

当然，米芾的字在讲究意趣和个性的宋代，其书法成就尤为突出，米芾也因自己的书法造诣获得皇帝的赏识。一次，皇帝问他，你评评天下书法名家的字怎么样吧！

米芾答："蔡京的字不得笔法；蔡卞虽得笔法但是缺少韵味；蔡襄的字，比较刻板，像是刀勒刻上去的；沈辽排字，唯工整尔；黄庭坚一笔一笔描字；苏轼的字像画上去的一样。"

皇帝乐了并反问他，"那我的字咋样？"

米芾是书法名家，书法远胜于徽宗。他若恭维皇帝第一，则必然要委屈自己，而且皇帝也知道这是恭维的话；如果夸耀自己第一，则又必然会使皇帝扫兴。他灵机一动，巧妙地说："微臣以为，在皇帝中，您的字天下第一。在大臣中，则微臣的字天下第一。"宋徽宗听了，不得不佩服米芾的机智。

【思考与讨论】

请扫描二维码完成习题。

第三章　教育命题

在一次初中数学测验中，小狮子老师出了这样一道题目："$x^2=4$，求解方程的根。"小山和小龙都求出了 x 为正负2，但在对此作出文字表述时，小山说："2 是方程的根。"小龙则说："方程的根是 2。"老师评定小山的表述是正确的，小龙的表述是不妥当的。小龙感到委屈了。他认为自己的表述和小山的表述是一样的，"2 是方程的根"，不就是"方程的根是 2"吗？为什么老师认为小山是对的，而自己是错的呢？

请同学们想一想："2 是方程的根"同"方程的根是 2"，这两个说法的意思是一样的吗？

从题目来看，小山说"2 是方程的根"确实是不错的，而小龙说"方程的根是 2"是确实错了。因为这两个说法不是一个意思，二者并不相同。小山说"2 是方程的根"，只是断定"2"这个数是该方程的根，它并没有否定"-2"也是这个方程的根。所以，它是符合"$x^2=4$"这一方程的根，是正确的。但是，小龙说"方程的根是 2"，就是断定该方程的全部根就是"2"，实际上就否定了该方程还有其他的根可能，当然也就否定了"-2"也是这一方程的根，这就与"$x^2=4$"这一方程不相符合，因而不正确。从逻辑上说，这里就涉及性质命题中项（主项和谓项）的周延性的问题。如果我们弄清了这个问题，那么对小狮子老师提出的问题就能够准确地回答了。本章将学习如何认识命题、准确使用命题进行逻辑思维与表达。

一、教育命题及其分类

人们都是在命题中如何运用概念的，命题又是什么？先看下面一个故事：

从前有个财主，他打算开个酒店，就出了三钱银子征求新店对联。有个秀才去应征。财主说："对联要称赞我的酒好、醋酸、猪肥、人丁旺，店里又没有老鼠。"

那个秀才大笔一挥，很快就写成了：

上联：养猪大如山老鼠头头死。

下联：酿酒缸缸好造醋坛坛酸。

横批：人多病少财富。

秀才写完之后，财主摇头晃脑地把对联念成：

"养猪大如山老鼠，头头死。"

"酿酒缸缸好造醋，坛坛酸。"

"人多病，少财富。"

（一）教育命题：语句陈述的教育思想

1. 命题的概念

在形成概念之后，就可以运用概念对事物的情况做出陈述或断定，在思维中把概念以适当方式联系起来。教育命题是指一个判断的语义或一个陈述实际的表达。教育命题是对教育事物情况有所断定的思维形式。

把"学生"与"人"两个概念联系起来可构成语句如下：

（1）所有的学生都（不）是人。

（2）有些学生（不）是人。

（3）所有的人都（不）是学生。

（4）有些人（不）是学生。

（5）不仅所有的人都是学生，而且所有的人都是大学生。

（6）或者学生是人，或者学生不是人。

（7）如果学生是人，那么有些人就是学生。

上述语句都是教育命题。

2. 命题的特征

判断一个语句是不是命题，有两个关键：一是是否为陈述句（有所肯定或否定）；二是能否判断真假。命题不是判断（陈述）本身，而是一个可以做出真假判断的语言表述。肯定一个命题就是判断它为真，反之亦然。例如，命题：一个学生在教室里。如果这里确实有一个学生，有一间教室，而且学生也在教室里，那么这个命题就是真的。命题就是或真或假的陈述句。命题的真假，称为真值，"真"记为 T（True）或 1，"假"记为 F（False）或 0。因为真值只有两种，这种逻辑也称为二值逻辑（在真值不止两种时，称为多值逻辑，或模糊逻辑，本书不作介绍）。例如，"三角形内角和为 180°"是真命题，"三角形都是等边三角形"是假命题。哥德巴赫猜想是个命题，但之前不知其真假，直到 2013 年 5 月，巴黎高等师范学院研究员哈洛德·贺欧夫各特发表了两篇论文，宣布彻底证明了弱哥德巴赫猜想，这才判定哥德巴赫猜想是真命题。

不管命题是真是假，都是对思维对象做出的一种断定，假命题也是命题，且看下文：

> 小山同学特别喜欢凑热闹，哪里人多就往哪里凑。有一天，校园里发生了打斗事件，一堆人围在一起看，小山怎么也挤不进去，情急之下他大声喊道："大家让一让，让一让，打架的是我的两个兄弟！"等他顺着人群让出的缝隙挤进去一看，不禁傻眼了，因为刚才打斗的是两只小狗。

"打架的是我的两个兄弟"这一语句是陈述句，且有所判断，其判断不符合实际情况，但也属于命题。

3. 命题和语句的区别

第一，命题与语句因其各自的特点不同，分别成为不同学科的研究对象。命题是反映思维对象的思想，是构成推理的基础。因此，命题是逻辑学的研究对象。而语句作为思想的语言表达单位，是语言学的研究对象。

第二，并非任何语句都直接表达命题。思想是命题的内容，语句是命题的语言形式。一般来说，陈述句表达命题。例如，"高等学校是培养现代化建设人才的基地""学校不是菜市场"，这些句子都表达命题。

疑问句、感叹句、祈使句一般不表示命题。

（1）小山参加过全国统一教师资格考试吗？
（2）四川师范大学真美！
（3）请保持课堂安静！

例（1）是疑问句，只表达了说话人的疑问，它提出了问题，不直接表达命题。例（2）是感叹句，只抒发了说话人的一种感情，也不直接表达命题。例（3）是祈使句，只表示了说话人的一种期望，同样不直接表达命题。但是，如果它们对事物做出了肯定或否定表述，那么，它们也表示命题。

再如：

（4）难道有没有任何缺点的人吗？
（5）啊！青城山。
（6）闲人免进！
（7）四川师范大学啊，我的母校！

例（4）是疑问句，虽然不是陈述句，但它对事物做出了肯定或否定判断，所以，也表达命题。例（5）是感叹句，不表达命题。例（6）表达的意思是"闲人是不被允许进入的"这一判断，表达命题。例（7）的潜在意思是"四川师范大学是我的母校"，也属于命题。

此外，反诘问句虽然不直接表达命题，但它比陈述句更强烈的语气陈述了思维对象的情况，因而是命题。例如："难道教育系学生就不要学逻辑学了吗？"这个句子本身以强烈的语气断定了"非逻辑学系学生是要学逻辑学的"，以一种特殊的方式表达了命题。

大多数陈述句、反问句是直接命题，而疑问句、祈使句、感叹句等可能不是命题，可能是间接命题，需要根据语句情况进行具体的分析。

总的来说，一个句子是否表达命题，要看它是否对事物做出肯定判断或否定判断。

语句和命题是一一对应的吗？看下面一个故事[1]：

---

[1] 彭漪涟，余式厚. 趣味逻辑（修订版）[M]. 北京：北京大学出版社，2019：24-25.

古时候，有一位县官喜欢附庸风雅，虽说画艺不佳，但画画的兴致却很高；并且，每画完一幅画，都要在厅堂内展出示众，让众人评说。大家只能说好话，不敢说不好听的话，否则，就要遭受惩罚。

一天，县官完成了一幅"虎"画，悬挂在厅堂，召集全体衙役来欣赏。

县官得意地说："各位瞧瞧，本官画的虎如何？"

众人低头不语。

县官见无人附和，就点了一个人说："你来说说看。"

那人战战兢兢地说："老爷，我有点儿怕。"

县官："怕，怕什么？别怕，有老爷我在此，怕什么？"

那人："老爷，你也怕。"

县官："什么？老爷我也怕。那是什么？快说。"

那人："怕天子。老爷，你是天子之臣，当然怕天子呀！"

县官："对，老爷怕天子，可天子什么也不怕呀！"

那人："不，天子怕天！"

县官："天子是天老爷的儿子，怕天，有道理。好！天老爷又怕什么？"

那人："怕云。云会遮天。"

县官："云又怕什么？"

那人："怕风。"

县官："风又怕什么？"

那人："怕墙。"

县官："墙怕什么？"

那人："墙怕老鼠。老鼠会打洞。"

县官："那老鼠又怕什么呢？"

那人："老鼠最怕它！"那人指了指墙上的画。

这个例子充分说明了命题与语句的关系，即同一命题可用不同的语句陈述。

第三，同一语句可以表达不同的命题。例如，"李老师是位老教师"可以指"李老师是位年长的教师"，也可以指"李老师是一位干了多年教师工作的教师"。

在分析同一语句表达不同命题时，必须把握一个原则：不能离开具体的语境。因为语言的丰富多彩，同一语句通常是在不同的语境中才能表达不同的命题。同一语句在同一语境中只表达同一命题。例如，①学生在火车上。②他走了。例①可以表示为"学生在火车车厢顶上"或"学生在火车车厢内"这样两个命题；例②可以表示为"他离开这里了"或"他死了"这样两个命题，这主要是由于不同的语境或语句的歧义造成的。

第四，同一命题可以用不同的语句来表达。

  所有学校都是教育机构。
  不是教育机构的学校是没有的。
  难道学校不是教育机构吗？

这三个语句陈述了相同的思维对象。从语言方面看，它们是不同的语句；从思维角度而言，它们表达了相同的命题。

弄清命题与语句的关系有着非常重要的意义：一是可以使我们在思维过程中找到更为精确、恰当的表达方式。二是可以使表达中心突出、意义明确，尽可能避免"言而无物、言而无意"的表达方式。

4. 命题的逻辑真与事实真

真命题是其陈述的思想对象符合实际情况的命题。假命题是其陈述的思想对象不符合实际情况的命题。命题有肯定或否定以及有真假是衡量一语句是否为命题的依据。例如，①地球是围绕太阳公转的；②地球不是围绕太阳公转的。例①的命题对象符合实际，是真命题；例②的命题对象不符合实际，是假命题。

"真善美"是人类永恒的追求。然而，对于逻辑学来说，"真"是最为重要的内容。逻辑学对于"真"的探讨是非常丰富和深奥的，在此我们就来区分两种"真"：逻辑真和事实真。

一般地，真假是一个命题的逻辑值。传统逻辑只取真假两个值，称为二值逻辑，以区别于三值逻辑或多值逻辑。如何确定一个命题的逻辑值，既是逻辑问题，也是哲学和具体科学的问题。有些命题的真假判定是一个事实与经验的问题。比如，"今天下雨"这一命题若符合事实，就是事实真的命题；反之，就是事实假的命题。对于"今天下雨或者今天不下雨"这样的命题，无须借助经验事实，仅从其逻辑结构就可以断定其为真。这种仅凭逻辑分析就可以确定的命题的真，就称为逻辑真。又如，"在自然数中，如果有 $a>b$ 且 $b>c$，那么 $a>c$。"这个命题在逻辑上是真的，同时，在事实上也是真的。因为在现实生活中，如果篮子 A 里的苹果个数大于篮子 B 里的苹果个数，篮子 B 里的苹果个数又大于篮子 C 里的苹果个数，那么篮子 A 里的苹果个数一定大于篮子 C 里的苹果个数。在这样的例子中，逻辑真与事实真是一致的，即在逻辑上为真的，在事实上也为真。

那么，事实真是否一定是逻辑真呢？这就未必。比如："因为我们是好朋友，所以大家互相帮助。"这个命题在事实上可以说是真的，因为是好朋友，在生活工作中会互相帮助；如果做不到这一点，也就不会成为好朋友。然而，这个在现实生活中为真的命题，在逻辑上却不是真的。因为，"好朋友"与"互相帮助"在逻辑学上并不构成必然的因果关系。

逻辑真与事实真是我们常常遇到的两类关于"真"的问题。在思维过程中，我们会不自觉地运用逻辑来思考问题；而在日常生活中，我们遇到的大多是各种各样的事实。有些事实具有迷惑性和欺骗性，这就需要我们用逻辑的眼光来分辨它们；而有些事实看似没有逻辑可循，其实是非常真实和可贵的，比如情感、态度等。因此，我们要结合实际情况灵活地对遇到的事物做判断。

逻辑学不是研究某个特定命题在事实上的真假，而是研究各种形式命题之间的真假关系，即只研究当某种形式的命题为真（假）时，另一种形式的命题为真或为假的问题。

5. 命题与判断的关系

判断是经过断定了的命题，判断都是命题，但不是所有命题都是判断。命题的外延要比判断的外延大得多。判断侧重于内容方面，而命题侧重于形式方面。形式逻辑不是研究判断，而是研究命题的。

命题与判断既有共性又存在差别。命题是对思维对象的陈述，而判断则是对思维对象的断定，也就是对陈述思维对象命题的断定。一个命题所陈述的思维对象，如果被思想者肯定或否定，这个命题就是判断。未被断定的命题就不是判断。因此，所有的判断都是命题。一个陈述思维对象及其联系的语句，既可以说它是一个判断，又可以说它是一个命题。但并非所有命题都是判断。因为有的命题的内容能被断定，有的命题的内容则不一定能被断定。

（二）教育命题的形式及分类

教育命题的形式与分类见表 3-1。

表 3-1 教育命题的形式与分类

教育命题	是否包含模态词	非模态命题	是否包含其他命题	简单命题	所陈述的是性质还是关系	性质命题
						关系命题
				复合命题	联词不同	联言命题
						选言命题
						假言命题
						负命题
		模态命题	真值模态命题	包含"必然"或"可能"一类模态词		
			规范模态命题	反映人们行为规范		

思想内容不同的命题可有同样的语句结构形式，形式逻辑就是从形式结构方面研究命题的。以下教育命题的形式表达不同思想内容：

所有 S 都是 P。
所有 S 都不是 P。
有些 S 是 P。
有些 S 不是 P。

二、非模态命题：简单命题

简单命题是指不包含其他命题作为其组成部分的命题，即结构上不能再分解出其他命题的命题。它一般又分为两类：一类是性质命题（直言命题），它只有一个主项和一个谓项，谓项反映的是陈述对象的性质；另一类是关系命题，它不限于一个主项，谓项反映的是主项之间存在的关系。

(一)性质命题(直言命题)

陈述对象具有或不具有某种性质的命题,由主项、谓项、联项和量项组成。命题形式:所有(或有些)S是(或不是)P。例如,所有在座的人都是学教育的,有的学生犯的错误不是故意的,《学记》是世界上最早的教育研究著作。这些语句表达的命题都是直言命题。命题一和命题三反映了思维对象具有某种性质,命题二反映了思维对象不具有某种性质。

主项是处于表达直言命题的语句中主语位置并指称思维对象的词项,通常用大写字母S表示。如命题中的"在座的人""学生犯的错误""《学记》"。

谓项是在表达直言命题的语句中处于谓语位置并指称思维对象性质的词项,一般用大写字母P表示。如命题中的"学教育的""故意的""世界上最早的教育研究著作",均是直言命题的谓项。

联项是表示主项和谓项联系的词项,通常称为直言命题的质。在直言命题中,表示思维对象具有某种性质的联项称为肯定联项,一般用系词"是"来表示。如命题中的"是"。联项为肯定的直言命题,简称为肯定命题。而在直言命题中表示思维对象不具有某种性质的联项则称为否定联项,一般用系词"不是"表示。命题中的"不是"就属于否定联项。联项为否定的直言命题,简称为否定命题。

量项是指断定主项外延数量的词项,通常称为直言命题的量。直言命题的量项分为全称(所有的)、特称(有些)和单称三种。单称量项是反映主项只有一个分子的词项,如"一个""一座"等。当主项是单独词项时,单称量项一般不出现,如命题中的"《学记》"。

根据性质命题的质和量,性质命题分为以下几类,详情如下:

全称肯定命题:所有S是P。记作SAP,简称A。
全称否定命题:所有S不是P。记作SEP,简称E。
特称肯定命题:有些S是P。记作SIP,简称I。
特称否定命题:有些S不是P。记作SOP,简称O。
单称肯定命题:这个S是P。记作SaP,简称a。
单称否定命题:这个S不是P。记作SeP,简称e。

因为单称命题和全称命题都反映了主项的全部外延,所以,就量项特征而言,通常把单称命题当作全称命题来处理。单称命题可视为全称命题的特殊形式,可归入全称命题范畴。因此,性质命题(直言命题)一般以"A、E、I、O"四种命题形式出现(表3-2),即全称肯定命题(SAP,A)、全称否定命题(SEP,E)、特称肯定命题(SIP,E)、特称否定命题(SOP,O)。

表 3-2　性质命题（直言命题）的种类

名称	结构式	简写	简称
全称肯定命题	所有 S 是 P	SAP	A
全称否定命题	所有 S 不是 P	SEP	E
特称肯定命题	有 S 是 P	SIP	I
特称否定命题	有 S 不是 P	SOP	O

全称肯定命题是指断定某类对象中的每一个对象都具有某种性质的命题。其主项是一个普遍词项（概念），量项是全称量项，联项是肯定的联项。在语言或文字表达中，表示全称量项的"所有""一切"及表示肯定联项的"是"，有时可以省略。量项和联项形式：所有……都是……，每……都是……，一切……都是……，凡……都是……，等等。全称肯定命题的命题形式："所有 S 是 P。"在逻辑学史上一般沿用"A"［拉丁文 affirmo（肯定）的第一个元音字母］来表示，通常也表示为 SAP。例如，所有的学生都是人，所有的学校都是组织机构，凡是人都是要死的，一切反动派都是纸老虎。

单称肯定命题是指断定某一单独对象具有某种性质的命题。其主项是一个单独词项（概念），联项是肯定的（是、具有等）。单称肯定命题的命题形式："某个 S 是 P。"例如，成都是一座教育高质量发展的城市，中华人民共和国是全国各族人民共同缔造的统一的多民族国家，这位教师是人民教师荣誉获得者。

全称否定命题是指断定某类对象中的每一个对象都不具有某种性质的命题。其主项是一个普遍词项（概念），量项是全称量项（在语言或文字表达中，表示全称量项的"所有""一切"等，有时可以省略），联项是否定的联项。全称否定命题的命题形式："所有 S 不是 P。"在逻辑学史上，一般沿用"E"［拉丁文 nego（否定）的第一个元音字母］来表示。通常也表示为 SEP。例如，所有的学校都不是非正规组织机构，所有的教师都不是无道德的，凡学生都不能荒废学习。

单称否定命题是指断定某一单独对象不具有某种性质的命题。其主项是一个单独词项（概念），联项是否定的（不是、没有等）。单称否定命题的命题形式："某个 S 不是 P"。例如，小山同学不是少数民族，小狮子老师不是北京师范大学毕业，四川师范大学不是坐落在北京的学校。

特称肯定命题是指断定某类对象中有对象具有某种性质的命题。其主项是一个普遍词项（概念），量项是特称量项，联项是肯定的联项。按照特称量项的逻辑含义，当特称肯定命题断定某类对象中有的对象具有某种性质时，并不意味着同时断定了某类对象中有的对象不具有某种性质。特称肯定命题的命题形式是："有的 S 是 P。"在逻辑学史上一般沿用"I"［拉丁文 affirmo（肯定）的第二个元音字母］来表示。通常也表示为 SIP。例如，有些教师是男性，有些学生是中国共产党党员，有的学校是本科院校；一些教育机构从事艺体类补习活动。

特称否定命题是指断定某类对象中有对象不具备某种性质的问题。其主项是一个普遍词项（概念），量项是特称量项，联项是否定的联项。特称否定命题的命题形式："有的S不是P。"按照特称量项的逻辑含义，当特称否定命题断定某类对象中有的对象不具有某种性质时，并不意味着同时断定了某类对象中有的对象具有某种性质。特称否定判断的命题形式："有些S不是P。"常用"O"〔拉丁文Nego（否定）的第二个大写元音字母〕或"SOP"表示。例如，有些教师不是女性，有些教育局领导干部不是研究生学历，有些学生不是少数民族，有些学校是非全日制学校。

特称命题没有对主项概念的外延做出全部陈述，并不意味着该主项概念所指称的思维对象中一定存在相反的情况。在逻辑上，陈述"有些S是P"的含义为"至少有一个S是P"，它否定了"所有的S都不是P"，但没有肯定"有些S不是P"。据此，特称命题又被称为存在命题。特称量项"有些"的含义与日常用语"有些"不能混同。特称量项"有些"的含义是指"存在"的意思，表示"至少有一个，甚至全部"。日常用语的"有些"的含义是指"仅仅有些"，比如"有些是什么"往往意味着"有些不是什么"，而"有些不是什么"又意味着"有些是什么"。例如，日常说"我们班有些同学是成都人"，往往意味着"我们班有些同学不是成都人"。但"我们班有些同学是成都人"作为逻辑命题，是指我们班至少有一个甚至全部是成都人。

另外，还应该将通过命题对陈述对象的反映，与对象本身的客观情况区别开来，即命题是一种认识，它同客观事物本身并不相同。例如，客观情况是"所有的教师都应具有教师资格证"，但我们可以反映"有些教师是具有教师资格证的"，即反映有教师资格证的教师存在，而这并不意味着"有些教师不具有教师资格证"。

下列命题属于何种性质命题，并写出其命题形式。

> 开卷有益。
> 世界不是不可知的。
> 劳动起源说是马克思主义流派的教育起源观点。
> 难道小山的行为不该被批评吗？
> 原始社会的教育是没有阶级性的。
> 并不是今天所讲的全部内容都是考试会考到的。
> 杜威的《民主主义与教育》这本书不是能够被轻易读懂的。

1. 性质命题的周延性问题

> 暑假回家的长途火车上，小山一个人觉得无聊，看到一位女同学在认真地阅读一本书，便忍不住上前搭讪。
> 小山："同学，你也喜欢阅读啊，我也特别喜欢阅读，《故事会》《知音》等我都读了很多本。"
> 女同学："是啊，我闲着的时候就喜欢看看书，我现在在读《钦差大臣》，你读过没有？"
> 小山："当然读过，还读过很多次呢。林则徐以钦差大臣赴广东禁烟的故事，令人敬佩。"
> 女同学："啊？你确定？我读的《钦差大臣》是俄国作家果戈理的代表作。故

行政部门都是国家教育权力机关"看不出国家教育权力机关都是教育行政部门这一属性。要表达国家教育权力机关还是教育行政部门这一层含义,必须用"所有国家教育权力机关都是教育行政部门"这个命题。

第三,性质命题中主、谓项的周延性是就命题的形式而言,与命题的具体内容无关。换言之,周延性是由命题的逻辑常项决定的,而与主项和谓项客观上具有什么关系无关。只需根据给定的命题形式就可以判断其中的主、谓项是否周延。

2. 性质命题的真假关系

下面是一则关于马克·吐温的幽默故事[①]:

> 马克·吐温是美国著名的作家,他写过很多的小说,相信各位读者对他的作品也很熟悉,例如《百万英镑》就是一部经典的短篇小说,后来还被改编成了电影。这部小说用幽默的口吻,讽刺了当时社会的拜金主义风尚,也成为马克·吐温的代表作品之一。
>
> 除了写小说,马克·吐温还是一位演说家,他经常到全国各地进行演讲,而且每一次的演讲都能够引起极大的轰动。这两重身份让马克·吐温看起来高高在上,似乎普通人很难接触到,但是实际上马克·吐温在生活中是一个非常有趣的人,关于他的趣事也有很多。
>
> 因为经常演讲,所以他的口才非常好,思维转变也很快,经常能通过语言来化解自己的尴尬。有时,他还会用语言来讽刺一些他看不惯的人。有一次,马克·吐温去参加酒会,当地的记者得知马克·吐温会参加,立马也赶到了酒会,希望能够进行采访。
>
> 马克·吐温面对记者的采访,本来没有反感的情绪。但采访期间,记者提出了很多无聊的问题,其中一个问题是关于美国国会议员的,即要马克·吐温表达他对这些议员的看法。马克·吐温非常淡定地回答:"美国国会中有些议员是浑蛋。"记者当场就愣住了。
>
> 他没想到马克·吐温的回答会如此地直接,到了第二天,这位记者就将这句话公布在了报纸上。一时间美国国会议员都把矛头指向了马克·吐温,华盛顿的议员们更是强烈谴责了他,并且要求他在报纸上进行公开道歉,不胜其烦的马克·吐温只能写了一封道歉信,并发表在了报纸上。
>
> 马克·吐温发表的这封道歉信是这么写的:"以前鄙人在酒席上发言,说有些国会议员是浑蛋,我再三考虑,觉得此言不妥当,而且不合事实,特登报声明,把我的话修改成:美国国会中有些议员不是浑蛋。"
>
> 原本大家都以为,马克·吐温是迫于压力出来道歉了。却没有想到他的道歉信,是对美国国会议员的一种暗讽。本来这件事已经快要过去了,马克·吐温的一封道歉信,又把这件事重新拉回到了人们的眼前,美国国会议员知道无法轻易改变

[①] 邹艳菁,涂敏. 言语幽默的语言学视角研究——以马克·吐温一则幽默为例[J]. 前沿,2012(15):196-198.

他的言论，也只能默默地认栽。不过，更多的人还是很佩服他，毕竟这样的真话不是所有人都敢讲的。

"美国国会中有些议员是浑蛋"与"美国国会中有些议员不是浑蛋"二者具有何种真假关系？"有些 S 是 P"与"有些 S 不是 P"是不可同假但可同真的。

S 和 P 的可能关系只可能有五种情况：

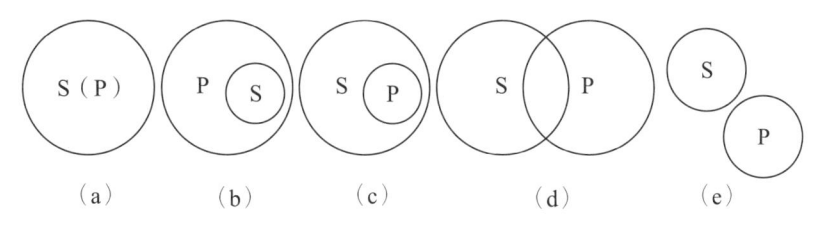

图 3-1　S 与 P 的五种关系图

图 3-1（a）（b），"有些 S 是 P"真，"有些 S 不是 P"假；
图 3-1（c）（d），"有些 S 是 P"和"有些 S 不是 P"都真；
图 3-1（e），"有些 S 是 P"假，而"有些 S 不是 P"真。
所以，"有些 S 是 P"和"有些 S 不是 P"不可同假但可同真。

如果两个性质命题的主项和谓项都相同，那么，这两个命题就是同素材的命题。同素材的 A、E、I、O 四种性质命题存在着固定的真假关系，此即性质命题的对当关系。

我们可以根据图 3-1 列出 A、E、I、O 四种性质命题的真值表。

表 3-4　四种性质命题的真值表

类型	a	b	c	d	e
A	真（T）	真（T）	假（F）	假（F）	假（F）
E	假（F）	假（F）	假（F）	假（F）	真（T）
I	真（T）	真（T）	真（T）	真（T）	假（F）
O	假（F）	真（F）	真（T）	真（T）	真（T）

请同学们分别就以下命题，用欧拉图解法表示性质命题的主项（S）和谓项（P）的外延关系。

（1）"所有 S 都不是 P"为真。
（2）SAP 与 SIP 恰有一假。

根据表 3-4，我们可以绘制出 A、E、I、O 的真假制约关系。

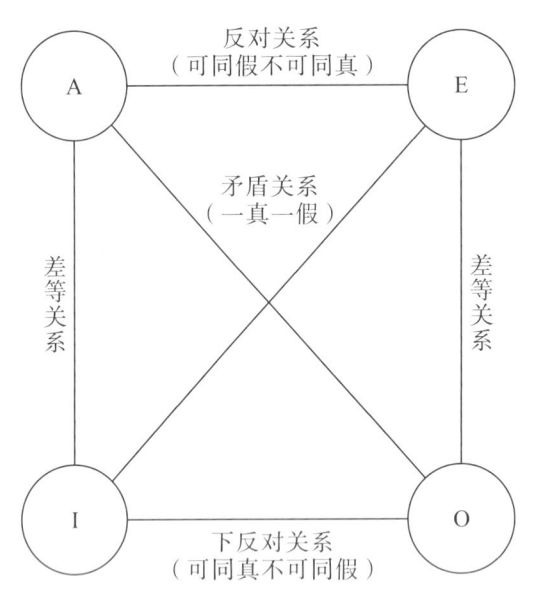

```
           反对关系
          （可同假不可同真）
    A ─────────────── E
     \               /
      \  矛盾关系   /
   差  \ （一真一假）/  差
   等   \         /   等
   关    \       /    关
   系     \     /     系
           \   /
            \ /
            / \
           /   \
          /     \
     I ─────────────── O
           下反对关系
          （可同真不可同假）
```

图 3-2 性质命题 A、E、I、O 的真假制约关系

图 3-2 中性质命题 A、E、I、O 的真假制约关系如下：

第一种情况，矛盾关系：真假完全相反。SAP 与 SOP，SEP 与 SIP 的关系为矛盾关系。即不可同时为真，不可同时为假，一定为一真一假。它是指两个命题既不能同真，也不能同假的关系，即 A 与 O、E 与 I 的关系：A 真，O 必假；A 假，O 必真。同理，E 真，I 必假；E 假，I 必真。有两对矛盾关系的命题："所有的 S 都是 P"与"有些 S 不是 P"，"所有的 S 都不是 P"与"有些 S 是 P"。例如，若"所有的大学教师都是本科及其以上学历"为真，则"有些大学教师不是本科及其以上学历"这个命题一定为假。这两对命题之间的真假关系和生活直觉完全符合，一般人也不会出错。

请同学们用欧拉图解法思考：反对关系（SAP 与 SEP）为何可同假，不能同真。

第二种情况，反对关系：至少一为假。SAP 与 SEP 的关系为反对关系，即不可能同时为真，但有可能同时为假。所以，如果其中的一个命题为真，则另一个命题一定为假；若如果其中的一个命题为假，则另一个命题不能确定真假，除非有别的条件加入。"所有的 S 都是 P"与"所有的 S 都不是 P"，即全称肯定命题 SAP 与全称否定命题 SEP 之间的真假关系就是反对关系。例如，若"所有的大学教师都是本科及其以上学历"为真，则"所有的大学教师都不是本科及其以上学历"一定为假；"所有的大学教师都是本科及其以上学历"为假，则"所有的大学教师都不是本科及其以上学历"真假不能确定。有的学生会根据已有的条件进行分析推理，一般会先假定一些条件为真。但有时，这些假定为真的命题并不符合生活常理或专业知识。请先看清楚表达，千万不要不看表达就拿生活经验或专业知识否定表达，否则容易犯错。

需要注意的是，在反对关系中，由于单称命题的主项是一个单独概念，因此，同素材的单称肯定命题和单称否定命题是矛盾关系。但不能把它们归到全称肯定命题和全称否定命题之中，即看成反对关系。例如，小山同学的教师资格证考试成绩是合格的。小山同学的教师资格证考试成绩不是合格的。

第三种情况，下反对关系：至少有一为真。SIP 与 SOP 为下反对关系，即下反对关系的命题不可能同时都是假的，至少有一个是真的。所以，如果其中的一个命题为真，则另一个命题不能确定真假；如果其中的一个命题为假，则另一个命题一定为真。例如，如果"有些大学教师是本科学历"为真，则"有些大学教师不是本科学历"的真假不能确定；如果"有些大学教师是本科学历"为假，则"有些大学教师不是本科学历"一定为真。

第四种情况，差等关系（包含关系）：若全称命题为真，则同质的特称命题真；若特称命题假，则全称命题假。其他推理方向为真假不定。SAP 与 SIP 之间的关系，SEP 与 SOP 之间的关系就是差等关系。具体表现：若 A 真，则 I 真；若 A 假，则 I 或真或假。若 I 假，则 A 假；若 I 真，则 A 或真或假。若 E 真，则 O 真；若 E 假，则 O 或真或假。若 O 假，则 E 假；若 O 真，则 E 或真或假。

新学期伊始，学校发现有学生没有到教务处办理注册手续。

若该命题为真，则下列陈述不能确定真假的是（ ）

（Ⅰ）所有新生都没有到教务处办理注册手续

（Ⅱ）所有新生都到教务处办理了注册手续

（Ⅲ）有的新生到教务处办理了注册手续

（Ⅳ）新生小山到教务处办理了注册手续

A. Ⅰ、Ⅱ、Ⅲ、Ⅳ　　　　　B. Ⅱ、Ⅲ、Ⅳ
C. Ⅰ、Ⅱ、Ⅲ　　　　　　　D. Ⅰ、Ⅲ、Ⅳ

题解：D。"发现有学生没有到教务处办理注册手续"提炼为"有的新生没有办理注册手续"，是一个特称否定命题，可以推出"所有的学生都办理了注册手续"一定为假，即Ⅱ为假；"有的没有"可以理解成至少有1名新生没有注册，当然也可能所有新生都没有注册（全称否定命题），Ⅰ可能为真，因此不能确定真假。Ⅲ可能为真，也可能为假，不能确定；题干没有提及谁办理了注册手续，因此Ⅳ也不能确定真假。故选 D。

甲、乙、丙、丁四人讨论本班同学完成作业的情况。甲说：班里所有同学都写完了作业。乙说：如果小李写完了作业，那么小赵就没有写完作业。丙说：小李写完了作业。丁说：班里有人没有写完作业。

已知四人中只有一人说的不对，那么可推出下列哪项？（ ）

A. 甲说的不对，小赵没有写完作业

B. 乙说的不对，小李写完了作业

C. 丙说的不对，小赵没有写完作业

D. 丁说的不对，小赵写完了作业

题解：A。甲和丁的话是一对矛盾关系，属于"所有的 S 都是 P"和"有的 S 不是 P"的矛盾，必有一真一假。已知四人中只有一人说的不对，因此乙和丙说的都是真话。根据丙说的是真话，可知小李写完了作业；根据乙说的是真的，可知小赵没有写完作业，此时可推出甲说的是假话。故选 A。

可见，准确掌握性质命题的真假关系，有利于我们进行性质命题真假推理判定。

拒绝"收买"

有一次，一个鞋油厂的老板，想了一个发财的鬼点子，他请求萧伯纳，允许用萧伯纳的名字做一种新鞋油的商标名称。

老板对萧伯纳说："如果您同意这样办，世界上千百万人都会知道您的大名了。"

萧伯纳道："不，也有例外。"

老板愣住了。

萧伯纳接着说："你忘了没鞋穿的人！"

两人的话中各隐含一个什么命题？其对当关系怎样？

所有人都有穿鞋。（A）

有的人没有穿鞋。（O）

二者是矛盾关系，呈一真一假关系。

王安石写过一本书《字说》，他认为从每个字的笔画结构中就能推测出构字的本意。有一次，苏东坡跟他开玩笑，拿了"坡"字去问他："这个字是怎么表示它的意义的？"王安石回答说："坡，就是土之皮。"苏东坡又反问他："那么，'滑'字就是水之骨吗？""拿竹去打马，就叫做笃，不知道拿竹去打犬，有什么可笑的？"王安石无言以答。[①]

两人的话中各隐含一个什么命题？其对当关系怎样？

从每个字的笔画结构中都能推测出构字的本意。（A）

从有的字的笔画结构不能猜出该字的本意。（O）

二者是矛盾关系，呈一真一假关系。

请解：当"所有的团员都不是学生"为假命题时，其他三种性质命题的真假值。

所有的团员都是学生。（A）（假或真）

有些团员是学生。（I）（真）

有些团员不是学生。（O）（真或假）

注意：若考虑实际条件"团员和学生是交叉关系"，则A假，O真。

元旦晚会上，小狮子老师出了一个猜盲盒的活动，有7个盒子，7个盒子上分别写着一句话。

盒1："所有的盒子里都有水果。"

盒2："本盒子里没有水果。"

盒3："有些盒子里有山核桃。"

[①] 该故事为民间传闻，想了解王安石《字说》的意义，可参见：邓海霞. 论王安石《字说》的语言学意义[J]. 东华理工大学学报（社会科学版），2021（5）：501-507.

盒 4："本盒子里没有苹果。"
盒 5："所有的盒子里都没有山核桃。"
盒 6："盒 4 里放着一个苹果。"
盒 7："有些盒子里没有水果。"

如果只有三句真话，那么水果在哪个盒子里？

这考查的是直言命题的真假值矛盾关系。题目中盒 1 "所有的盒子里都有水果"和盒 7 "有些盒子里没有水果"是矛盾关系，必有一真一假。题目中盒 3 "有些盒子里有山核桃"与盒 5 "所有的盒子里都没有山核桃"是矛盾关系，必有一真一假。题目中盒 4 "本盒子里没有苹果"与盒 6 "第四个盒子里放着一个苹果"是矛盾关系，必有一真一假。根据题干信息，只有三句真话，那么盒 2 上的话一定是假话，即"本盒子里没有水果"是假命题，那么盒 2 里有水果，水果在盒 2 中。

（二）关系命题

不少同学应该看过电影《长安三万里》，电影中人物的关系错综复杂，这其中涉及复杂的关系命题。让我们略微厘清一下：

李白和高适曾经是好友，后面友谊的小船说翻就翻！
杜甫和高适是挚友，但不妨碍杜甫仰慕李白。
张说提拔了贺知章和张九龄，张九龄又提拔了王维。
王维属于比较游离在圈子外的，回避李白，但又很推崇张九龄。
董大、李龟年、焦炼师的人缘估计很好，这么多诗人都写赠诗给他们。
杨炯对王勃看不对眼，却对卢照邻很服气。
电影中还存在五大山东士族：博陵崔氏、清河崔氏、范阳卢氏、荥阳郑氏、太原王氏。

问：电影中，五大山东士族的博陵崔氏、清河崔氏、范阳卢氏、荥阳郑氏、太原王氏是什么关系？李白和高适是好朋友，杜甫仰慕李白，那么杜甫是否仰慕高适？王维回避李白，推崇张九龄，是否意味着李白回避张九龄？

1. 关系命题的概念

关系命题是陈述对象之间关系的命题。例如，小狮子是小山的老师；小山与小龙是同学；小狮子与小西是同事；小山比小龙高；小龙比小山壮；小龙和小山是好朋友，小山和小华是好朋友。

关系命题的结构由主项（关系者项）、谓项（关系项）和量项组成。命题形式表现为 aRb 或 Rab，读作 a 与 b 有 R 关系。

关系命题与性质命题的关系如下：

在简单命题中，性质命题不都是用"是"或"不是"作为联项判断，但是用"是"或"不是"联结的命题也不一定就是性质命题。

关系命题有时也使用"是"或"不是"来联结关系者项与关系两方面的概念，二者容易混淆。因此需要注意关系命题与性质命题之间的区别。

（1）关系命题中的关系属性是各个关系者项之间的一种关系，性质命题中的谓项是主项独立具备或不具备的属性。

（2）关系命题断定的对象有两个或两个以上，而性质命题断定的对象只有一个。关系命题陈述的是对象之间的关系，而任何关系总是存在于两个或几个对象之间，即关系的承担者总有两个或两个以上。这样，关系命题的主项即关系者项就可以有两个、三个，也可以更多。

（3）关系命题的量项可以有两个或两个以上，而性质命题的量项只有一个。每个关系者项的前面都应当有量项，但如果关系者项是单独词项，就不需要使用量项。

2. 关系命题的类型

关系命题按照关系的性质，通常分为以下几类：

（1）对称性关系。

当事物 a 与事物 b 有关系 R，并且 b 与 a 之间一定也有关系 R 时，则 R 是对称关系。常见的对称性关系：相同关系、相等关系、相似关系、交叉关系、矛盾关系、反对关系、同盟关系、同学关系、同事关系、同城关系、同乡关系、邻居关系、战友关系等。真假性满足：若 aRb 真，则 bRa 一定真。例如，若小山和小龙是同学，则小龙与小山也是同学。

当事物 a 与事物 b 有关系 R，且 b 与 a 肯定没有关系 R 时，关系 R 就是反对称关系。常见的反对称关系：大于、小于、多于、少于、之上、之下、打败、战胜、剥削等。真假性满足：若 aRb 真，则 bRa 一定假。如，小山在《教育学原理》考试中的成绩比小龙好，则不能表示为小龙在《教育学原理》考试中的成绩比小山的好。

当事物 a 和事物 b 有关系 R，且 b 与 a 是否有关系 R 不一定，即 b 与 a 既可能有关系 R，也可能没有关系 R 时，关系 R 就是半对称关系（非对称关系）。此种关系为半对称关系。常见的半对称关系：喜欢、认识、表扬、批评、帮助、信任、佩服、痛恨等。真假性满足：若 aRb 真，则 bRa 可能为真，也可能假。例如，小山喜欢小龙，而小龙是否喜欢小山不一定。

公元前 206 年，刘邦率领的起义军攻占咸阳，秦朝灭亡了。秦朝灭亡后，项羽自立为西楚霸王，另又划地分封十多王，封刘邦为汉王。从公元前 206 年开始，项羽和刘邦为争夺天下，进行了将近四年的战争，历史上称为"楚汉战争"。后来，双方在外黄城展开一场大战，结果汉军大败。

外黄城被破城之后，项羽因为这些百姓曾经帮助汉军守城，就下了一道命令要将城里 15 岁以上的男子全部活埋。眼看全城的老百姓就要遭受一场难以逃脱的劫难。

在此关键之时，一个 13 岁的小孩挺身而出，走进军营，要求面见项羽。项羽听说一个小孩要见自己，非常奇怪，但又觉得一个小孩要见自己，确实是勇气可嘉，既然如此，就见一见吧。他见到这个小孩后，想给这个小孩一个下马威，就说："你这个小孩，胆子不小，竟敢前来见我呀！"

这个小孩机智地答道:"大王常说自己是百姓的父母,我是一个百姓,自然就是你的孩子了。孩子想念父母,有什么不敢见的呢?"

小孩的这一句话让项羽听了很高兴。项羽的口气也温和了起来:"你要是找我有什么事,就直说吧!"这个小孩一见项羽态度发生了转变,心想有机会了,一定要利用这个机会说服项羽,改变屠城的念头。于是,他说:"听说大王要杀外黄城的百姓,这对大王不仅没有好处,还会贻害无穷。很明显,如果其他地方的百姓听说大王会杀害投降的百姓,他们就不会开城迎接大王而只会拼死抵抗了。这样大王处处受敌,要攻占每一座城池都会付出很大的代价。所以,我恳请大王收回杀害无辜百姓的打算。"

项羽听了这一番话,觉得很有道理,于是他便打消了活埋城里15岁以上男子的念头。

这个小孩之所以寥寥数语就使项羽改变念头,从逻辑学上讲,是因为他准确地把握了"父母"这一概念的反对称性关系。既然项羽说自己是百姓的父母,我也就是大王的孩子,百姓也就是大王的子女。

(2) 传递性关系。

当事物a与事物b有关系R,事物b与事物c有关系R,且事物a与事物c也有关系R时,关系R就是传递关系。常见的传递关系:大于、在后、多于、晚于、前、后、相等、左、右、长、短等。真假性满足:aRb真且bRc真,aRc必真。例如,小山比小龙高,小龙比小西高,则小山比小西高。

当事物a与事物b有关系R,事物b与事物c有关系R,而事物a与事物c没有关系R时,关系R就是反传递关系。常见的反传递关系:垂直于、父、母、儿、女、祖父、孙子、孙女等。真假性满足:aRb真且bRc真,aRc必假。例如,小山是小龙的父亲,小龙是小西的父亲,但小山不是小西的父亲。

当事物a与事物b有关系R,事物b与事物c有关系R,而事物a与事物c是否有关系R不定时,关系R就是半传递关系(非传递关系)。此种关系为半传递关系。常见的半传递关系:认识、信任、佩服、帮助、尊重、支援、不等于等。真假性满足:aRb真且bRc真,aRc或真或假。例如,小山喜欢小龙,小龙喜欢小西,小山是否喜欢小西不一定。

根据以上知识,请同学们分析下列关系命题中的关系词为何种关系词。

人民的利益高于一切。
老李是小李的父亲。
小山战胜了小龙,小龙战胜了小西。
小狮子和小华是同事,小华和小山是同事。
小山认识小龙,小龙认识小华。
成都在稻城亚丁之东。

三、非模态命题：复合命题

小龙是高中一年级学生，从小学习认真刻苦。一天，他对小狮子老师说："老师，我国的科技发展现在面临着太多'卡脖子'的技术，我长大后要当一名科学家，为这些技术的突破贡献自己的绵薄之力。"

小狮子老师很欣慰，鼓励说："小龙同学志向远大，非常棒！"但同时小狮子老师也指出："但科学家可不是那么容易当的，只有坚持刻苦学习，才可能成为一名科学家。"

小龙同学说："老师，按您这么说，我长大后肯定能成为一名科学家，因为我从小都非常刻苦学习，所以我具备当科学家的品质。"

请问：小龙同学的说法对吗？

小狮子老师给出了一个命题"只有坚持刻苦学习，才可能成为一名科学家"，小龙同学理解的命题"只要坚持刻苦学习，长大后就一定能成为一名科学家"。这二者是什么命题？这两个命题是一样的吗？请同学们学习完这部分的知识再来回答这个问题吧。

复合命题是包含着其他命题的命题，由肢命题和联结项组成。从逻辑结构上分析，复合命题有两个基本构成要素：肢命题和联结词。联结词是逻辑常项，因为联结词有确定的逻辑含义，即联结词决定了一个复合命题的逻辑形式。肢命题被称作逻辑变项，它是以命题为取值范围的变项，我们一般用 p, q, r, …表示。

我们将"他有教师资格证"与"他是一名教师"两个肢命题用不同联结词组成一个复合命题，具体形式如下：

如果他有教师资格证，那么他是一名教师。

他有教师资格证，且是一名教师。

或者他有教师资格证，或者他是教师。

他有教师资格证当且仅当他是教师。

尽管这四个命题有完全相同的肢命题，但由于联结词不同，它们有完全不同的逻辑形式，因此是四个不同的命题。显然，这四个命题分别描述了不同的事件。

复合命题的逻辑特征：包含其他命题，真假取决于其肢命题的真假。

根据联结项的不同，复合命题分为联言命题（合取命题）、选言命题（析取命题）、假言命题（条件命题）和负命题等。

表 3-5 复合命题的联结词及其基本形式

命题联结词	真值联结词符号及其含义
非	¬ 或 ⁻ （否定）
且	∧ （合取）
或	∨ （析取）

续表

如果，那么	⇒	（蕴含）
只有，才	⇐	（反蕴含，或称"逆蕴含"）
当且仅当	⇔	（等值，或称"双向蕴含"）
复合命题的基本形式	符号表示	
p∧q	p 且 q	
p∨q	p 或 q	
p⇒q	如果 p，那么 q	
p⇐q	只有 p，才 q	
p⇔q	p 当且仅当 q	
⌐p	非 p	

（一）联言命题

我们来看下面一则材料[①]：

> 按照现代色彩学理论，白色和黑色是色彩的两极。白色是光谱内所有可见光的混合色，黑色则可以吸收光谱内一切可见光。白色与黑色也是人类较早使用的颜色，我国早在商朝就分辨出"白"（无色）和"勿"（有色），随后又将"黑"（堇）定义为另一种极端的颜色。可见，白色和黑色是古人较早注意到的颜色，其文化源流十分久远，意义也非常丰富。一般情况下，白黑象征意义形成一组截然相反的鲜明对比。《春秋繁露·保位权》：圣人"不以著蔽微，不以众掩寡，各应其事以致其报。黑白分明，然后民知所去就，民知所去就，然后可以致治，是为象则"。意思是统治者必须做到"赏罚分审，白黑著明"，否则会"白黑颠倒，上下错谬"。
>
> "君虽尊，以白为黑，臣不能听；父虽亲，以黑为白，予不能从。"（《吕氏春秋·应同》）皇帝虽然尊贵，但若将白说成黑，我也不能听从他；父亲虽然亲近，但若将黑说成白，我也不能顺从他。这说明即使权位尊大，如果曲直不分，也不能苟同。古希腊哲学家亚里士多德说："吾爱吾师，吾更爱真理。"与"君虽尊，以白为黑，臣不能听；父虽亲，以黑为白，予不能从。"有异曲同工之妙。

该材料就蕴含了"吾爱吾君，吾更爱真理，不能黑白不分；吾爱吾父，吾更爱真理，不能颠倒黑白"的联言命题。

联言命题：陈述思维对象几种情况同时并存，由联言肢和联结词构成。一般形式（逻辑结构式）：p 且 q，记为：p∧q。

有位青年，曾经直率地向科学家爱因斯坦提出一个问题："请告诉我，您取得成功的秘诀是什么？"爱因斯坦沉思了一下，给他写了这样一个公式：$W=X+Y+Z$。

[①] 吕不韦. 吕氏春秋 [M]. 南京：江苏凤凰美术出版社，2017：131.

那位青年望着这个公式，感到迷惑不解。爱因斯坦真诚而严肃地向他解释道："W 代表成功，X 代表艰苦的劳动，Y 代表正确的方法，而 Z 呢，则代表少说空话。"爱因斯坦这个"秘诀"，虽然寥寥数语，但仔细琢磨，便觉得还真不那么简单。

W（成功）$=X$（勤奋）$+Y$（正确方法）$+Z$（少说废话）。这便是一个典型的联言命题，也即成功离不开勤奋、正确方法和少说废话这三个条件。

联言命题的联言肢命题至少有两个，一般是直言命题，但也可以是关系命题。例如，小山和小龙既是老乡又是同学。

联言联结词是联结命题关系的词项。例如：并且，既是……又是……，不是……而是……，一方面……又一方面……，但是，……联言命题题干有时只有一句话，比较好辨认，有时句子比较多，不好确认。要从众多句子中准确找到联言命题，则要寻找联言命题的判断标志。联言命题的常见判断标志如下：

（1）转折词：然而、但是、却、事实上、实际上等。

（2）并列词：和、与、并且等。

（3）递进词：甚至、更、进而、不仅……而且等。

尽管自然语言中的联结词各有各的含义，且各自含义都有一定的复杂性，但从联结词真值上来说，与"并且"无差别都可视为联结词"且"。

要注意联言肢命题在意义上的联系，做出恰当的顺序安排。从联结词真值的角度考虑，联言肢命题无论怎样排列都是相同的。但我们不能据此认为联言肢命题的安排是任意的；相反，联言肢命题应按照转折、递进等意义上的联系来安排顺序。例如，由"我们要善于建设新世界"和"我们要善于破坏旧世界"构成的联言命题，其联言肢命题就有一个顺序安排的问题。按照客观进程，应当表示为："我们不但要善于破坏旧世界，而且要善于建设新世界。"又如，由"教得好""留得住""下得去"三个联言肢命题的安排应体现递进顺序，其正确表达是："优秀师范毕业生下得去、留得住，而且要教得好。"

联言命题有时省略联结词。如"虚心使人进步，骄傲使人落后""情有可原，理无可恕""小山是成都人，小龙是乐山人"。又如，"高端大气上档次"等同于"高端""大气""上档次"。

联言命题通常有以下三种形式：

（1）联主命题：S1、S2、S3……是 P。

由几个主项一个谓项构成的联言命题，陈述几个思想对象共有一种属性。如小山、小龙、小华、小西都是本科生。

（2）合谓命题：S 是 P1、P2。

由一个主项和几个谓项组成的联言命题，表示一个思想对象存在几种属性。如高等学校是本科学校、专门学院、专科院校的统称，简称高校。

（3）联主合谓命题：S1、S2 是 P1、P2。

由几个主项和谓项不同的简单命题构成的联言命题，陈述几个思想对象具有几种属性。例如，2023 年 9 月 9 日，习近平总书记在致信全国优秀教师代表中，明确提出并深刻阐释了中国特有的教育家精神的时代内涵，即心有大我、至诚报国的理想信念，言为士则、行为世范的道德情操，启智润心、因材施教的育人智慧，勤学笃行、求是创新的躬耕态度，乐教爱生、甘于奉献的仁爱之心，胸怀天下、以文化人的弘道追求。①

命题有真假。命题或真或假的性质就叫命题的真假值（也称真值）或者命题的逻辑值。肢命题及其构成的联言命题之间是存在着真假制约关系的。

逻辑学真值表法是一种常用的推理方法，可以帮助我们研究、解释和理解复杂的或超越思维能力的问题。它是一种基于逻辑规则的知识表示法，为给定的条件和结果构建一种以真值表的形式进行运算的推导系统，从而完成推理和判断工作。绘制真值表是实现此类推理的基本步骤。真值表一般由有终止性的几个命题组成，每个命题都有两个可能的真假值，即真和假。通过将这些真假值进行组合，可以确定输入命题和输出命题者之间的关系。

问：在什么情况下命题"小狮子先生既是教师又是律师"是真的？

我们可以将这个联言命题拆分为两个简单命题：p＝小狮子先生是教师；q＝小狮子先生是律师。当且仅当"小狮子先生是教师"和"小狮子先生是律师"都为真时，"小狮子先生既是教师又是律师"才为真命题。

联言命题的真假情况见表3-6。

表3-6 联言命题的真值表

p	q	p∧q
真（＋）	真（＋）	真（＋）
真（＋）	假（－）	假（－）
假（－）	真（＋）	假（－）
假（－）	假（－）	假（－）

根据上文联言命题的真值表，问：某校校门口的通告"凡进入校门者一律出示学生证和工作证"是真还是假？

又如，在某个宴会上，发生了以下一段对话，请你判定这句话的真假情况。

小狮子老师向宴会上对小华老师不了解的其他老师介绍："小华老师与一个作家的女儿结了婚并且怀了孕，有好些亲友还不大了解情况，所以他今天不适合喝太多酒。"

在这一段文字中，"小华老师与一位作家的女儿结了婚并且怀了孕"是一个联言命题，很明显根据现行法律关系，小华老师肯定是男教师，是不可能怀孕的。因此，这个联言命题是假的。

---

① 新华网. 习近平致信全国优秀教师代表强调 大力弘扬教育家精神 为强国建设民族复兴伟业作出新的更大贡献 向全国广大教师和教育工作者致以节日问候和诚挚祝福［EB/OL］. https://china.huanqiu.com/article/4ETGQZUJMWL.

（二）选言命题

小龙和小山是理科（1）班同学，他们是无话不说的好朋友，他们发现班里每一位同学或者喜欢物理，或者喜欢化学。小龙喜欢物理，小山不喜欢化学。

根据以上陈述，以下哪项必定为真？

Ⅰ．小山喜欢物理。

Ⅱ．小龙不喜欢化学。

Ⅲ．理科（1）班不喜欢物理的学生喜欢化学。

Ⅳ．理科（1）班一半学生喜欢物理，一半学生喜欢化学。

A．仅Ⅰ

B．仅Ⅲ

C．仅Ⅰ和Ⅱ

D．仅Ⅰ和Ⅲ

E．仅Ⅱ、Ⅲ、Ⅳ

这是一个典型的选言命题材料，主要表现为"班里每一位同学或者喜欢物理，或者喜欢化学"，代表班里的每一位同学在物理和化学两门课上至少喜欢一门；小龙喜欢物理，小山不喜欢化学。说明小龙可能只喜欢物理，也可能小龙既喜欢物理又喜欢化学；小山必定会喜欢物理。故选 D。

选言命题：陈述在几种可能的事物情况中至少有一种情况存在的复合命题，由选言肢命题和选言联结词构成。选言肢命题至少有两个。如小山学过英语或法语。选言命题一般分为相容选言命题和不相容选言命题，其具体的逻辑形式和分析如下。

1. 相容选言命题

（1）相容选言命题：断定选言肢命题中至少有一个为真，可同为真的情况。

（2）相容选言判断的逻辑形式：$p \vee q$（p 或 q）。

（3）相容选言命题的逻辑联结词通常用"或""或者"。

命题以"或者……或者……"作联结词，在两个肢命题中，至少有一个肢命题为真。"或者"意味肢命题之间并不是互相排斥，肢命题可以同为真。"小龙的笔记记错了，或者是学生听错了，或者是教师讲错了"是一个相容选言命题，因为选言肢命题中陈述的"教师讲错了"和"学生听错了"至少有一种情况是存在的。在自然语言中，"或者""可能""或许"等都可作为相容选言命题的联结词。

2. 不相容选言命题

（1）不相容选言命题：断定选言肢命题中有一个并且只有一个为真的情况。

（2）不相容选言判断的逻辑形式：要么 p，要么 q。

（3）不相容选言命题的逻辑联结词通常为"要么"。

命题以"要么……要么……"为联结词，表示所联结的肢命题是互相排斥的，肢命题只能有一个为真，即有且只有一个肢命题所表示的事物情况为真的复合命题。在自然语言中，一般是用"要么……要么……"作为不相容选言命题的联结词。有时，也使用"或者"作为联结词，但大多数情况要加上"二者必居其一"或"二者不可兼得"作为补充说明。

分析"小山或者小龙是今天的值日班长"与"要么小山要么小龙是今天的值日班长"的真假情况。设：p=小龙是今天的值日班长，q=小山是今天的值日班长，这两个命题的真值情况见表 3-7。

表 3-7 选言命题真值表

相容选言命题			不相容选言命题		
小山或者小龙是今天的值日班长			要么小山要么小龙是今天的值日班长		
p	q	p∨q	p	q	p∀q
真	真	真	真	真	假
真	假	真	真	假	真
假	真	真	假	真	真
假	假	假	假	假	假

根据上文的选言命题的真值表，给下面题目做出判断。

小狮子驾驶违章，交警说："对你要么扣照，要么罚款。"
按照交警的说法，以下哪些项是小狮子可以选择的？
A. 扣照，但不罚款。
B. 罚款，但不扣照。
C. 扣照并且罚款。
D. 承认错误，下次不再违章。

下列命题各是何种选言命题？写出其形式。

小华懂英语或汉语。
人们啊！要尊重自然，尊重规律，尊重生命。
小狮子或者考成都的教师，或者考乐山的教师。
鱼和熊掌不可兼得。
一种哲学不是唯物主义的，就是唯心主义的。

又如：

《中国教育报》记者小白周四去某市采访陈教授与王研究员。次日，其同事小李问小白："昨天你采访到那两位学者了吗？"小白说："不，没那么顺利。"小李又问："那么，你一个都没采访到？"小白说："也不是。"以下哪项最有可能是小白周四采访时所发生的真实情况？
A. 小白采访到了两位学者。

B. 小白采访了李教授，但没有采访王研究员。
C. 小白根本没有去采访两位学者。
D. 两位采访对象都没有接受采访。
E. 小白采访到了其中一位，但是没有采访到另一位。

两个都采访到的反面是至少有一个没采访到，两个都没采访到的反面是至少有一个采访到，故选 E。

运用选言命题应注意区别联言命题和选言命题以及选言肢命题穷尽问题。

第一，注意区别联言命题和选言命题。

> 齐人有女，二人求之。东家子丑而富，西家子好而贫。
> 父母疑不能决，问其女，定所欲适："难指斥言者，偏袒，令我知之。"
> 女便两袒。怪问其故。云："欲东家食，而西家宿。"
> 此为两袒者也。

上文演化出一个成语"东食西宿"，原义是吃在东家，住在西家。现比喻贪心很大，想兼得两方面的好处。成语"东食西宿"和"得陇望蜀"都可以形容人非常贪婪，但是二者还是有区别的。"东食西宿"，强调的是人唯利是图的心态，两者都想得到，然而还没有得到。"得陇望蜀"，指的是已经得到了一处，还想要另一处，强调的是人贪心不知满足。[①]

实际上，该女子把"要么嫁给村东的小伙子，要么嫁给村西的小伙子"这个不相容选言命题理解为了"我想在东边那家吃饭并且在西边那家住宿"即"我既可以嫁给村东的小伙子，又可以嫁给村西的小伙子"这个联言命题。

又如，不少公共汽车上专门规定若干座位为"老、弱、病、残、孕专坐"，从字面上看，似乎是联言命题，但实际上它是一个相容选言命题，即只要具备以上五种情况之一便可坐；而不是五种情况都具备才能坐。

第二，注意区别相容和不相容选言命题。

如"或者培养合格人才，或者从事科学研究，是高等学校的基本任务"。在这个命题中，"培养合格人才是高等学校的基本任务"和"从事科学研究是高等学校的基本任务"被当作相容的选言肢命题来处理，即"培养合格人才""从事科学研究"是不需要同时完成的。实际上，这两个肢命题所表达的两项基本任务，对于任何一个高等学校来说，都是必须同时完成的。因此，必须把上述选言命题改为如下的联言命题才恰当："既培养合格人才，又从事科学研究，是高等学校的基本任务。"

第三，选言肢命题应穷尽所有可能情况，否则选言命题可能为假。若选言肢命题没有穷尽，就可能把肢命题为真的情况遗漏，因而不能保证该选言命题为真。

> 鲁有执长竿入城门者，初竖执之不可入，横执之亦不可入，计无所出。俄有老父至曰："吾非圣人，但见事多矣，何不以锯中截而入！"遂依而截之。[②]

---

① 罗静. 东食西宿（成语故事）[J]. 素质教育博览，2006（21）：28—30.
② 李研. 现代文经典阅读300题（六年级）[M]. 上海：上海交通大学出版社，2015：82—83.

这个鲁国人就是吃了不懂选言命题的选言肢命题应穷尽所有可能情况的亏。

甲乙两人在酒吧喝酒。甲对乙说："咱们打一百元的赌，如果我能用牙齿咬自己的左眼，就算我赢。"乙认为这不可能，于是欣然同意。等双方拿出赌注后，甲便将自己左眼窝中的假眼球挖出来放在嘴里咬了一下。乙输掉一百元。

甲又说："朋友，别急，现在我给你赢回一百元的机会，咱们再打一次赌，如果我不能咬自己的右眼，就算我输。"

乙看看对方的脸，心想，你总不会安两只假眼吧！他又下了一百元赌注。

谁料甲摘下假牙，用手把它移近右眼。

在这段幽默小品中，甲与乙打赌的第二个回合是出人意料的。当乙听到甲还能咬自己的右眼时，冒然得出一个未穷尽所有可能的选言命题：甲要么取下自己的左眼用牙咬，要么取下自己的右眼用牙咬。但他漏掉了另一种可能的情况：甲取下自己的假牙去咬右眼。所以，尽管甲确实在第二个回合中既不可能再去咬左眼，又不可能把右眼取下来，因此他不存在输掉一百元的可能。显然，乙的这个选言命题中一个真的选言肢命题也没有，因此做出的不相容选言命题为假的判断，从而又一次赌输。

但有的选言命题不可能列出所有的选言肢命题，而且也没有必要列出所有选言肢命题。这种情况下，只要所列出的选言肢命题有一个为真，那么该选言命题就可以判定为真，如果没有任何一个选言肢命题为真，则可判定选言命题为假。

（三）假言命题

历史课上，小狮子老师围绕文成公主远嫁吐蕃这个话题，与学生分享了一个民间故事，故事内容如下[①]：

唐太宗虽然答应将文成公主下嫁松赞干布，但唐太宗还是决定考验一下吐蕃使者禄东赞。他给各国使臣出了六个难题，然而，仅有禄东赞通过了考验——化解了难题。现在我们来看看禄东赞是怎么化解这六个难题的。

第一个难题：唐太宗让各国使臣分辨出一根粗细均匀的木头哪一端是根部，哪一端是尾部。禄东赞沉思片刻后灵机一动，将木头放入水中，因为木头根部的密度较大，所以在水中下沉量多，马上便判断出那一端是根部。

第二个难题：唐太宗让各国使臣把一条丝线穿过一块美玉中极其细小弯曲的孔道。禄东赞解决这个问题的方法，让人不禁赞叹他的聪明才智。禄东赞在孔道的一头抹上蜂蜜，在另一头放入一只蚂蚁，在蚂蚁的腹部拴上丝线，蚂蚁闻到了蜂蜜的味道，便顺着孔道进入，从有蜂蜜的一头出来，这样便顺利将丝线穿过美玉的小孔。

第三个难题：唐太宗命人将一百匹母马和刚出生的小马驹混在一起，各国使臣需要将每一匹小马驹和生出他的母马配在一起。面对这个难题，很多使臣都试图根

[①] 林继富. 多重文化碰撞的智慧母题——文成公主传说考验难题试析［J］. 民族文学研究，1997（4）：29—34. 本文在引用中略有改动。

据毛色和花纹来分辨，但最终都失败了。这时，禄东赞再出奇招，他将所有小马驹都关在栅栏里一天一夜，不给喂食。第二天，这些饥饿的小马驹被放出来的时候，马上各自寻找到自己的妈妈疯狂吃奶，第三个难题得以解决。

第四个难题：唐太宗让人将一百只小鸡和孵化它们的一百只母鸡混合在一起，各国使臣需要将它们分别匹配。禄东赞以鸡的生活习性为解决问题的切入点，他想到小鸡在进食和遇到危险时一般会紧随母鸡，所以他在鸡群进食的时候，将母鸡和小鸡分开，然后把母鸡一只只放入小鸡中，母鸡很快便找到自己的小鸡，用这样的方法，多数母鸡找到了自己的小鸡，当然，也有一些不听话的小鸡到处乱窜。这时，禄东赞便命人模仿老鹰的叫声，这些不听话的小鸡受到惊吓，便飞奔向孵化出自己的母鸡寻求庇护。

第五个难题：唐太宗要求各国使臣要在一天之内吃掉整整一只羊，喝完一坛酒，还要在吃喝后自己走回住处。很多使臣在喝完一坛酒后就醉倒了，根本无法正常走路，还有一些虽然喝完酒也吃完了整只羊，但已经弄不清方向，当然也无法走到住处。面对这种情况，禄东赞想出这样一个妙招：他在使臣的住处和吃肉喝酒的地方牵了一根绳子，这样在吃喝后，他便顺着这根绳子回到住处。

第六个难题：唐太宗让文成公主混在五百个宫女中，所有人穿着打扮完全一致，而且他们的脸上都蒙着盖头，然后让各国使臣要从中辨认出哪一位是真正的文成公主。许多使臣尝试多次后都失败了，唯有禄东赞一举成功。原来，他提前就了解到文成公主喜欢一种熏香，这种香非常稀有，能够吸引蜜蜂。于是，禄东赞提前准备好蜜蜂，轮到他辨认时，他放出蜜蜂，蜜蜂落到了文成公主的身上，禄东赞也完成了最后一个难题的考验。

禄东赞为什么能巧破难题呢？除了丰富的生活经验外，就是善于把握假言命题，并且能够运用假言命题进行推理论证。

假言命题（条件命题）：陈述一种事物情况是另一种事物情况的条件。由肢命题和假言联结词构成，其中表示条件的肢命题叫作前件，表示依该条件而成立的肢命题叫作后件。假言联结词一般为："如果……那么……，只有……才……，当且仅当……"

根据联结词的不同，假言命题分为以下三种。

1. 充分条件假言命题：如果 p，那么 q（p⇒q）

充分条件假言命题陈述前件是后件的充分条件。充分条件："有之必然，无之未必不然。"如果有事物情况 p，则必然有事物情况 q；如果没有事物情况 p 而未必没有事物情况 q，则 p 是 q 的充分不必要条件，简称充分条件，与之相对的是充分条件假言命题。当前件 p 所陈述的情况不存在或未出现时，后件 q 所陈述的情况是否存在或出现，对此，充分条件假言命题"如果 p，那么 q"没有做出陈述。除了关联词"如果……那么……"，还有"如果……则……""如果……就……""若……则……""一……就……""只要……就……""所有（凡是）……都……"等表示充分条件假言命题。例句：如果当天下雨，那么学生就不用做课间广播体操。

我们看下面一则故事[1]：

  小山同学经过多次机动车驾照考试失败后才成功拿到C1驾照。暑假期间，他想和小龙、小西等同学一起自驾去稻城亚丁，由于怕川西地区手机导航信号弱，他想买一个最新款的卫星导航仪，于是他来到了户外运动装备商店。
  小山："老板，你们的导航仪会失灵吗？"
  老板："怎么可能啊，我们的导航仪卖出了很多，从未有人因为导航仪失灵来退货。"
  小山："万一我使用过程中导航仪失灵了怎么办？"
  老板："你放一百个心，本商店诚信经营，如果有相关问题，你可以拿过来调换。"

老板的谈话中蕴含了充分条件假言命题——"如果导航仪失灵，顾客随时可以拿到商店进行调换"，但老板忽视了另外一个命题"如果小山同学要拿该导航仪来商店调换，那么小山同学一定能够导航到正确的地方"，那么，"导航仪失灵"的情况下，小山同学怎么导航到正确的地方进行商品调换呢？

有则胡适、黄侃关于京剧道具的趣闻：

  某天课间休息时，众教师闲聊起谭鑫培演出的《秦琼卖马》。胡适说："京剧太落伍，甩一根鞭子就算是马，用两把旗子就算是车，应该用真车真马才对！"在场者恭听高论，一时无人应声。黄侃慢慢站起身，说："适之，唱《武松打虎》怎么办？"胡适一时语塞，众人哈哈大笑。

其中涉及了一个充分条件假言命题：如果唱《秦琼卖马》要用真车真马，那么唱《武松打虎》就要用真老虎。充分条件假言命题的真假值情况见表3-8。

表3-8 充分条件假言命题的真值表

p	q	p⇒q
当天下雨	学生就不用做课间广播体操	如果当天下雨，那么学生就不用做课间广播体操
真（＋）	真（＋）	真（＋）
真（＋）	假（－）	假（－）
假（－）	真（＋）	真（＋）
假（－）	假（－）	真（＋）

由表3-8可知，充分条件假言命题只有前件真而后件假时命题才是假的。
试驳斥"我学习成绩优异，为什么不能当三好学生"这个命题。
这个例子实际包含着一个充分条件假言命题："如果我学习成绩优异，那么我就能当三好学生。"这个假言命题混淆了条件。"学习成绩优异"是"当三好学生"的必要条

---

[1] 明道. 图解逻辑学[M]. 北京：中国华侨出版社，2018：121.

件而非充分条件,因为学习成绩不优异必定当不了三好学生,而学习成绩优异不一定能当三好学生。因此,这个例子应当表示为:"只有学习成绩优异,才能当三好学生。"

思考下面一个问题:

　　小山同学承诺,如果明天不下雨,我一定和你们一起踢球。
　　A. 明天没有下雨,小山同学没有去踢球。
　　B. 明天下雨了,小山同学去踢球了。
　　C. 明天下雨了,小山同学没有去踢球。
　　上述三个选项哪个是真的时候,说明小山同学没有兑现承诺呢?

显然,小山同学的承诺是一个充分条件假言命题,即"明天不下雨"是"小山同学和同学们一起踢球"的充分条件。只有 A 选项为真的时候,小山同学没有兑现承诺;选项 B 和 C 为真的时候,都表明小山同学兑现了自己的承诺。

2. 必要条件假言命题:只有 p,才 q（p←q）

必要条件假言命题陈述前件为后件的必要条件。必要条件:"无之必不然,有之不必然。"如果没有事物情况 p,则必然没有事物情况 q;如果有事物情况 p 而未必有事物情况 q,p 就是 q 的必要而不充分的条件,简称必要条件,与之相对的是必要条件假言命题。常见表示必要条件假言命题的关联词:"只有……才……""不(没有)……不(没有)……""除非……否则不……"等。例如,只有当天下雨,学生才不用做课间广播体操。

古希腊有这样一则轶事:

　　哲学家泰勒斯抬头观望星辰时,掉进一个坑里,有人嘲笑他虽然认识天上发生的事情,却看不见自己脚下的东西。黑格尔评论说:只有那些永远躺在坑里,从不仰望天空的人,才不会掉进坑里。

必要条件假言命题的真假值情况见表 3-9。

表 3-9　必要条件假言命题的真值表

p	q	p←q
当天下雨	学生就不用做课间广播体操	只有当天下雨,学生才不用做课间广播体操
真(+)	真(+)	真(+)
真(+)	假(-)	真(+)
假(-)	真(+)	假(-)
假(-)	假(-)	真(+)

由表 3-9 可知,必要条件假言命题只有在前件假后件真的情况下命题才是假的。

刘蓉字孟容,湖南湘乡人,晚清湘军将领、桐城派古文家,其代表作为《养晦堂文集》。

刘蓉少有志节，年少时在养晦堂西侧一间屋子里读书。他整日埋头苦读，仰头思索，想问题时便在屋内来回踱步。时间一久，屋里的一处洼坑越来越大。每次经过，刘蓉总要被绊一下。起初，刘蓉感到很别扭，后来也习惯了。

一日，父亲来看他，看到室内的洼坑，笑着对刘蓉说："一室之不治，何以天下家国为？"随后命仆童将洼坑填平。

父亲走后，刘蓉又在屋里踱起步来，走到原来洼坑处，竟然有些不习惯，感觉地面凸起了一块，又过了好些日子才慢慢习惯。

刘蓉心生感慨道："习之中人甚矣哉！……故君子之学，贵乎慎始。"意思是说习惯对人的影响太大了。故君子求学，贵在慎重地对待开始阶段的习惯养成。

而父亲的话也深深地刻在刘蓉的心里，成大事者，必先从小的行为习惯就慎重对待。

《后汉书》所记载的陈蕃则有"一屋不扫，何以扫天下"的典故。

陈蕃字仲举，东汉时期名臣，与窦武、刘淑合称"三君"，一生为官清正，少年时便胸怀大志。

陈蕃十五岁那年独居一室，苦读圣贤书，屋里一片狼藉，院里杂草荒芜。他父亲的朋友薛勤来访，对陈蕃说："孺子何不洒扫以待宾客？"陈蕃说："大丈夫处世，当扫除天下，安事一室乎？"意思是大丈夫在世，要干的是轰轰烈烈的大事，要扫除的是天下的尘垢，怎能扫自己的一室呢？

薛勤吃惊陈蕃虽年少却胸怀大志，认为他与众不同。

不论是东汉名臣陈蕃还是晚清名将刘蓉，他们之所以能名留青史，是因为他们从小便志向高远并为之而努力，他们明白"千里之行，始于足下"，他们能"吾日三省吾身"，能从身边的小事及时反省自己，严以律己，防微杜渐。

这两则典故中蕴藏了两个必要条件假言命题："只有先整理好了自己的屋子，才能够为家国天下服务"与"只有先扫一屋，才能扫天下"。如果"一室不治"与"一屋不扫"，那么就不可能出现"为天下家国"和"扫天下"的局面。

充分条件假言命题和必要条件假言命题可以转化："p⇒q"等值于"q⇐p"，p是q的充分条件，q就是p的必要条件。例如，只有认识错误，才能改正错误（p⇐q）；如果要改正错误，那么就要认识错误（p⇒q）。

3. 充分必要条件假言命题：当且仅当p，则q（p⇔q）

充分必要条件假言命题陈述前件为后件的充分必要条件。充分必要条件："有之必然，无之必不然。"如果有事物情况p，则必然有事物情况q；如果没有事物情况p，则必然没有事物情况q，p就是q的充分必要条件，与之相对的是充要条件假言命题。由于充分必要条件假言命题既反映了前件"p"是后件"q"的充分条件，同时又反映了前件"p"是后件"q"的必要条件，它实际上是两种假言命题的组合。因此，其命题形式也可以表示为：(p⇒q)∧(p⇐q)。命题：当且仅当当天下雨，学生才不用做课间广播体操。充分必要条件假言命题的真假值情况见表3-10。

表 3-10 充分必要条件假言命题的真值表

p	q	p⇔q
当天下雨	学生就不用做课间广播体操	当且仅当天下雨，学生才不用做课间广播体操
真（+）	真（+）	真（+）
真（+）	假（-）	假（-）
假（-）	真（+）	假（-）
假（-）	假（-）	真（+）

由表 3-10 可知，充分必要条件在前件与后件一真一假时命题为假。

你听，你听，这是中国的好声音："人不犯我，我不犯人；人若犯我，我必犯人。"

20 世纪 30 年代末，国民党为了消灭共产党，故意制造"摩擦"，进攻共产党人及其建立的根据地。中国共产党人身在危局而不惧，针锋相对地与国民党进行斗争。

1939 年 1 月 12 日，毛泽东明确地指出：关于摩擦问题，我们的原则是：人不犯我，我不犯人；人若犯我，我必犯人。(《毛泽东年谱（1893—1949）》(修订本)中卷第 105 页，中央文献出版社 2013 年 12 月版)

半个月后的 28 日，毛泽东在《关于目前战争局面和政治形势》中说："在六中全会里我们曾说过，对无理的摩擦我们是决不容忍姑息的，我们要抱定'人不犯我，我不犯人；人若犯我，我必犯人'的原则。"(《毛泽东文集》第二卷第 152 页，人民出版社 1993 年 12 月版)

1940 年 2 月，毛泽东在《相持阶段中的形势与任务》中说："要抵抗一切投降反共势力的进攻，对任何投降派反共顽固派的进攻，均须在自卫的原则下，在人不犯我我不犯人的，人若犯我我必犯人的原则下，坚决反抗之，否则任其猖獗，统一战线就会破裂，抗日战争就要失败。"

1945 年 4 月 24 日，毛泽东在中国共产党第七次全国代表大会上的口头政治报告中重申："人不犯我，我不犯人；人若犯我，我必犯人。"(参见《毛泽东文集》第三卷第 326 页，人民出版社 1993 年 12 月版)

"人不犯我，我不犯人；人若犯我，我必犯人。"似诗非诗，似歌非歌，亦歌亦诗，亦言亦谣。它以民族的形式、古调的旋律、简练的语言、透明的语意、直率的表达，精彩地概括了毛泽东的世界观，中国共产党人乃至中国人的交往观、战争观和价值观。[1]

"人不犯我，我不犯人；人若犯我，我必犯人"便是典型的充要条件假言命题，"人已犯我"，怎么能要求"我不犯人"？

---

[1] 胡松涛. 毛泽东影响中国的 88 个关键词 [M]. 北京：中国青年出版社，2016：63-64.

此外，还存在多重复合假言命题，即前件或后件是由若干肢命题构成的复合命题。具体如下：第一种，前件为一复合命题，后件是一个简单命题。"如果不建好乡村学校和办好乡村教育，就不能阻止教育城镇化加速。"第二种，前件为一简单命题，后件是一个复合命题。"只有办好乡村教育，才能够缓解乡村家长焦虑、培育乡村建设者和促进乡村发展。"第三种，前件和后件均为复合命题。"如果不能够让教师下得去、留得住、教得好和成长佳，就不可能有乡村教育质量的提升和乡村教育的现代化。"

根据上述内容，思考以下表达：

问1："没有耕耘就没有收获"是何种假言命题，写出其逻辑形式。

若 p＝有耕耘，q＝有收获，则 p⇐q。

若 p＝没有耕耘，q＝没有收获，则 p⇒q。

问2："不耐烦者，做不成一番事业"是何种假言命题，写出其逻辑形式。

若 p＝［是］耐烦者，q＝做成一番事业，则 p⇐q；

若 p＝不［是］耐烦者，q＝做不成一番事业，则 p⇒q。

问3："兼听则明，偏信则暗"是何种假言命题，写出其逻辑形式。

p＝兼听（兼信），q＝明（不暗），则 p⇔q。

（四）负命题

负命题：非 p，记作 ¬p。否定某个命题的命题，由肢命题和否定联结词构成，如并非学习刻苦就能取得好成绩，并非所有的学生都是未成年人。

负命题的肢命题可以只有一个。若肢命题是简单命题，则其负命题为负简单命题（简单的负命题），如并非所有的学校都是全日制学校。若肢命题是复合命题，则其负命题为负复合命题（复合的负命题）。例如，并非如果你的时间不够充裕，你就可以考虑读非全日制的硕士研究生。

负命题的逻辑联结词有"并非""并不是""说……是不对的""说……是假的""并无……之事""并没有……这种情况"……。

需要注意，负命题和直言命题中的否定命题不同。直言命题中的否定命题是对事物具有某种性质的否定，是反映主项不具有的某种性质。而负命题则是对某个命题的否定，不是对整个命题的否定。例如，"所有人都不是生而知之的"和"并非所有人都是生而知之的"（"有些人不是生而知之的"）就有明显区别，它们的关系是从属关系，而不是等值关系。

负命题的真值与其肢命题真值正好相反，详见表3－11。

表3－11 负命题的真值表

p	¬p
学校是育人的最佳场所	并非学校是育人的最佳场所
真（＋）	假（－）
假（－）	真（＋）

周一的课上，教育学一班的同学针对谁做了好事这个问题展开了激烈的讨论，具体讨论如下：

A：或者是 H 做的，或者是 F 做的。

B：如果是周六中午发生的事，那么肯定是 D 做的。

C：我认为是 G 做的。

D：即使是周六中午发生的事，也不可能是我做的。

E：A 说错了。

F：不会是 H 做的，也不是我做的。

G：不是 C 做的。

H：并非 A 说错了。

事后调查证实有三人说对了。这件好事究竟是谁做的？谁说对了？

根据负命题的真值判定规则，确认是 C 做的这件好事，D、E、F 说对了。

负命题的等值命题：每个负命题都有一个和它等值的命题。两个命题等值，即这两个命题的真假值相等，它们真则同真，假则同假。

1. 直言命题的负命题（可根据矛盾关系判定）

在直言命题前加上"不"或"并非"，即可得到负命题（矛盾命题），负命题的等价命题，也即"所有"与"有的"变换，"肯定"与"否定"变换，具体形式如下：

①"并非所有"等价于"有的不"。

②"并非所有不"等价于"有的"。

③"并非有的"等价于"所有不"。

④"并非有的不"等价于"所有"。

以上四点可用下面的规律表示："不"＋"原命题"＝去掉前面的"不"，再将"原命题"进行如下变化：肯定变否定，否定变肯定，所有变有的，有的变所有。

特殊形式：

①"都不是"等价于"所有不是"。

②"不都是"等价于"不＋所有是"＝"有的不是"。

③"不是都"等价于"不＋是所有"＝"有的不是"。

直言命题的负命题见表 3-12。

表 3-12 直言命题的负命题

命题	负命题	等值命题
SAP（所有 S 是 P）	¬ SAP（并非所有 S 是 P）	SOP（有些 S 不是 P）
SEP（所有 S 不是 P）	¬ SEP（并非所有 S 不是 P）	SIP（有些 S 是 P）
SIP（有些 S 是 P）	¬ SIP（并非有些 S 是 P）	SEP（所有 S 不是 P）
SOP（有些 S 不是 P）	¬ SOP（并非有些 S 不是 P）	SAP（所有 S 是 P）

（1）负全称肯定命题及其等值命题。

"并非所有 S 是 P"等值于"有些 S 不是 P"。

表示为：¬ SAP⇔SOP

简写：¬ A⇔O。

如"并非所有科学家都是大学毕业生"等值于"有些科学家不是大学毕业生"。

（2）负全称否定命题及其等值命题。

"并非所有 S 不是 P"等值于"有些 S 是 P"。

表示为：¬ SEP ⇔ SIP。

简写：¬ E ⇔ I。

如"并非所有科学家都不是自学成才的"等值于"有些科学家是自学成才的"。

（3）负特称肯定命题及其等值命题。

"并非有些 S 是 P"等值于"所有 S 不是 P"。

表示为：¬ SIP ⇔ SEP。

简写：¬ I⇔E。

如"并非有些人是生而知之的"等值于"所有人都不是生而知之的"。

（4）负特称否定命题及其等值命题。

"并非有些 S 不是 P"等值于"所有 S 是 P"。

表示为：¬ SOP ⇔ SAP。

简写：¬ O ⇔A。

如"并非有些学生不是成都人"等值于"所有的学生都是成都人"。

（5）负单称肯定命题及其等值命题。

"并非某 S 是 P"等值于"某 S 不是 P"。如"并非乐山是四川省的最大城市"等值于"乐山不是四川省的最大城市"。

（6）负单称否定命题及其等值命题。

"并非某 S 不是 P"等值于"某 S 是 P"。如"并非赫尔巴特不是现代教育学之父"等值于"赫尔巴特是现代教育学之父"。

2. 负关系命题的等值命题

负关系命题的等值命题和负直言命题的等值命题类似。

如"并非所有甲队队员比乙队队员技术好"等值于"有些甲队队员不比乙队队员技术好"。

写出下列命题的负命题及其等值命题，并指出是何种命题。

所有书籍都不是有害的。

孔子是教育家。

小山的功课都是优秀。

有的同学上课开小差。

所有的同学都需要注册学籍。

有的教师都不是师范院校毕业的。

小山和小龙是同学。

四川师范大学坐落在成都师范学院的东边。

3. 联言命题的负命题及其等值命题

"并非（p且q）"等值于"非p或非q"。符号简写：¬（p∧q）⇔（¬p∨¬q）。

由于联言命题的肢命题中只要有一个是假的，整个联言命题就是假的，因此，联言命题的负命题"并非p且q"等值于一个选言命题"非p或非q"，如"并非小山既聪明且勤奋"等值于"小山不聪明或者不勤奋"。又如，"并非小山和小龙都是四川师范大学教育学专业的学生"等值于"或者小山不是四川师范大学教育学专业的学生，或者小龙不是四川师范大学教育学专业的学生"。

4. 选言命题的负命题及其等值命题

相容选言命题的负命题及其等值命题："并非p或q"等值于"非p且非q"。符号简写：¬（p∨q）⇔（¬p∧¬q）。

由于相容选言命题的肢命题只要有一个是真的，整个选言命题就是真的，只有当其肢命题为全假时，整个命题才是假的，因此相容选言命题的负命题"并非p或q"的等值命题就是一个联言命题"非p且非q"，如"这次比赛并非或者教育科学学院代表队是第一名，或者数学科学学院代表队是第一名"等值于"教育科学学院代表队不是第一名，并且数学科学学院代表队也不是第一名"。

不相容选言命题的负命题及其等值命题："并非要么p，要么q"等值于"（p且q）或者（非p且非q）"。符号简写：¬（p∨̇q）⇔（p∧q）∨（¬p∧¬q）。

由于不相容的选言命题只有肢命题仅有一个是真的时，整个选言命题才是真的，当肢命题同假时，它就是假的，因此，不相容选言命题的负命题"并非要么p要么q"的等值命题是"（p且q）或（非p且非q）"。如"并非课后服务活动中小山要么打篮球，要么游泳"等值于"（课后服务活动中小山既打篮球又游泳）或者（课后服务活动中小山既不打篮球又不游泳）"。

5. 假言命题的负命题及其等值命题

（1）充分条件假言命题的负命题及其等值命题："并非如果p，那么q"等值于"p且非q"。符号简写：¬（p⇒q）⇔（p∧¬q）。由于一个充分条件的假言命题只有当其前件真而后件假时，该假言命题才是假的，在其余情况下，它都可以是真的。所以，一个充分条件假言命题的负命题"并非p⇒q"的等值命题是一个相应的联言命题"p且非q"。如"并非如果年满十八岁，就能够加入中国共产党"等值于"年满十八岁，但没有加入中国共产党"。

（2）必要条件假言命题的负命题及其等值命题"并非只有p，才q"等值于"非p且q"。符号简写：¬（p⇐q）⇔（¬p∧q）。由于一个必要条件的假言命题只有当其前件假而后件真时，该假言命题才是假的，在其余情况下，它都可以是真的。所以，一个必要条件假言命题的负命题"并非p⇐q"的等值命题是一个相应的联言命题"非p且

q"。如"并非只有女同学,才能当文娱委员"等值于"不是女同学,也能当文娱委员"。

(3) 充分必要条件假言命题的负命题及其等值命题"并非当且仅当 p,则 q"等值于"(p 且非 q) 或者 (非 p 且 q)"。符号简写：¬ (p⇔q) ⇔ (p∧¬q) ∨ (¬p∧q)。由于一个充分必要条件的假言命题只有当其前件真而后件假、前件假而后件真时,该假言命题才是假的,在其余情况下,它都可以是真的。所以,一个必要条件假言命题的负命题"并非 p⇔q"的等值命题是一个相应的联言命题"p 且非 q"或者"非 p 且 q"。如"并非当且仅当上过大学才能成为科学家"等值于"(上过大学但没有能成为科学家) 或者 (没上过大学但成为科学家)"。

请根据上述逻辑规则,写出下列命题的负命题及其等值命题。

只有书山有路勤为径,才能学业表现优秀。
小山既是一位热衷于班级事务的好干部,又是一位品学兼优的好学生。
如果小龙态度反常,那么他就是本次考试作弊的嫌疑人。
教室里的玻璃被打破了,或者是小山干的,或者是小龙干的。
下次微格课的展示者不是小山就是小龙。
四川师范大学美且优。
运动会召开,当且仅当艳阳高照。
并非四川师范大学或者西华师范大学是四川省省属大学在校学生人数最多的大学。

6. 负命题的负命题

非 p 的负命题是"并非非 p"或"¬ (¬p)",其等值命题为 p。如"并非没有人喜欢学习"等值于"有人喜欢学习"。

利用负命题及其等值命题分析下文：

一天,小山约请李四、王五、赵六、周七四位好友到家中小聚。李四、王五、赵六满心欢喜如约赴宴。时候尚早,且周七尚未来到,不免大家共序友情,寒暄一番。

不知不觉,天已近中午,小山妻子在厨房已经将酒菜准备停当,万事俱备,只等周七。古人云：菜好做,客难请。一等二等,未见周七之踪影,小山和妻子不免都有些着急。小山妻子在门内侧方向小山做个手势,意思是不等周七了,大家入席准备边吃边聊。

小山心领神会,对着三位先来的朋友解释："看看,天将过午了,该来的还不来！"

听到小山一番话,李四、王五、赵六面面相觑,场面上又不好问小山,各自心内嘀咕："难道说自己是不该来？"于是三人坐立不安。小山看到三人略显尴尬,自觉言语不妥,刚要解释,赵六已经站起来："家中有事,先告辞了！"

小山慌忙要拉住赵六,不想赵六已举步庭院,扬长而去。

小山望着赵的背影,自觉刚才失言,自语道："咳！真是！不该走的走了！"

一脸惶恐的李、王听到此言，更觉留下吃饭无趣，李四平时为人恭谦，没有表露什么，王五却坐不住了："看来我是该走的！"于是，王五将手一甩，冲着小山："告辞了！"说罢，不等小山反应过来，已经拂袖而去。

小山顾不了许多，边追王五边说："王兄且慢！我不是说你的！"

李四这下算是听明白了："弄了半天是说我的，我再不知好歹，那就真是木疙瘩！"说完，跟随王五而出，拉也拉不住！

小山沮丧地坐在院中石阶上，抱头懊恼！

这一幕，恰被小山妻子从厨房端菜来上房时听到，被小山的缺脑筋气得七窍生烟："哪有你这样说话的！"

诚然，小山动机是好的，但说话确实是欠考虑！

四、模态命题

模态命题，亦称"模态判断"，反映了思维对象存在或出现之不同确然程度的命题。包含必然、可能、必须、允许等模态词。"必然"和"可能"是两个最基本的模态词，因而在通常情况下，人们所说的模态命题多指包含有"必然"或"可能"这两个模态词的狭义模态命题：必然命题或可能命题。例如，"适龄儿童必然要接受义务教育""学生上课必须认真听讲""明天可能要下雨"等都是模态命题。用符号"□"或"L"表示"必然"，用符号"◇"或"M"表示"可能"，用符号 p 表示命题。模态命题就可以用符号表示成 Lp（□p）和 Mp（◇p）。

（一）真值模态命题

真值模态命题可以分为必然模态命题和可能模态命题两种。

必然模态命题是陈述事物情况的必然性的命题。在自然语言中，通常用"必然""必定""一定"等语词作为它的模态词。必然模态命题分为以下两种：

一是必然肯定模态命题。必然肯定模态命题就是陈述事物情况必然存在的命题。如学校必然会随着社会的变化而发生变化。必然肯定模态命题的形式是：必然 p。可用符号表示为：□p 或 Lp。

二是必然否定模态命题。必然否定模态命题就是陈述事物情况必然不存在的命题。教育的客观规律必然不以人们的意志为转移。必然否定模态命题的形式是：必然不 p。可用符号表示为：□¬p 或 L¬p。

可能模态命题是陈述事物情况的可能性的命题。在自然语言中，通常用"可能""或许""也许""大概"等语词作为它的模态词。可能命题分为以下两种：

一是可能肯定模态命题。可能肯定命题就是陈述事物情况可能存在的命题。如小狮子可能是严厉的教师。可能肯定命题的形式是：可能 p。可用符号表示为：◇p 或 Mp。

二是可能否定命题。可能否定命题就是陈述事物情况可能不存在的命题。如小狮子可能不会选择当一名人民教师。可能否定命题的形式是：可能不 p。可用符号表示为：◇¬p 或 M¬p。

模态命题的真假同它所包含的非模态命题的真假有关，但并不能完全由它所包含的非模态命题的真假来决定。例如，学校发展变化是真的，学校必然发展变化也是真的；小山买福利彩票中奖是真的，小山买福利彩票必然中奖却未必是真的。由此可见，当 p 为真时，必然 p 并不一定为真，而是可真可假。又如，事物静止不变是假的，事物可能静止不变也是假的；但小山买福利彩票中奖是假的，小山买福利彩票可能中奖却是真的。由此可见，当 p 为假时，可能 p 并不一定为假，而是可真可假。

模态词不是真值联结词，因此不能用真值表刻画模态命题的真值情况。如何确定模态命题的真假呢？这就需要引进"可能世界"① 来解决这一问题。

"可能世界"的概念是由莱布尼兹首先提出来的。所谓"可能世界"，就是指能够被人类合乎逻辑地设想出来的各种各样的情况或场合。虽然它们在现实世界中并不一定存在，但它们都能为人们所想象，而且在逻辑上是可能的。现实世界只是许许多多可能世界中的一个可能世界。根据命题 p 在每个可能世界中的真假，就可以确定模态命题"必然 p"和"可能 p"的真假。具体形式如下：

（1）当 p 在所有可能世界中都真时，"必然 p"就是真的，否则就是假的。
（2）当 p 在所有可能世界中都假时，"必然非 p"就是真的，否则就是假的。
（3）当 p 至少在一个可能世界中为真时，"可能 p"就是真的，否则就是假的。
（4）当 p 至少在一个可能世界中为假时，"可能非 p"就是真的，否则就是假的。

模态命题对当关系有以下几种：

（1）反对关系。

"必然 p"与"必然非 p"，它们之间的真假关系：不能同真，但有可能同假。

（2）下反对关系。

"可能 p"和"可能非 p"它们之间的真假关系：可能同真，但不可能同假。

（3）矛盾关系。

矛盾关系的命题有两对：

a."必然 p"与"可能非 p"的关系为矛盾关系；

b."可能 p"与"必然非 p"的关系也为矛盾关系。

矛盾关系的命题之间的真假关系：不能同真，不能同假。

（4）差等关系。

差等关系的命题也有两对。

a."必然 p"与"可能 p"：当"必然 p"为真，则"可能 p"必真；当"可能 p"为假，则"必然 p"必假。

b."必然非 p"与"可能非 p"：当"必然非 p"为真，则"可能非 p"必真；当"可能非 p"为假，则"必然非 p"必假。

模态命题的否定等值命题以及常用的等值公式如下："并非必然 p"等值于"可能非 p"，"并非必然非 p"等值于"可能 p"，"并非可能 p"等值于"必然非 p"，"并非可能非 p"等值于"必然 p"。

---

① 现在流行的说法是平行宇宙。——审校注

不难发现，当"并非"在句首，它是对整个它后面表达的否定。当"并非"消除后，其后面的模态词、量词、质都要变成原命题的对立面。

不可能所有的付出都结果。

以下哪个命题的含义，与上述命题最为接近？

A. 可能所有的付出都不结果。
B. 可能有的付出不结果。
C. 可能有的付出会结果。
D. 必然所有的付出都不结果。
E. 必然有的付出不结果。

这个命题中的"不"出现在句首，它是对整个"可能所有的付出都结果"的否定。当一个句子被全部否定时，它的否定等值有一条规律，即模态词、量项、质都要变成原来的对立面。所以，"不可能所有的付出都结果"等值于"必然有些付出不结果"。

不可能所有大学教师都很有学问。以下哪个命题的含义，与上述命题最为接近？

A. 可能有的大学教师不是很有学问。
B. 可能有的大学教师很有学问。
C. 必然有的大学教师不是很有学问。
D. 必然大部分大学教师都很有学问。

这需要找等值命题，按照规则"不可能 P"等于"必然非 P"，即必然不是"所有大学教师都很有学问"，等值于必然+否定"所有大学教师都很学问"，否定"所有大学教师都很有学问"即为"有的大学教师不是很有学问"，故选 C。

已知下列命题为真，则按模态命题逻辑方阵可写出同素材的其他三个命题及其逻辑形式，并指出其真假。

教育客观规律必然不以人的意志为转移。（□¬ p）（＋）

则：教育客观规律必然以人的意志为转移。（□p）（－）

教育客观规律可能不以人的意志为转移。（◇¬ p）（＋）

教育客观规律可能以人的意志为转移。（◇¬ p）（－）

（二）规范模态命题

规范命题亦称"道义命题""规范模态命题"。一般是含有"必须""应该""允许""禁止"这类规范词的命题，即在一定情况下，给人（规范的承受者）的如何行动提出某种命令或规定的命题。如"一切适龄儿童必须接受九年义务教育""不允许在校园传播宗教思想"。规范命题可以是简单命题，它是仅由规范词和原子命题所组成的规范命题；也可以是复合命题，它是用联结词（或者）所联结的规范命题。而简单的规范命题又可分为直言规范命题（其原子命题为性质命题）和关系规范命题（其原子命题为关系命题）。

规范模态命题的特征有四个：第一，对象主要是人的行为，通常不直接涉及客观事物。第二，根据是否恰当反映了规范制定者的价值观念、利益要求等区分妥当与否。第三，用诸如必须、应当、禁止、不得、可以等规范模态词。第四，规范模态词表达的不是客观思维对象的不同确然程度，而是对人类行为的要求、容许程度。

根据规范词性质的不同，直言规范命题有以下三种基本形式：

(1) 必须命题，陈述必须履行某种行为的命题，用 Op 表示。例如，教育必须为社会主义现代化建设服务、为人民服务，必须与生产劳动和社会实践相结合，培养德智体美劳全面发展的社会主义建设者和接班人。

(2) 禁止命题，陈述禁止某种行为的命题，用 Fp 表示。例如，学校禁止以民族、种族、性别、职业、财产状况、宗教信仰等，差异化为学生提供受教育机会。

(3) 允许命题，陈述允许某种行为的命题，用 Pp 表示。例如，以少数民族学生为主的学校及其他教育机构，从实际出发，使用国家通用语言文字和本民族或者当地民族通用的语言文字实施双语教育。

在复合规范命题中，根据联结词的不同，命题有以下形式：

(1) 联言规范命题，用"且"作为联结词的规范命题。例如，设立学校及其他教育机构，必须具备下列基本条件：有组织机构和章程，有合格的教师，有符合规定标准的教学场所及设施、设备等，有必备的办学资金和稳定的经费来源。

(2) 选言规范命题，用"或"作为联结词的规范命题。例如，经国家批准设立或者认可的学校及其他教育机构按照国家有关规定，颁发学历证书或者其他学业证书。

(3) 假言规范命题，用"如果，那么"作为联结词的规范命题。例如，如果想成为一名人民教师，那么必须忠诚于人民的教育事业。

(4) 负规范命题，用"非"作为联结词的规范命题。例如，并非校外培训机构可以不遵循我国的教育目的。

规范命题的真值与传统逻辑的真假有所不同。规范命题是关于必须、允许还是禁止履行某种行为的问题，无所谓真假。它只存在正确与不正确、妥当与不妥当、合理与不合理的问题（简称为正确的与错误的）。但通常仍把规范命题的正确与错误称作规范命题的真值。因此，也就仍然可以采用二值逻辑的方法进行规范命题之间的推演。

规范模态命题间的对当关系：必须 p 与允许非 p、必须非 p 与允许 p 构成了矛盾关系，必须 p 与必须非 p、允许 p 与允许非 p 构成了反对关系，必须 p 与允许 p、必须非 p 与允许非 p 构成了等差关系，这四种规范命题之间存在着类似传统逻辑中 A、E、I、O 四种性质命题之间的那种对当关系。

例如，学生可以不接受乱收费。（允许非 p）（妥）

则有：学生可以接受乱收费。（允许 p）（妥/不妥）

学生必须不接受乱收费。（必须非 p）（不妥/妥）

学生必须接受乱收费。（必须 p）（不妥）

【思考与讨论】

请扫描二维码完成习题。

第四章　教育推理一：教育必然推理

我们在日常思维中是怎样运用教育命题的呢？请看下面一段材料[①]：

> 学生在教学过程中具有主体性。因为，学生是活生生的人，是教学活动中的人。马克思主义哲学认为，具有一定认识能力，结成一定的社会关系，并参与社会实践活动的个体，是社会实践活动的主体，是具有主体性的人。因此可以肯定地说，学生在教学活动中具有主体性。

该段材料就运用了教育命题进行了教育推理，属于教育必然推理类型中的教育演绎推理，其推理过程为：

> 参与社会实践活动的人是主体，都具有主体性。（大前提）
> 学生是参与教学实践活动的人。（小前提）
> 所以，学生具有主体性。（结论）

弄清教育推理的定义、组成和分类，认识并掌握各种教育推理的逻辑形式及其规则，学会在教育思维和表达中正确运用教育推理形式和规则，对进一步提高教育逻辑思维能力具有重要意义。

一、教育推理的概述

两千多年前，古希腊哲学家亚里士多德首次系统总结了逻辑思维的规律模式，并完成了逻辑学著作《工具论》。在他的理论体系中，逻辑思维被分为以下三级：

逻辑思维第一级：概念——正确描述界定事物的属性。
逻辑思维第二级：命题——正确用几个概念组成一个句子。
逻辑思维第三级：推理——正确用几个命题推导出新结论。

（一）教育推理的含义

我们先看一个教育推理，《孟子》中有一部分关于"性善论"的描述：

> 孟子曰："水信无分于东西，无分于上下乎？人性之善也，犹水之就下也。人无有不善，水无有不下。"（《孟子·告子上》）

[①] 郭元祥. 教育逻辑学[M]. 北京：人民教育出版社，2019：126—127.

孟子曰："恻隐之心，人皆有之；羞恶之心，人皆有之；恭敬之心，人皆有之；是非之心，人皆有之。恻隐之心，仁也；羞恶之心，义也；恭敬之心，礼也；是非之心，智也。仁义礼智非由外铄我也，我固有之也。（《孟子·告子上》）"

孟子曰："人皆有不忍人之心。先王有不忍人之心，斯有不忍人之政矣。以不忍人之心，行不忍人之政，治天下可运之掌上。所以谓人皆有不忍人之心者，今人乍见孺子将入于井，皆有怵惕恻隐之心。非所以内交于孺子之父母也，非所以要誉于乡党朋友也，非恶其声而然也。"（《孟子·公孙丑上》）

孟子曰："人之所不学而能者，其良能也；所不虑而知者，其良知也。孩提之童无不知爱其亲者，及其长也，无不知敬其兄也。"（《孟子·尽心上》）

曹交问曰："人皆可以为尧舜，有诸？"

孟子曰："然。"

"交闻文王十尺，汤九尺，今交九尺四寸以长，食粟而已，如何则可？"

曰："奚有于是？亦为之而已矣。有人于此，力不能胜一匹雏，则为无力人矣；今日举百钧，则为有力人矣。然则举乌获之任，是亦为乌获而已矣。夫人岂以不胜为患哉？弗为耳。徐行后长者谓之弟，疾行先长者谓之不弟。夫徐行者，岂人所不能哉？所不为也。尧舜之道，孝弟而已矣。子服尧之服，诵尧之言，行尧之行，是尧而已矣。子服桀之服，诵桀之言，行桀之行，是桀而已矣。"

曰："交得见于邹君，可以假馆，愿留而受业于门。"

曰："夫道若大路然，岂难知哉？人病不求耳。子归而求之，有余师。"（《孟子·告子下》）

这些描述中，充满了教育推理，例如：

人性之善犹如流水向下流。
水没有不向下流的情况，
人也没有本性不善的。

小山同学根据上文描述，也做了一个教育推理：

孟子曰：人人皆可为尧舜。
我是人，
所以我可以成为尧舜一样的人。

由此可见，教育推理是根据命题间的逻辑关系，由一个或几个命题得出另一个新命题的思维过程和思维形式，由前提和结论两个部分组成。其中的一个或几个命题是前提，得出的另一个新命题是结论，前提一般在结论前，但有时也在结论后。例如，所有的学生都是具有一定程度的主观能动性的人，因而有些具有主观能动性的人是学生。

教育推理一定是两个命题得出了一个新命题吗？

北京市有北京师范大学，
天津市有天津师范大学，
河北省有河北师范大学，

四川省有四川师范大学，
湖南省有湖南师范大学，
贵州省有贵州师范大学，
福建省有福建师范大学，
新疆维吾尔自治区有新疆师范大学，
……
所以，每个省、自治区、直辖市都有一所以该省、自治区、直辖市命名的师范大学。

显然，教育推理可能由多个命题推出一个新结论。

教育推理是由命题组合而成的。但是，并非任何命题的组合都形成教育推理。例如，小山是四川师范大学的学生，小龙是四川师范大学的学生，小山和小龙都是优秀大学生。

（二）教育推理的逻辑要求

教育推理需要满足以下逻辑要求：

(1) 推理前提要真实，否则，尽管合乎逻辑规则，也不能推出正确的结论。

中国人都是黄种人。
小狮子是中国人，
所以，小狮子是黄种人。

显然，这个推理不成立，原因在于"中国人都是黄种人"这个前提不真实。

(2) 推理形式要正确，即符合推理规则，否则，由真实前提也不能推出正确的结论。

现在大学生找工作比较困难。
小山是大学生，
所以，小山找工作比较困难。

但需要注意的是，无论是前提的真实性还是结论的真实性，都是由思维内容决定的。这既不是形式逻辑所要研究的，也不是形式逻辑所能够研究的。只有与推理的真实性相关的思维形式或逻辑形式的有效性问题，才是形式逻辑研究的问题。

（三）教育推理的作用

虽然我们不是逻辑学家，但在日常的教育生活中却充满了逻辑推理。例如，小山妈妈在教育小山的过程中，就经常用到教育推理。

小山：我不想学习，我只想玩耍，不要总是喊我学习。
妈妈：学生的天职就是学习，而不是玩耍。你是学生，所以，你就应该学习，而非玩耍。

教育推理在人们认识、判断事物中具有极为重要的作用。事实上，教育推理也是人们根据已知事物认识未知事物、根据已知知识获得未知知识的重要方法。

中国在 4000 多年前就有了学校。那时学校的名字叫"庠"。高一级的大学叫"上庠"，低一级的小学叫"下庠"。

夏朝（约公元前 2070—前 1600）把学校又分成了四个等级，按级别叫作："学""东序""西序""校"。

商朝（公元前 1600—前 1046 年）又把这四种学校的名字改为："学""右学""左学""序"。

汉代（公元前 206—220 年），最高一级的学校称做"太学"，"太学"以下的分别称作"东学""西学""南学""北学"。汉代，是中国古代教育史上一个比较昌盛的时期。汉代的学校分为官学与私学两种。其中私学的书馆，亦称蒙学，系私塾性质，相当于小学程度。

晋代始设"国子学"，隋代改为"国子监"。

我们可以推断：第一，我国从有政权建立开始到现在，都有学校组织存在；第二，学校具有不同的称谓；第三，学校主要由官学与私学、中央官学和地方官学组成。

一方面，教育推理可以帮助人们由对教育事物的个别、特殊认识到概括、总结、推导出一般性、普遍性的认识，也即教育归纳推理。

对于体罚和惩戒问题，塞内加强调适度、中庸、态度宽严得中的训育方法应被运用，对学生管理平时宜用忠告，无效时要加以训诫和惩罚，但不能逞一时之愤，要如医生治病一般，由轻到严管理学生；昆体良也支持此类做法，提出适宜赞赏，切勿过度的忠告，矫正不当习性，勿流于刻薄或非难，但也不可放任自流，要有方法和策略，宽严结合；还有一种观点采用自然惩罚法管理学生不良行为，自然惩罚法以"报应"作为惩戒方法，类似于"玩火自焚"之意，卢梭就认为体罚有害无益，只承认自然惩罚。因此，西方多数学者认为禁止体罚不代表摒弃教育惩戒。[①]

另一方面，教育推理可以帮助人们由对事物的一般性、普遍性认识到推导出个别、特殊认识，也即教育演绎推理。

对于未来学校功能的思考，可做如下教育推理：

育人功能是学校的基本功能和固有功能，也是未来学校存在的基因。教育革命正不断重塑学校，但学校的育人功能却并未动摇，反而被进一步强化。

人类的历史一定程度上就是教育的历史，教育的发展也促进了学校的变革。前教育时期，人类有教育活动，但并未出现专门的学校组织，生活经验丰富的部落长者基于身体原因无法外出劳作，他们留守部落以口耳相传的方式为儿童讲述劳作知识。

第一次教育革命是随着阶级出现、社会分工细化、知识积累渐丰等发生，有组织的学习衍生，专职或兼职教师开始出现，1.0 版本学校随之产生，但教育对象也

---

① 邹维. 教师教育惩戒权的理论澄明与实践变革[J]. 当代教师教育，2021（4）：60-68.

局限于少数上层阶级男性后代。

第二次教育革命是随着第一次工业革命而出现，为适应工业革命对技术工人的需求，以及复杂新文明传递需要，2.0版本制度化的学校产生。

第三次教育革命是在第二次工业革命后出现，此时的教育已由国家主导，世俗化、普及化等成为教育发展的新要求，3.0版本的现代学校组织得到迅速发展，以满足普通大众"有学上"的基本需求，满足国家对公民素质提升的发展需求。

第四次教育革命是伴随着第三次科技革命出现，质量、公平与活力的教育成为新时代教育发展方向，学校肩负国家和民众从"有学上"到"上好学"的转型要求，技术赋能成为学校发展的一条重要选择，4.0版本的未来学校建设兴起。

学校发展的四个阶段具有承前启后的特征，坚守传递着学校的育人功能，使得未来学校具有基石的作用。无论未来科技如何影响学校形态（甚至有无），承担育人使命的类似组织都将存在。

第二，教育推理是人们根据现有情况对未知情况进行正确判断的手段。

关于教师是否会被人工智能取代，常见教育推理为：

AI是赋能人的，而不是替代人。虽然未来人工智能一定会拥有全世界的知识，但是它没法替代教师，教师是人类灵魂的工程师。正所谓"师者，所以传道授业解惑也"。除了讲授知识，"育人"也是教师不可或缺的一部分，AI在可重复性工具中的利用率之高毋庸置疑，但在教育的创新创造性上仍处于起步阶段，仍在模仿人类行为，如开拓学生思维等创造性工作，是目前的AI所不能做到的。

与此同时，AI也是教育行业的好帮手。2023年，许多AI工具相继诞生，成为教师教学工作的最佳助手，除了帮助教育者完成重复性工作，AI还可以延伸教育者的感知，为教学带来契机，建设AI时代下全新的教育体系。例如从事设计专业教学的老师，都了解Adobe公司发布了其生成式AI工具Adobe Firefly，其将人工智能技术与Adobe的数字体验应用功能相结合，帮助设计师提高设计效率并开拓创意领域的边界，只需输入简单的指令命令即可。通过使用Firefly，设计师可以更加轻松地创作出优秀的设计作品。同时，若将Adobe Firefly与教学融入，将极大地提高教师在创新教育维度的融合力与创造力，并为学生提供最前沿的教学内容。

对于教师这一职业而言，并不会被AI替代，但并不是所有教师都不会被替代，随着人工智能的不断发展，所有机械式、重复性的工作将会被取代，想要成为不被淘汰的教师，应当合理"应用"AI，做到深层级的"高阶教育"。

第三，教育推理是我们对各种教育思想、教育观点进行论证或反驳的重要方法。

有人认为新高考综合改革中，学科如果实行一年多次考试会缓解学生的学业压力，但有研究[①]对此进行了反驳，其教育推理如下：

---

① 马健生，邹维. 高考改革40年的经验和教训：历史与比较分析[J]. 西南大学学报（社会科学版），2018（5）：57-66，190.

以英语听力多次考试为例，若将30分的听力成绩划分为30分、20~29分、20分以下三个档次，满分的考生会放弃继续考试，从而拿出更多时间复习阅读、写作等。而20~29分档的考生则可能会花工夫拼搏下一次听力考试，希望取得更好的成绩。20分以下的考生则由于离满分的差距过大，并不会付出20~29分档考生的精力争取优秀。这实质上会导致不同英语水平成绩的考生差距更大，特别是成绩中等水平的学生身心压力更大。此外，多次考试不仅是个人精力的较量，还涉及家庭投入的增加，间接导致家庭社会文化资本作用进一步凸显。因此，多次考试无论从个体差异、性别差异还是家庭社会文化资本差异而言，不公平因素都有进一步被拉大的可能。

（四）教育推理的分类

依据不同标准可对教育推理作不同划分，具体如下：

（1）依据前提和结论之间是否有蕴含关系，分为教育必然性推理和教育或然性推理。
（2）依据是否能进行始终不失其必然性的连续逻辑推演，分为教育演绎推理和教育非演绎推理。
（3）依据前提命题是一个、两个或两个以上，分为教育直接推理和教育间接推理。
（4）依据前提是简单命题还是复合命题，分为教育简单命题推理和教育复合命题推理。

教育必然性推理是前提与结论间具有蕴含关系的教育推理，即从真前提能必然能推出真结论的推理。在教育必然性推理中，前提真而结论假是不可能的，即前提的肯定与结论的否定结合起来会产生矛盾。传统逻辑中直言命题变形的直接推理（换质法、换位法推理等）以及命题间对当关系进行的直接推理、三段论推理、假言推理、选言推理和完全归纳推理等，都属于必然性推理。

二、教育演绎推理

教育演绎推理一般是由普遍性的前提推出特殊性的结论的教育推理，包括教育直接推理和教育间接推理。

（一）教育直接推理

先看下面几个教育推理：

诸葛亮是智慧的化身，所以，诸葛亮是有智慧的。
教师都必须具有相应学科与学段的教师资格证，所以，不存在没有相应学科与学段教师资格证的教师。

由上述例子，可以把握教育直接推理内涵，即由一个教育命题直接推出另一教育命题。

1. 教育直言命题直接推理：对当推理、变形推理

教育直言命题对当推理：根据相同素材条件下A、E、I、O的真假制约关系，从一命题真或假必然地推出另一命题真或假。

> 小山、小龙、小西、小华四人参加逻辑学考试后有以下议论：
> 小山：这次考试咱们都可以及格。
> 小龙：咱们当中肯定有人不及格。
> 小西：小华肯定可以及格。
> 小华：如果我能及格，那么我们之中就不会有人不及格。
> 考试结果表明：四人中只有一人预测错误。
> 请问：谁预测的错误？谁及格？

素材相同而形式不同的直言命题之间存在着真假制约关系，这种关系也叫直言对当关系。上述材料就可以运用这种对当关系进行推理。回顾一下我们在教育命题章节中直言命题A、E、I、O的关系，矛盾关系的特点：一真一假，即A与O、E与I之间真→假或假→真。反对关系的特点：至少一假，即A或E真→E或A假。下反对关系的特点：至少一真，I或O假→O或I真。差等关系的特点：上真下就真，下假上就假。从属关系推理：全称真→特称真，特称假→全称假。

直言反对关系推理：据A和E之间的反对关系，从一个命题真推出另一命题假。

> 程颢，北宋理学奠基者，世称明道先生，和弟弟程颐并称"二程"，其理学思想被朱熹继承发展，被称为"程朱学派"。程颢曾利用过直言反对关系推理进行断案，即"程颢察年辨假父"的故事。
> 有富民张氏子，其父死，有老父曰："我，汝父也，来就汝居。"
> 张惊疑，请辨于县。
> 程颢诘之，老父探怀取策以进，记曰："某年某月日某人抱子于三翁家。"
> 颢问张及其父年几何，谓老父曰："是子之生，其父年才四十，已谓之三翁乎？"
> 老父惊服。

"三翁"在古代是老人的意思，至少是五十岁以上，而那时张家家主才四十岁，这明显是伪造的证据。程颢的推理过程为：所有四十岁的人都不会被称为三翁（SAP，真），因此，四十岁的张父被称为三翁是不成立的（SEP，假）。

直言下反对关系推理：根据I和O之间的下反对关系，从一个命题假推出另一命题真。

根据上述规则，思考：

> 四川师范大学教育科学学院有八名同学在一起聚餐，服务员见他们用广东话聊得火热，便好奇地问他们："你们都是广东人吗？粤语说得真好！"两名同学给出了三个命题，并且告诉服务员这三个命题中只有一个命题是真的。

命题一：有人是广东人。

命题二：有人不是广东人。

命题三：我不是广东人。

正确选项为（   ）

A. 八名同学都是广东人　　　　B. 八名同学都不是广东人
C. 只有一名同学不是广东人　　D. 只有一名同学是广东人

服务员想了半天，也没想清楚正确答案是什么，请同学们帮帮他。

题目中"有人是广东人"与"有人不是广东人"是 I 命题与 O 命题的关系，即下反对关系。根据下反对关系的两个命题不能同为假且必有一真的已知条件，再结合真命题只有一个的限制条件，那么"我不是广东人"这一命题为假命题，所以，"我是广东人"为真。当"我是广东人"为真时，"有人是广东人"也为真，那么，"有人不是广东人"为假，即此时 O 命题为假。根据矛盾关系，A 命题与 O 命题必有一真一假，"所有人都是广东人"为真。故正确选项为 A。

直言矛盾关系推理：据不同质的全称命题和特称命题间的矛盾关系，由真推假，由假推真。从一个命题真推出另一命题假或从一个命题假推出另一命题真，A 与 O、E 与 I 之间必有一真一假。例如，"我们班所有同学考试都及格了"与"我们班有些同学考试没有及格"是矛盾关系。如果"我们班所有同学考试都及格了"为真，那么"我们班有些同学考试没有及格"为假；如果"我们班所有同学考试都及格了"为假，那么"我们班有些同学考试没有及格"为真。

四川师范大学正在召开一年一度的运动会，由于天气较热，有的运动员竞技状态不好。如果上述断定为真，则以下哪个选项必为假？（   ）

A. 有的运动员竞技状态好　　　　B. 运动员甲竞技状态不好
C. 所有的运动员竞技状态都不好　D. 所有的运动员竞技状态都很好

由于题干当中出现了"以上为真，以下哪个选项必为假"的问法，大家就要注意了，涉及命题真假的问题要考虑是否为矛盾命题。然后，将题干精简为逻辑的形式，本题题干可写为"有些非"，且命题为真。那么它的矛盾命题必为假，即"所有是"。所以选 D。

直言从属关系推理：根据同质的全称命题与特称命题间的差等关系进行直言对当推理。

从全称命题真推出特称命题真。如果"我们班所有同学考试都及格了"为真，那么"我们班有些同学考试及格了"肯定也为真。

从特称命题假推出全称命题假。如果"我们班有些同学考试及格了"为假，那么"我们班所有同学考试都及格了"为假。

2. 教育直言命题变形推理

观察下列命题的特征。

逻辑是有用的，所以，逻辑不是没用的。

有些同学是勤奋好学的,所以,有些同学不是不勤奋好学的。

所有的学校办学都不是以盈利为目的,所以,所有的学校办学都是不以营利为目的。

教育直言命题变形推理是通过改变直言命题的联项或主项与谓项的位置来进行的教育推理,主要包括换质推理和换位推理。其中,换质推理是通过改变作为前提的直言命题联项的性质而得出一新的直言命题。换位推理是通过互换前提中主、谓项的位置而得出一新的直言命题。

例如,所有校园欺凌行为都是不合理行为,所以,所有校园欺凌行为都不是合理行为。

换质推理必须遵守的规则如下:

(1) 改变前提的联项,即改变做前提的直言命题的质。

(2) 将前提的谓项换成其矛盾概念做结论的谓项。

(3) 在结论中保留前提中的主项及其量项。

换质推理过程中使用的主要方法是在原命题联项、谓项前各加一个否定词。

例如,有的教师是高级知识分子,所以,有的高级知识分子是教师。显然是换位推理的直言命题。

小山是初中三年级的学生,他学习数学比较吃力,对不少数学概念都属于一知半解、似是而非的状态。在他看来,一个数学命题,正着说和倒着说都是一样的。

有一天,小龙问小山:"等边三角形都是等角三角形"这句话倒着说"等角三角形都是等边三角形"对吗?

小山毫不犹豫地回答:正确。

小龙又问:"所有人都是直立行走的动物"说成是"所有直立行走的动物都是人"呢?

小山:……

同学们,这是为什么呢?

换位推理必须遵守的规则如下:

(1) 调换前提中主、谓项的位置。

(2) 在前提中不周延的概念在结论中也不得周延。

(3) 换位前后两个命题的质保持相同。

换位推理过程中使用的主要方法是互换前提的主、谓项的位置,但联项不变。

思考:SOP 命题能否换位?

我们回顾一下前面学习的内容:何谓周延、不周延?

在一个直言命题中,如果其主项或谓项的全部外外延都被断定,那么,它就是周延的。否则,就是不周延的。

直言命题的主项是否周延要看量项:全称命题的主项是周延的,特称命题的主项是不周延的。

直言命题的谓项是否周延要看联项:肯定命题的谓项是不周延的,否定命题的谓项是周延的。

SAP——PIS（变量换位）：所有的大学生都是学生，所以，有的学生是大学生。

SEP——PES：有些公费师范毕业生是不可以自由择业的，所以，有些可以自由择业的师范毕业生不是公费师范生。

SIP——PIS：有的青年是学生，所以，有的学生是青年。

SOP（不能换位）：有的学生不是汉族，所以有汉族人不是学生？[①]

换质换位推理是综合运用换质推理和换位推理从一个直言命题推出若干新命题。

换质换位结合推理是交替进行换质换位，从而连续推出结论的推理。这种推理可以是先换质，后换位，再换质，再换位……，也可以是先换位，后换质，再换位，再换质……。但换质时必须遵守换质规则，换位时必须遵守换位规则。

例如：所有的学生学习是勤奋刻苦的→所有的学生学习不是不勤奋刻苦的（换质）→有些不勤奋刻苦的不是学生（换位）→有些不勤奋刻苦的是非学生（换质）→有些非学生是不勤奋刻苦的（换位）→有些非学生不是勤奋刻苦的（换质）。

注意："所有S是P"通过换位只能推出"有些P是S"，而"有些S不是P"不能进行换位推理。此外，由"少数""大部分""一半"等词语作为量项引导的命题，尽管也是特称命题，但不能进行换位推理。例如，"大部分男生考上了大学"不能换位为"大部分考上大学的是男生"。这是否与命题的周延性有关系呢？

小狮子老师在小学六年级"创新"为主题的班会课上对同学们讲了《伊索寓言》中的一个故事"小狗的惯性"：

> 有一只小狗非常喜欢吃鸡蛋。有一天，小狗外出时发现一只带壳的牡蛎，它以为是鸡蛋，忍不住就一口吞了下去。结果，过了一会儿，小狗的肚子就剧烈地疼痛起来。这时，小狗才明白过来，说："我真是笨呀，活该受这种痛苦，我以为所有圆的东西都是我爱吃的鸡蛋呢！"
>
> 小狮子老师教育同学们说："小狗习惯了吃鸡蛋，才习惯性地以为所有圆形的东西都是鸡蛋。这个故事充分说明了习惯可怕的一面，因为习惯的力量会使一个人丧失独立思考、比较、分析、判断的能力。"

小狗发现"一切鸡蛋都是圆的"，从该发现中推出"一切圆的都是鸡蛋"，实际上就违背了我们提到的全称命题换位后要变为特称命题的规则。

> 小狮子老师班在进行班干部选举活动，为了加强学生自我管理、自我服务和自我发展，小狮子老师并未参与此次活动，而是由学生自己组织完成。选举活动结束后，课代表小山同学来办公室找小狮子老师拿作业，老师问起选举活动的情况，小山同学说："有投票人赞成所有候选人。"根据小山同学的表达，不可推出的选项为
> （　　）
> A. 所有候选人都有投票人赞成　　B. 有投票人赞成有的候选人
> C. 所有投票人赞成所有候选人　　D. 并非所有投票人不赞成所有候选人

---

① 朴基珉. SOP判断也可以进行换位推理[J]. 延边大学学报（社会科学版），1987（4）：46—52.

小狮子老师可以把"有投票人赞成所有候选人"换位变形为"所有候选人都有投票赞成",显然,A项就是我们变形的结果。B项属于原命题的从属命题,成立。C项中的命题可以推出原命题,但是反过来从I命题到A命题是不合逻辑的,所以选C。原命题的矛盾命题是"所有投票人不赞成所有候选人",对这个命题的否定,其实就是原命题本身,因此D选项和原命题是等值的。

请同学们对下列命题进行换质、换位、换质换位、换位换质。

逻辑学对教育学专业的学生而言是有用的。

有的学生是党员。

有的书不是公开发行的。

所有的教师都是具有职业道德底线的。

再看下列材料:

在审理小学生小山为其班主任打开水致烫伤一案中,法院认为学校不应承担责任。理由是:团体意志的过错是法人的过错,所以,非团体意志的过错不是法人的过错。而班主任让小山为其打开水,完全是班主任个人的意志和行为,不能体现学校的团体意志,所以,班主任造成的损害不是法人的过错,学校不应承担责任。

问:法院提出的理由用了什么推理?是否合乎逻辑?

显然,法院的推理是一个换质、换位综合推理:团体意志的过错是法人的过错,所以,非团体意志的过错不是法人的过错。形式表现为SAP→¬SEP,该推理不合逻辑:前提中的P(法人的过错)不周延,但在结论中周延了。

3. 教育对称性关系推理("直接关系推理")

根据教育命题中的关系是对称的还是反对称的,由一个关系教育命题直接推出另一关系教育命题。比如,小山和小龙是同学可以推出小龙和小山是同学。小山比小龙高可以推出并非小龙比小山高。

若用"R"表示对称关系,则对称关系推理可用公式表示为:"aRb,所以,bRa。"如果四川师范大学是四川邮电职业技术学院的近邻,可推出四川邮电职业技术学院是四川师范大学的近邻。同理,反对称关系推理可用公式表示为:aRb→¬bRa。如果四川师范大学的办学历史比北京师范大学的办学历史短,可推出并非北京师范大学的办学历史比四川师范大学的办学历史短。这两个推理规则适用于所有以(反)对称关系作关系词的命题,但不能据非对称关系进行推理。例如,小山和小龙是同学,他们因为小矛盾起了摩擦,经调查发现,小山同学打了小龙同学,此时"打"是非对称关系,仅根据小山同学打了小龙,无法推断小龙同学是否也打了小山同学。

在成年人看来,处在青春叛逆期的孩子,成绩好坏在其次,最主要的是担心孩子会变坏。他们将自家孩子圈在好孩子范围内,将那些试图将自家孩子拉出他们所画范围的学生统称为坏孩子。

游手好闲、吊儿郎当、不务正业、狐朋狗友,这些就是给所谓"坏孩子"的形容词，是贴在他们身上的标签。

时常有家长说："他是坏孩子，不要和他玩。"

有家长说："那个孩子不正经，你离他远点儿！"

有一些学校的老师也会说："你成绩这么差，可别把其他同学带坏了！"

一个故事就围绕这个话题开展：

妈妈对儿子说："小山是个坏孩子，你不能和他玩。"

儿子问："妈妈，我是好孩子吗？"

妈妈说："你当然是个好孩子了。"

儿子高兴地说："那小山就可以跟我玩了。"

虽然故事中儿子的推理并不符合逻辑规则，但也可以看出小孩子的世界是单纯的，小孩子不会轻易给"坏孩子"下定义，也不会轻易地给同学贴"坏孩子"的标签。坐在教室最后一排的同学，不一定是班级里的差生，而和差生交朋友，成绩和人品也不一定会变差。有心理专家说：孩子从没有变坏过，只是需要大人的帮忙。对他们予以宽容，也是予己宽容，是一场善良的修炼。而不随意对孩子批判他的朋友，不随意称别的小朋友为"坏孩子"，则是作为家长、教师的一种成长，是成年人一辈子的修行。

以下对话中小龙的推理错在哪里？

小山："他是我兄弟。"

小龙："那你是他兄弟！"

小山："当然啦！"

小龙："你是他哥哥？"

小山："是的。"

小龙："那他是你哥哥了！"

小山："你开什么玩笑？"

小龙："你说：'你是他兄弟，他是你兄弟。'按此类比：你是他哥哥，他是你哥哥呀！"

小山："你故意偷换概念。"

"兄弟"是对称性关系，前后对象可以互换位置；而"哥哥"是非对称性关系，前后对象位置不能互换。

4. 教育分解式联言推理（"直接联言推理"）

分解式联言推理的前提是一个联言命题，结论是这个联言命题的肢命题。

如果一个联言命题判断是真的，那么，它的所有联言肢都是真的。所以，分解式联言推理前提的联言命题判断是真的，就能断定这个联言命题的任何一个联言肢都是真的，即结论为真。例如，他既能言，又善辩；所以，他善辩。兵不在多，而在于精；所以，兵在于精。言者无罪，闻者足戒；所以，言者无罪。小狮子老师既有优点，又有缺点；所以，小狮子老师有缺点。鲁迅是伟大的文学家，也是伟大的思想家；所以，鲁迅是伟大的思想家。孔子是中国古代著名的思想家、政治家、教育家；所以，孔子是教育家。

请分析下列材料：

> 放暑假了，小山同学需要从成都回西安，他带了很多衣物和书籍，由于行李太重，他便叫了一辆出租车，有了以下对话：
> 小山："到火车站要多少钱？"
> 出租车司机："10元，帅哥。"
> 小山："我带的行李怎么算钱？"
> 出租车司机："行李是免费的，帅哥。"
> 小山："请您把我的行李送到火车站，我自己走着去。"
> 出租车司机："帅哥，您太幽默了，这怎么行？"
> 小山："您不是说行李免费吗？难道说话不算数？"

问：小山同学的推理错在哪里？

出租车司机的话是一个联言命题：送乘客到火车站要付10元，并且行李是免费的。只有两个联言肢同时为真，整个联言命题才是真的。小山同学不支付车费10元，意味着整个联言命题是假的，以假联言命题为前提，当然推不出"行李免费"。

要保证联言命题推理的有效，就要遵循以下两条规则：

（1）肯定一个联言命题为真，即肯定它的所有联言肢都为真。反之亦然。

（2）否定一个联言肢为真，即否定了这个联言命题为真。反之，否定了一个联言命题为真，就至少否定了其中一个联言肢为真。

分解式联言推理作用：根据整体情况推出个体情况，根据普遍认识推出特殊认识。例如，良言一句三冬暖，良药苦口利于疾，所以，良言一句三冬暖。其形式为："若 p 且 q 真，所以，p 真。"分解式联言推理有助于人们在认识事物全面情况的基础上，重点把握或强调某一方面的情况。

（二）教育间接推理

从两个或两个以上教育命题推出其他教育命题的推理。例如，孔子出生早于孟子，孟子出生早于荀子，所以孔子出生早于荀子。又如，不刻苦学习，就不会取得好成绩。他不刻苦学习，所以，他不会取得好成绩。

小狮子老师今天讲的故事是《隰朋找水》[①]。

> 大自然处处都隐藏着奥秘，生活中时时都有学问，身边的动物就是我们的老师，只要我们细心观察，善于思考，就能发现大自然的规律。
>
> 春秋时期，各路诸侯烽火不断，征战连连。燕国是处于北方的一个小诸侯王国，国力弱小。一年，它的邻国山戎令支国率领大批精锐骑兵进攻燕国。燕国形势十分危急，派人向齐国求救。
>
> 齐桓公号称诸侯霸主，看到自己的同盟国受到敌人的侵略，便亲自挂帅，率兵

[①] 韩非. 韩非子[M]. 北京：中华书局，2014：208.

讨伐山戎。当浩浩荡荡的大军行至爪村伏龙山（今龙山）一带驻扎时，山戎令支国将濡水（滦河）截断了，造成伏龙山周围20多里无水。开始几天，齐国军队靠自己随身携带的水，还能勉强对付，到了第四天，齐国军队便无一口水可喝。士兵们干的嗓子直冒烟，干渴的马匹也烦躁地在地上刨来刨去。

从断水那天起，齐桓公便叫士兵凿山找水，结果一直未能找到泉水。齐桓公愁眉不展，不知所措。

这时，谋臣公孙隰朋向齐桓公进言："臣听说蚂蚁找有水的地方筑穴居住，应当找蚁穴处掘水。"

齐桓公按照公孙隰朋的主意让士兵在伏龙山的北面搜寻蚁穴，结果还是未能找到水源。

公孙隰朋又说："蚂蚁冬天找暖和的阳坡居住，夏天才在凉快的背阴坡居住。现在是冬季，蚂蚁一定在山的阳坡居住，因此在山的背面乱掘一气，肯定找不到水源。"

齐桓公命令军士们在山的南面挖掘，果真在伏龙山的阳坡山腰处，找到蚁穴，掘到泉水。

齐桓公大为高兴："隰朋可称得上是圣人啊！"于是，将该泉称为圣泉，伏龙山也改名为龙泉山，后来又简称龙山。

饮水思源的后人砌石为井，并命名为龙泉井，至今古井尚存，泉水清冽如初，甘甜爽口。

齐军找到了水源后，士兵和马匹的疲惫与干渴一扫而光，士气大增，一鼓作气，将山戎赶出了燕国，燕国转危为安。

公孙隰朋勤于观察，根据蚂蚁的习性帮助困境之中的齐军找到了泉水。既挽救了全军的性命，又使燕国转危为安。孔子说："三人行，必有我师焉！"我们人类不但要相互学习，更要向自然界的学习。苍茫大地，奥秘无穷。

隰朋是怎样进行推理而找到水源的呢？
蚂蚁在有水源的地方筑穴，
这里是蚂蚁穴，
这下面有水源。
蚂蚁冬天在山的阳面筑窝，
这里是山的阴面，
这里没有蚂蚁穴（这里没有水源）。
这是何种推理？

1. 教育直言三段论

教育直言三段论是所有前提都是教育直言命题的教育演绎推理，是由包含着共同教育概念的两个教育直言命题（性质命题）推出一个新的教育直言命题的推理。

（1）三段论的一般形式。

学生是人。　　　　　　　M—P　　　　　　大前提

| 大学生是学生。 | S—M（中项） | 小前提 |
| 所以，大学生是人。 | S（小项）—P（大项） | 结论 |

三段论形式如下：

大前提：所有 M 是 P。

小前提：所有 S 是 M。

结论：所有 S 是 P。

三段论中，结论中的谓词称作大项（P，或称大词），包含大项在内的前提称作大前提；结论中的主词称作小项（S，或称小词），包含小项在内的前提称作小前提；没有出现在结论，却在两个前提重复出现的称作中项（M，或称中词）。

三段论的结论具有必然性，因为三段论中的三个项在外延上具有包含关系。

> 教师都是专业技术人员。
> 小狮子是教师。
> 所以，小狮子是专业技术人员。

请问：教师、小狮子、专业技术人员这三个项的欧拉图解法怎样表示？

大项、中项、小项依不同排列方式，可分成四种格。三段论的四种格及其形式见表4—1。

表4—1 三段论的四种格及其形式

类别	第一格	第二格	第三格	第四格
大前提	M—P	P—M	M—P	P—M
小前提	S—M	S—M	M—S	M—S
结论	S—P	S—P	S—P	S—P

不仅中项在两前提中的位置的不同会造成三段论的不同逻辑形式，而且三段论中三个直言命题形式的不同也会造成三段论形式的区别。

(2) 三段论的格。

我们分别来看一下三段论的四种格。

①第一格（典型格、证明格）：中项在大、小前提中分作主、谓项。其符号形式：[（M—P）∧（S—M）] ⇒ （S—P）。

《晏子使楚》是原人教版语文五年级下册第11课，我们一起来回顾一下其内容。

> 春秋末期，齐国和楚国都是大国。
> 有一回，齐王派大夫晏子去访问楚国。楚王仗着自己国势强盛，想乘机侮辱晏子，显显楚国的威风。
> 楚王知道晏子身材矮小，就叫人在城门旁边开了一个五尺来高的洞。晏子来到楚国，楚王叫人把城门关了，让晏子从这个洞进去。晏子看了看，对接待的人说："这是个狗洞，不是城门。只有访问'狗国'，才从狗洞进去。我在这儿等一会儿。你们先去问个明白，楚国到底是个什么样的国家？"接待的人立刻把晏子的话传给

了楚王。楚王只好吩咐大开城门，迎接晏子。

晏子见了楚王。楚王瞅了他一眼，冷笑一声，说："难道齐国没有人了吗？"晏子严肃地回答："这是什么话？我国首都临淄住满了人。大伙儿把袖子举起来，就是一片云；大伙儿甩一把汗，就是一阵雨；街上的行人肩膀擦着肩膀，脚尖碰着脚跟。大王怎么说齐国没有人呢？"楚王说："既然有这么多人，为什么打发你来呢？"晏子装着很为难的样子，说："您这一问，我实在不好回答。撒谎吧，怕犯了欺骗大王的罪；说实话吧，又怕大王生气。"楚王说："实话实说，我不生气。"晏子拱了拱手，说："敝国有个规矩：访问上等的国家，就派上等人去；访问下等的国家，就派下等人去。我最不中用，所以派到这儿来了。"说着他故意笑了笑，楚王只好陪着笑。

楚王安排酒席招待晏子。正当他们吃得高兴的时候，有两个武士押着一个囚犯，从堂下走过。楚王看见了，问他们："那个囚犯犯的什么罪？他是哪里人？"武士回答说："犯了盗窃罪，是齐国人。"楚王笑嘻嘻地对晏子说："齐国人怎么这样没出息，干这种事？"楚国的大臣们听了，都得意扬扬地笑起来，以为这一下可让晏子丢尽了脸。哪知晏子面不改色，站起来，说："大王怎么不知道哇？淮南的柑橘，又大又甜。可是橘树一种到淮北，就只能结又小又苦的枳，还不是因为水土不同吗？同样道理，齐国人在齐国安居乐业，好好地劳动，一到楚国，就做起盗贼来了，也许是两国的水土不同吧。"楚王听了，只好赔不是，说："我原来想取笑大夫，没想到反让大夫取笑了。"

从这以后，楚王不敢不尊重晏子了。

晏子是如何运用三段论对楚王进行回击的？

狗洞是狗国的进出门。	M—P
楚国人需要从狗洞进。	S—M
所以，楚国是狗国。	S—P

最没才干的人出使君主最无能的国家。	M—P
我晏婴是最没才干的人。	S—M
所以，我晏婴出使君主最无能的国家。	S—P

生活在楚国的人受楚国的民风影响。	M—P
这个盗贼是生活在楚国的人。	S—M
所以，这个盗贼是受楚国的民风影响导致的变化。	S—P

第一格最明显、最自然地表明了三段论的演绎推理的逻辑性质，被称为典型格、证明格。它的用途非常广泛，只要我们根据一般原理、原则去推断个别认识，就自然地运用第一格。第一格也是司法审判中最常用的一种推理形式，被称为"审判格"。

第一格的规则：小前提必肯定（A 或 I），大前提必全称（A 或 E）。

理由：如果小前提是否定判命题，则大前提必须是肯定命题，按三段论规则，两个前提都是否定命题，不能得出结论。如果大前提是肯定命题，那么，它的谓项就不周延。因为大前提中的谓项在第一格中是大项，所以，大项在前提中不周延。如果小前提是否定命题，则结论必为否定命题，按三段论规则，前提之一是否定命题，结论必为否定命题。如果结论是否定命题，那么，结论中的谓项即大项必然周延。这样，就会出现大项在前提中不周延，而在结论中周延的情况，产生大项扩大的错误。而这种错误是由于小前提为否定所造成的，故小前提不能为否定命题。小前提既然不能为否定命题，则必须为肯定命题。在第一格中，小前提必为肯定命题，而肯定命题的谓项是不周延的。小前提的谓项在此格中是中项，而中项在小前提中不周延。根据中项必须在前提中至少周延一次的三段论规则，中项既然在小前提中不周延，就必须在大前提中周延。若中项在第一格的大前提中是主项，大前提的主项既然周延，则大前提必须是全称命题。

②第二格（区别格）：中项在大、小前提中均为谓项。其符号形式：［（P—M）∧（S—M）］⇒（S—P）。

  一切真正的共产党员教师都把学生利益放在个人利益之上。 P—M
  张某不是把学生利益放在个人利益之上。 S—M
  所以，张某不是真正的共产党员教师。 S—P

第二格的中项在两个前提中都必须是谓项，结论是否定的。因此，第二格可用来区别事物，说明一个事物不属于某一类，所以第二格被称为"区别格"。

第二格的规则：大前提必须是全称命题（A 或 E），前提中必须有一个是否定命题（E 或 O）。

理由：假设大、小前提都是肯定的，根据"肯定命题的谓项不周延"可知。大小前提的谓项都是不周延的，那么中项就是不周延的；而三段论规则要求"中项在前提中至少要周延一次"，那么大、小前提都是肯定命题就违背了三段论规则，所以前提中必须有一个是否定命题。

根据三段论规则五，即"若前提中有一个否定的，结论也必为否定"，那么第二格中的结论必为否定命题，而否定命题的谓项（大项）是周延的。如果大前提是特称命题，因为特称命题主项不周延，那么大项就是不周延的。而这与三段论规则要求的"在前提中不周延的项在结论中亦不得周延"是相矛盾的，所以大前提不能是特称命题，只能为全称命题。

大家回忆一下前文中"真假母亲"的故事，也可以用三段论的第二格来表示推理过程。

  亲生母亲都怕伤害自己的孩子， P—M
  你不怕伤害孩子， S—M
  所以你不是亲生母亲。 S—P

③第三格（反驳格）：中项在大、小前提中都为主项。其符号形式：［（P—M）∧（M—S）］⇒（S—P）。

  计算机是教育教学辅助设备， M—P

> 计算机是现代科技的成果，　　　　　　　　　　　M—S
> 所以，有些现代科技的成果是教育教学辅助设备。　S—P

第三格之所以叫"反驳格"，是因为可用来反驳普遍性理论观点（全称命题）。

谎言是指说话人在知道事实的前提下，通过刻意隐瞒并提供与事实不符的语言信息。谎言并非"真相"的反义词，说谎的前提在于说谎人脑中有与其所说不同的"真相"。如果在说话人脑中的记忆与他所说的相符，则不称为谎言。隐瞒也是谎言的一种。善意的谎言是指出于某种善意的原因说出的谎言，并不带有恶意，而且不是为了自己的利益。

有一位学生，他对长跑并不是很擅长，但在一次长跑测试中，体育老师告诉他的长跑速度比其他同学快，而且还说他有机会代表学校参加比赛，叫他好好努力。那位学生听了老师的话之后非常受鼓舞，因为一直认为自己没有长跑天赋，竟然有机会代表学校参加比赛。从这天起，他真正喜欢上了长跑，并且每天坚持跑步训练，过了一段时间后，本来不能代表学校参加比赛的他，竟然真的被选上了。

我们可以根据材料得知：

> 这句话是善意的谎话，　　　　　　　　　　M—P
> 这句话是谎话，　　　　　　　　　　　　　M—S
> 所以，有的谎话是善意的谎话。　　　　　　S—P

第三格的规则：小前提必肯定（A 或 I），结论必特称（I 或 O）。

"小前提肯定"的理由如同第一格：如果小前提为否定命题，那么结论必为否定命题，P 为结论的谓项，则 P 在结论中周延，又因 P 在大前提中（为谓项）也必须周延，则大前提为否定命题，此时小前提、大前提都为否定命题，则无法推出结论，即三段论无效。反证推得：小前提必须为肯定命题。继续推导，在第三格中由于小前提为肯定命题，即小前提中的谓项 S 不周延（肯定命题谓项不周延）。若前提中 S 不周延，则结论中的 S 也必须不周延（在结论中周延的项，在前提中也必须周延）。S 为结论的主项，则结论的主项不周延，又因特称命题主项也不周延，可推出：结论必须为特称命题。

④第四格（稀有格、无名格）：中项分别是大、小前提的谓项、主项。其符号形式：［(P—M) ∧ (M—S)］⇒ (S—P)。

第四格之所以叫"稀有格"，是因为它在实际思维中极少用。

第四格的规则共有五条：若有一否定前提，则大前提全称；若大前提肯定，则小前提全称；若小前提肯定，则结论必特称；不能以 O 型命题作为前提；结论不能是 A 型命题。

如果大前提为肯定，则大前提中的谓项，即论证中的中项 M 不周延（肯定命题谓项不周延），那么中项 M 在小前提中必须得周延（中项至少在一个前提中周延）。因为在第四格中项 M 为小前提的主项且周延，又因全称命题主项周延，则小前提为全称命题。可推出：如果大前提为肯定命题，那么小前提必须为全称命题。如果小前提为肯定命题，则小前提中的谓项 S 不周延（肯定命题谓项不周延），因 S 在结论中为主项，则结论的主项不周延，又因特称命题主项不周延，则结论为特称命题。由此推出：如果小前提为肯定命题，那么结论必须为特称命题。如果前提中有一个为否定命题，则结论也必然是否定命题，结论否定则大项P周延（否定命题的谓项周延），大项P在第四格中为大前提的主项，即主项周延，因全称命题主项周延，则大前提为全称命题。可推出：如果前提中有一个为否定命题，那么大前提必须为全称命题。

《木兰辞》是大家耳熟能详的人教版语文七年级下册中一篇课文，全文如下：

唧唧复唧唧，木兰当户织。不闻机杼声，唯闻女叹息。

问女何所思，问女何所忆。女亦无所思，女亦无所忆。昨夜见军帖，可汗大点兵，军书十二卷，卷卷有爷名。阿爷无大儿，木兰无长兄，愿为市鞍马，从此替爷征。

东市买骏马，西市买鞍鞯，南市买辔头，北市买长鞭。旦辞爷娘去，暮宿黄河边，不闻爷娘唤女声，但闻黄河流水鸣溅溅。旦辞黄河去，暮至黑山头，不闻爷娘唤女声，但闻燕山胡骑鸣啾啾。

万里赴戎机，关山度若飞。朔气传金柝，寒光照铁衣。将军百战死，壮士十年归。

归来见天子，天子坐明堂。策勋十二转，赏赐百千强。可汗问所欲，木兰不用尚书郎，愿驰千里足，送儿还故乡。

爷娘闻女来，出郭相扶将；阿姊闻妹来，当户理红妆；小弟闻姊来，磨刀霍霍向猪羊。开我东阁门，坐我西阁床，脱我战时袍，著我旧时裳。当窗理云鬓，对镜帖花黄。出门看火伴，火伴皆惊忙：同行十二年，不知木兰是女郎。

雄兔脚扑朔，雌兔眼迷离；双兔傍地走，安能辨我是雄雌？

这篇课文还引发了一个用三段论第四格进行逻辑推理的故事。

小狮子老师讲完《木兰辞》后，让同学们讨论木兰替父从军的故事，小山同学把手高举，对小狮子老师说："老师，我觉得这个故事有夸张成分。"

小狮子老师问："小山同学有何见解呢？"

小山同学："我们可以做一个如下推理：所有男人都不是女人，所有女人都是没有胡须的，所以，有些没胡须的人不是男人。"

小山同学继续说："木兰是女人，木兰是没有胡须的，没有胡须的木兰应该很容易被发现，怎么做到'雄兔脚扑朔，雌兔眼迷离；双兔傍地走，安能辨我是雄雌？'"

小狮子老师："小山同学非常棒，推理逻辑强，有理有据，那么同学们一起讨论一下，文学艺术作品这样处理是否妥当呢？"

（三）三段论的式

三段论的式是指由三段论的三个直言命题形式的不同形成的三段论的不同形式。

三段论的大前提、小前提、结论分别可为A、E、I、O型中命题之一，故共有256种三段论（若考虑大前提与小前提对调，便有512种，但逻辑上是相同的）。其中只有

24 个式是合乎逻辑规则的、有效的。需要注意的是，三段论推理的出错率是相当高的。三段论依语气与格的分类进行缩写，例如 AAA-1 代表"大前提为 A 型，小前提为 A 型，结论为 A 型，第一格"的三段论。

  大学教师都是本科及其以上学历毕业。（A）
  四川师范大学的教师是大学教师。（A）
  所以，四川师范大学的教师是本科及其以上学历毕业。（A）
  第一格 AAA

  大学教师是有研究方向的教师。（A）
  大学教师是有学科背景的教师。（A）
  所以，有些有学科背景的教师是有研究方向的教师。（I）
  第三格 AAI

此外，三段论的四种格之间可以转换。

第一格：不需转换。

第二格：对换大前提的前后两项的位置就变成第一格，对换小前提的前后两项的位置就变成第四格。

第三格：对换大前提的前后两项的位置就变成第四格，对换小前提的前后两项的位置就变成第一格。

第四格：对换大前提的前后两项的位置就变成第三格，对换小前提的前后两项的位置就变成第二格。

E 和 I 命题对换前后两项的位置而保持同原命题等价。A 命题不能对换前后两项的位置，但可以在前项确实有元素存在的前提下，转换成弱于原命题的 I 命题。O 命题不能对换前后两项的位置。

这 24 个有效式在 4 个格恰好呈均匀分布，每一格里都有且仅有 6 个有效式。

第一格：AAA、AII、EAE、EIO、(AAI)、(EAO)

第二格：AEE、EAE、EIO、AOO、(AEO)、(EAO)

第三格：AAI、AII、EAO、EIO、IAI、OAO

第四格：AAI、AEE、EAO、EIO、IAI、(AEO)

括号中的式是弱式，指从前提中本可推出全称命题但只得出特称命题的式，也是其结论可根据差等关系从另外某个有效式的全称命题中推出的式。

（四）三段论的七条规则

（1）第一条：三段论有且仅有三个不同的概念（项）。

例如，

  中国青年是勤劳的。
  我是中国青年。
  所以，我是勤劳的。

又如，

  人是世间最为宝贵的，
  我是人，
  所以，我是世间最为宝贵的。

上述例子，你能发现有何不妥？

四概念错误，亦称"四名词错误"。混淆概念的逻辑错误是三段论中最常见的逻辑错误。三段论只能有三个概念，如果把两个不同的概念当作同一个概念使用，以致在三段论中有四个概念，就犯了逻辑错误。比如说："中国人是勤劳勇敢的，他是中国人，所以他是勤劳勇敢的。"其中的两个"中国人"不是同一个概念，前者是集合概念，指中国人的整体；后者是普遍概念，指任何一个中国人。因此，这个三段论犯了四概念错误。

在一个三段论中，必须有且仅有三个不同的概念。为此，就必须使三段论中的三个概念，在其分别重复出现的两次中，所指的是同一个对象，具有同一的外延。违反这条规则就会犯四概念错误。所谓四概念错误就是指在一个三段论中出现了四个不同的概念。四概念错误又往往是因为中项的概念未保持同一而引起的。比如，我国的大学是分布于全国各地的；清华大学是我国的大学；所以，清华大学是分布于全国各地的。这个三段论的结论显然是错误的，但其两个前提都是真的。为什么会由两个真的前提推出一个假的结论来了呢？原因在于中项（"我国的大学"）未保持同一，出现了四概念错误，即"我国的大学"这个语词在两个前提中所表示的概念是不同的。在大前提中，它表示我国的大学总体是一个集合概念；而在小前提中，它可以指我国大学中的某一所大学，不是集合概念，而是一个一般的普遍概念。因此，它在两次重复出现时，实际上是两个不同的概念。显然，以其作为中项，也就无法将大项和小项必然地联系起来，从而无法推出正确的结论。

四概念错误的实质是概念不同一，它常是有意偷换概念、混淆概念的一种伎俩。

  欧布利德斯是古希腊一个著名的诡辩家。有一次，他对一个人说："你没有失掉的东西，就是你有的东西，对不对？"

  那人回答："当然对呀！"

  接着，欧布利德斯说："你没有失掉头上的角，那你就是头上有角的人了。"

  那个人瞬间蒙了，这才明白自己被欧布利德斯给愚弄了，但他又说不出个所以然，不知怎样反驳欧布利德斯。

  欧布利德斯的诡辩就在于：前一个"没有失掉"指的是你原来就有的东西仍然存在，后一个"没有失掉"指的是你根本没有的东西也仍然存在。

  从来没有的东西，不存在"失掉"或"没有失掉"的问题。

  在欧布利德斯的三段论中，"没有失掉"这个词，前后表达的是两个不同的概念，这里犯了偷换概念的错误，也是欧布利德斯诡辩时，所用的招数。[1]

---

[1] 于雷. 辩论中，怎样防"窃"？[J]. 数学大王（趣味逻辑），2018（Z2）：14-16.

他的推理过程为：

你没失掉的东西都是你有的东西，

你头上的角是你没失掉的东西，

所以，你头上的角是你有的东西。

虽然这个推理中只有三个概念，但由于"没有失掉的东西"两次表达不同的内涵，因此可以视作两个概念理解，三段论中存在了四个概念，自然也就犯了四概念错误。

  小山同学暑假里在家里每天晚睡晚起、好吃懒做，他爸爸忍不住批评他："你一天天地吃了睡睡了吃，和猪栏里的猪没有区别，该反省反省自己，做个勤劳勇敢的中国人吧。"

  小山同学反驳："爸爸，那你是不是也是猪？"

  小山爸爸："我又不好吃懒做，怎么是猪。"

  小山同学："父亲的儿子是猪，您是父亲的儿子，所以，您也是猪。"

  小山爸爸："你看我会不会把你揍成猪。"

聪明的同学们，小山同学的逻辑推理有何错误？

检查一个三段论是否正确，首先要看它是否只有三个概念。

（2）第二条：中项至少周延一次。

若"中项两次都不周延"，就会得出荒谬的结论。

《澄子亡缁衣》是出自《吕氏春秋》[①]中的一则寓言。

  宋国有一个叫澄子的人，丢了一件黑色的衣服，在走过的路上寻找。看见一位妇人穿着一件黑衣服走来，就拉住妇人不放，并且要拿走人家的衣服，说："今天我丢了一件黑衣服！"那妇人说："您虽然丢了一件黑衣服，但这件衣服确实是我自己的。"澄子说："你不如赶快把衣服给我，先前我丢的是一件纺丝的黑衣服，现在你穿的是一件单的黑衣服。用你的单衣来赔偿我的纺帛的黑衣服，你岂不是已经占了便宜吗？"

澄子是如何推理的？

  我丢失的衣服是黑色的，

  你穿的衣服是黑色的，

  所以，你穿的衣服是我丢失的衣服。

这个三段论的中项"黑色的"在大前提和小前提中都是肯定命题的谓项，但都不周延。因此，无法推出正确的结论。

为什么中项要在前提中至少周延一次呢？

这是因为，如果中项在前提中两次都不周延，则它两次都只能以一部分外延来与大项和小项发生联系。在这种情况下，小项的外延究竟是被包含在大项的外延之中，还是被排斥在大项的外延之外，抑或是与大项部分联系，根本无法确定。因为中项不能有效

[①] 吕不韦. 吕氏春秋 [M]. 南京：江苏凤凰美术出版社，2017：241.

地将大项与小项联结起来，它也就起不到中项应有的媒介作用，所以推理不出必然的结论。

如果中项有一个是周延的，也就是说，有一个中项的全部外延与大项、小项发生了联系，那么中项的全部外延都介入了大项、小项的关系之中。这样，就能起到联结大项、小项的桥梁作用，即能制约大项、小项的关系，就能得到必然的结论。

中项 M 两次都不周延：S 与 P 的具体外延关系（包含、交叉、全异、全同）无法确定。

（3）第三条：前提中不周延的项在结论中仍不周延。

例如，

所有的人民教师都要依法执教。
小狮子是人民教师。
所以，小狮子要依法执教。

其中，"依法执教"在前提中和结论中都是不周延的。
违反此规则就会犯大项扩大或小项扩大的错误。

①"大项扩大"（"大项不当周延"）的错误。

想做逻辑学家的人都<u>需要学习逻辑学</u>。（不周延）
我不想当逻辑学家。
所以，我不<u>需要学习逻辑学</u>。（周延）

大项是结论的谓项，如果大项在前提中不周延，那么它的外延就没有全部被断定，而只是部分断定；如果它在结论中周延了，就意味着，它在结论中的外延是全部断定的。这时，结论中的大项的外延显然比前提中大项的外延大，这就犯了"大项扩大"的错误，而结论也就不是必然推出的了。

②"小项扩大"（"小项不当周延"）的逻辑错误。

以下对话中小山妈妈的话隐含着一个什么推理？

小山不喜欢吃鱼，妈妈劝他吃鱼。
小山妈妈："吃鱼对人大有好处。"
小山："是吗？好处是什么？"
小山妈妈："可以预防近视。"
小山："为什么？"
小山妈妈："你见过猫有近视的吗？"
猫都不是近视的；
猫都是<u>吃鱼的</u>；（不周延）
所以，<u>吃鱼的</u>都不近视。（周延）

不管前提是否真实，这个三段论都是错误的。

小项是结论的主项，如果小项在前提中不周延而在结论中周延了，那么结论中小项的外延也就比小前提中的外延大，这就犯了"小项扩大"的错误，推出的结论也就不是必然的。

在《晏子使楚》的故事中，也有一个不当周延的三段论：

> 这个人是善于偷盗的。
> 这个人是齐国人。（不周延）
> 所以，齐国人是善于偷盗的。（周延）

结论改为：有些齐国人是善于偷盗的（周延）。这才是三段论的正确表达。

（4）第四条：两个否定的前提推不出必然结论。

两个前提都是否定的，意味着大项和小项与中项的关系都是相排斥的。这样，中项是起不到桥梁或媒介作用的，从而无法确定大项和小项之间是什么关系，推理不出必然的结论。

若三段论一个前提是否定的，则另一个前提必须是肯定的。否则，所得的结论没有逻辑必然性。

例如：

> 贪污罪不是过失犯罪。
> 有的过失犯罪不是侵害国家财产的行为。
> 所以，贪污罪不是侵害国家财产的行为。

该三段论包含两个否定前提，因而所得的结论没有逻辑必然性。

（5）第五条：前提之一是否定命题，结论必是否定的。

如果一个前提是否定的，那么结论也是否定的；如果结论是否定的，那么必有一个前提是否定的。如果两个前提有一个为否定的，那么中项与大项相排斥而与小项相结合；或者中项与小项相排斥而与大项相结合。无论是哪种情况，通过中项的媒介作用能确定小项与大项之间是排斥的。因此，结论只能是否定命题。如果结论是否定的，则小项与大项是相排斥的，因而它们在前提中必有一个项与中项相排斥，即两前提必有一个为否定的。

明朝有一个书生，刚刚考取秀才功名，被分配到浙江省台州府临海县的县学（明清时期，秀才一般需要到县学或府学深造并接受监督考核）。这秀才整日里"两耳不闻窗外事，一心只读圣贤书"，专心备考，却没想到因莫名其妙的涉及一起凶杀案被衙役缉拿到了县衙。真可谓是人在家中坐，祸从天上来。

原来，几天前临海县发生一起命案。某夫妇在朋友家做客时，因路途遥远而留宿于友人家中；谁也没有想到，这对夫妇半夜里却被人双双割了脑袋。主家发现之后，急忙上县衙报了官。临海县令经过简单的询问之后，初步认定杀人凶手应该就在被害人的朋友家中，可也仅仅是推测。如果说是谋财案，可是经过询问受害人家属后，确认被害人身上的贵重财物一样不少，也就排除了谋财害命。

县令经过缜密的思考之后，灵机一动，把目光放在了被害人所睡床铺的原主身上。后来经问问得知，这间房子本是主家小姐的闺房，为了招待客人，特意腾出来的。县令又仔细推敲了一遍所有线索，心中想起了一种可能，猛然喝问小姐："你的奸夫是谁？"少女本就惊恐，被人逼问后竟然不自觉得说出了一个名字，而这个人正是前文所提到的秀才。

秀才被提到县衙以后，却对县令说："我虽然听媒婆提起过这个小姐，却根本没见过她，又何来的'奸夫'一说呢？"县令又询问小姐，可有其他证据，这个小姐说："那秀才的胳膊上有一个痣。"县令查看了秀才的胳膊之后，却发现光溜溜的一双手臂，哪里有什么痣？县令再次陷入了沉思，再次梳理人证、物证和几个当事人的口供之后，县令恍然大悟。县令让人传讯了媒婆和她的儿子，并且果真在媒婆儿子的胳膊上发现了一颗痣。县令当即认定，媒婆的儿子就是杀人凶手，审问之后则得到了证实。

这个案件最早出自冯梦龙的《智囊补》，后来其他野史或故事集也都有收录。

这个案件的推理为：

凶手是手臂上有痣的人。
秀才不是手臂上有痣的人。
所以，秀才不是凶手。

(6) 第六条：两个特称的前提推不出必然的结论。

两个特称命题的前提只可能是：OO、II 或 IO。

若以 OO 为前提，则根据第四条规则，推理不出必然的结论。

若以 II 为前提，则没有一个周延的中项，根据第二条规则不能得出必然的结论。

若以 IO 为前提，则前提中只有一个周延的项，而这唯一周延的项必须是中项（否则，违反第二条规则）。若能推出结论，则结论必须是否定的，即大项必须在结论中周延。但大项在前提中不周延。根据第三条规则就不能推理出必然的结论。

例如，

有的教师是中国共产党党员。
有的教师是非中国共产党党员。

例子中两前提均为特称肯定命题，中项"教师"两次都不周延，违反了三段论规则，即"中项在两前提中至少周延一次"，因此不能推理出必然的结论。

(7) 第七条：前提之一是特称命题，结论必定是特称命题。

因为两个特称命题的前提不能得出必然的结论，所以，当前提中有一个是特称命题时，则另一个必定是全称命题。这样，可能的组合形式有四种：AI、EO、AO 或 EI。

以两前提为 AI 的组合形式为例，根据"中项在两前提中至少周延一次"的规则，这个唯一周延的项必为中项，否则要犯"中项不周延"的错误。这样只能用前提中不周延的项做小项，结论必是特称命题，因为"在前提中不周延的项，在结论中不得周延"，否则就会犯"小项不当周延"的错误。

若以 EO 为前提，则不能得出必然的结论，否则就违背"两否定前提不能得出结论"的规则。

若以 AO（或 EI）为前提，则有两个周延的概念，其中必有一个为中项（第二条规则）；根据第五条规则，结论必是否定的，前提中另一周延概念必为大项（据第三条规则），小项在前提中不周延，在结论中也必不周延，则结论必定是特称命题。

　　家长是自己孩子成长中的榜样。
　　有的明星是家长。
　　所以，有的明星是自己孩子成长中的榜样。

如果结论是"所有的明星都是自己孩子成长中的榜样"，则违背了第七条规则，该结论就是错误的。

（五）省略三段论

省略三段论是指在表达中把三段论三个命题中的某一个略去。
一般可省去大前提，也可省去小前提，还可省去结论。
①省略大前提。
例如：

　　（人都免不了犯错误）
　　是人，就免不了犯错误。

又如：

　　（唯物主义者应该实事求是）
　　我们应该实事求是，因为我们是唯物主义者。

王维的《杂诗》："君自故乡来，应知故乡事。来日绮窗前，寒梅著花未？"开头两句"君自故乡来，应知故乡事"是个省略三段论。经检验发现，省略了大前提"凡是从故乡来的都应知道关于故乡的事"。复原可得：

　　（凡是从故乡来的都应知道关于故乡的事）
　　君是从故乡来的。
　　所以，君应知道关于故乡的事。

②省略小前提。
例如：

　　所有公民都要遵纪守法。
　　（大学生是公民）
　　所以，大学生也要遵纪守法。

③省略结论。
例如：

　　逻辑规律是科学规律。
　　一切科学规律都是不能违反的。
　　（逻辑规律是不能违反的）

④省略两部分。

例如：

学生："我们教育系学生该不该学些自然科学知识？"
教师："所有的学生都应该学些自然科学知识。"

省略三段论往往容易隐含或者掩盖逻辑错误，而且不易被觉察。

又如：

他曾经是调皮捣蛋的学生，所以，他是不值得信任的。

复原后的完整式为：

凡是曾经是调皮捣蛋的学生都是不值得信任的。
他曾经是调皮捣蛋的学生。
所以，他是不值得信任的。

这个推理属于第一格AAA式，格式符合逻辑要求。但这个推理得出的结论是错误的，因为它的大前提是不真实的。在这个省略三段论中，由于大前提被省略，掩盖了它的不真实性，容易被人们忽视。

又如：

教师不是领导干部，所以，教师不要廉洁奉公。

这个三段论被省略的大前提是"凡领导干部都要廉洁奉公"，把这个省略三段论恢复成完整三段论，其正误立见分晓。

凡领导干部都要廉洁奉公。
教师不是领导干部。
所以，教师不要廉洁奉公。

这样，我们可以很容易地发现这是一个错误的三段论，它犯了"大项不当周延"的错误。

复原省略三段论可辨识其逻辑错误。复省略三段论可以按照以下步骤进行：

首先，确定省略三段论中被省略的是哪一个命题。这可以根据已给出的两个命题之间的逻辑关系进行确定。如果已有的两个命题之间存在推导关系，那么，此时给出了一个前提和结论，而省略了另一个前提，否则就是省略了结论。也可以根据自然语言中的标志性词语来确认。"因为""由于"等词语后面的命题是前提，"所以""因此"等词语后面的命题是结论。如果一个省略三段论中没有结论提示词，且两个命题之间用"并且""而且"等词相连接，则这两个命题都是前提，省略了结论。

其次，一个省略三段论中结论没有被省略，就要确定省略的是哪个前提。这可以借助结论的主项、谓项来确定。如果省略三段论的前提中含有结论主项的命题是小前提，则省略了大前提；如果省略三段论的前提中含有结论谓项的前提是大前提，则省略了小前提。

最后，根据三段论的结构补充被省略的命题。如果被省略的是大前提，则将结论中的谓项同小前提中的中项联结起来，构成大前提。如果被省略的是小前提，则将结论中的主项同大前提中的中项联结起来，构成小前提。如果被省略的是结论，则以两个前提推出结论。

戴大宾是莆田（兴化）大地家喻户晓的人物，他自小聪颖、善于联诗做对，十二岁得秀才，十三岁中举人，二十岁登进士。在莆田民间流传这样的句子：戴大宾一时无对，曹子建七步成章；甘罗廿六为宰相，大宾二十中探花。他的许多即兴妙对睿智幽默、贴近生活，读来朗朗上口，成为千古绝句，一直流传至今，仍为人津津乐道。

乡里有一位达官贵人不相信戴大宾有此天才，特地到戴家探明究竟。刚进门就说："月圆。"戴大宾随即对出："风扁。"显贵责难说："风怎么能是扁的呢？"戴大宾说："风见缝就钻，要不是扁的怎么能从门缝间吹进屋里？"显贵又说："凤鸣。"戴大宾答说："牛舞。"显贵又不解地问道："牛怎么能舞呢？"戴大宾讥笑说："百兽起舞时，难道牛不在其中吗？"原来显贵是属牛的。[①]

戴大宾的推理是否有错误？

我们来复原一下戴大宾的推理：

（扁的东西能穿隙钻缝）
风能穿隙钻缝。
所以，风是扁的东西。

百兽起舞。
牛是百兽之一。
（所以，牛能起舞）

第一个三段论推理不正确，原因在于中项"穿隙钻缝"两次都不周延。第二个三段论推理是正确的。

请思考以下古训是否正确。

人非草木，孰能无情？
人非圣贤，岂能无过？

我们将其复原一下：

（草木是无情的）
人不是草木。
所以，人不是无情的。

（圣贤是无过的）
人不是圣贤。
所以，人不是无过的。

[①] 佚名. 聪明的戴大宾[J]. 小学阅读指南（低年级版），2019（5）：47.

显然，这两句古训都是值得推敲的，其违反了第三条规则，犯了"大项扩大"的错误。

（六）复合三段论

由几个三段论联起来构成的推理，其中前一个三段论的结论为后一个三段论的前提，有"前进式"和"后退式"两种。

例如：

>一切增进人们的知识的东西都是有用的。
>
>科学增进人们的知识。
>
>所以，科学是有用的。
>
>逻辑学是科学。
>
>所以，逻辑学是有用的。

这段话是由两个三段论联结而成的复合三段论。前三句话构成第一个三段论，后两句话构成第二个三段论；由于第二个三段论的大前提就是第一个三段论的结论，因此第二个三段论的大前提就不必重复了，整段话是由两个第一格 AAA 式三段论组成的。

复合三段论只是三段论在语言表达方面的简化，从思维形式与逻辑形式上来说，复合三段论就是几个三段论的联合。因此，复合三段论所应遵守的逻辑规则，也就是三段论的逻辑规则。

复合三段论有两种形式："前进式的复合三段论"与"后退式的复合三段论"。

前进式的复合三段论是以前一个三段论的结论作为后一个三段论的大前提的复合三段论。

例如：

>一切造福于人类的知识都是有价值的。
>
>科学是造福于人类的知识。
>
>所以，科学是有价值的。
>
>社会科学是科学。
>
>所以，社会科学是有价值的。
>
>逻辑学是社会科学。
>
>所以，逻辑学是有价值的。

在这个推理中，思维的进程是由范围较广的概念逐渐推移到范围较狭的概念，由较一般的知识推进到较特殊的知识。

后退式的复合三段论是以前一个三段论的结论作为后一个三段论的小前提的复合三段论。

例如：

>逻辑学是社会科学。
>
>社会科学是科学。

所以，逻辑学是科学。

科学是造福于人类的知识。

所以，逻辑学是造福于人类的知识。

一切造福于人类的知识都是有价值的。

所以，逻辑学是有价值的。

在这个推理中，思维的进程是由范围较狭的概念逐渐推移到范围较广的概念，由特殊的知识推广到一般的知识，即其思维推移的顺序正好与前进式相反。

复合三段论是由两个以上的三段论组成的，因此组成它的各个三段论都必须遵守三段论的规则。如果其中任何一个三段论违反了三段论规则，那么，整个复合三段论就是错误的。

在复合三段论中，如果将其中的结论都省略掉，通过一系列前提推出最后的一个结论，就是连锁三段论。

前进的连锁三段论，即前进的复合三段论省略式。

例如：

一切饮料（M1）都是液体（P）。

碳酸饮料（M2）是饮料（M1）。

可口可乐（M3）是碳酸饮料（M2）。

瓶装可口可乐（S）是可口可乐（M3）。

所以，瓶装可口可乐（S）是液体（P）。

逻辑形式：M1—P

M2—M1

M3—M2

S—M3

所以，S—P

后退的连锁三段论，即后退的复合三段论省略式。

例如：

瓶装可口可乐（S）是可口可乐（M3）。

可口可乐（M3）是碳酸饮料（M2）。

碳酸饮料（M2）是饮料（M1）。

饮料（M1）是液体（P）。

所以，瓶装可口可乐（S）是液体（P）。

逻辑形式：S—M3

M3—M2

M2—M1

M1—P

所以，S—P

带证三段论（三段论的带证式）：复合三段论的一种特殊形式。所谓"带证"，就是在一个三段论中，有一个或两个前提是另一个省略三段论的结论，即带有证明。其形式有以下三种。

第一种，大前提带证。

例如：

所有汉族考生都不能享受高考加分政策，
因为汉族不是少数民族。（带证）
大多数的考生都是汉族考生。
所以，大多数考生不能享受高考加分政策。

第二种，小前提带证。

例如：

所有汉族考生都不能享受高考加分政策。
小狮子是汉族考生，因为他的父母都是汉族。（带证）
所以，小狮子不能享受高考加分政策。

第三种，两前提都带证，又称"复带证式"。

例如：

所有汉族考生都不能享受高考加分政策，
因为汉族不是少数民族。（带证）
小狮子是汉族考生，因为他的父母都是汉族。（带证）
所以，小狮子不能享受高考加分政策。

2. 教育传递性关系推理

教育传递关系推理是间接关系推理的一种，并根据教育关系命题所反映的诸对象之间的传递关系进行推演的关系推理。如果以"R"表示传递关系，则传递关系推理可用公式表示为："aRb，bRc，所以，aRc。"

义务教育起源于德国。宗教改革运动领袖马丁·路德是最早提出义务教育概念的人。宗教改革运动为使人们都有学习《圣经》的能力，路德提出了义务教育概念。1619年，德国魏玛公国颁布的学校法令规定：父母应送其6~12岁的子女入学，这是最早的义务教育。在1763年到1819年，德国基本完善了义务教育法规。

工业革命后，义务教育发挥着使人们掌握工业知识的任务，义务教育的时间也由最早的3个月至6个月，发展到6年，直至现在的9年，才能符合当时科学发展水平和高度以及可以掌握当时工业制造的基本操作。

义务的含义包括父母与家庭让学龄儿童就学的义务，国家设校兴学使国民享受教育的义务，以及全社会排除阻碍学龄儿童身心健全发展的种种不良影响的义务。16世纪，信奉新教国家为推行宗教改革教育，提倡广设教育。1619年，德意志魏玛公国颁布的学校法令规定：父母应送其6~12岁子女入学，否则政府得强迫其履行义务。此为义务教育的开端。英国、法国、美国等西方国家大多在19世纪70年代后实行义务教育。

根据联合国教育、科学及文化组织的有关统计资料，到20世纪70年代末80年代初，已有近60个国家实施义务教育法。各国实施义务教育的年限长短，大体是由该国的经济发展水平和文化教育程度决定的。

中华人民共和国成立后，起临时宪法作用的《中国人民政治协商会议共同纲领》及以后正式颁行的国家宪法都明确规定了公民有受教育的权利和义务。1985年5月27日，《中共中央关于教育体制改革的决定》指出，义务教育，即依法律规定适龄儿童和青少年都必须接受，国家、社会、家庭必须予以保证的国民教育，为现代生产发展和现代生活所必需，是现代文明的一个标志。

根据材料，我们可以形成一个教育传递性关系推理：德国的义务教育开始时间早于英国、法国、美国等国家，英国、法国、美国等国家的义务教育开始时间早于中国，因此，德国的义务教育开始时间早于中国。

(1) 教育传递关系推理。

根据关系的传递性进行推演的关系推理。

例如：

原始社会的教育早于奴隶社会的教育，
奴隶社会的教育早于封建社会的教育，
所以，原始社会的教育早于封建社会的教育。

可用符号表示为：aRb，bRc，所以，aRc。或者$(aRb \land bRc) \Rightarrow aRc$。

例如：

孟子和庄子是同时代的人吗？

根据他们的论述中出现的人物和关系，我们可以形成以下推理：

庄子与惠施是同时代的人；

（庄子与惠施的三次经典辩论是：①鱼乐之辩；②大而无用之辩；③人故无情之辩）

惠施与梁惠王是同时代的人；

（成语典故：惠子善譬）

所以，庄子与梁惠王是同时代的人。

梁惠王与孟子是同时代的人；

（《孟子·梁惠王》）

所以，孟子与庄子是同时代的人。

教育传递关系推理可用符号表示为：

aRb，bRc，所以，aRc；cRd，所以，aRd。

(2) 教育反传递关系推理。

根据关系的反传递性而进行推演的关系推理。

例如：

> 高三的教室位置比高二的教室位置高，
> 高二的教室位置比高一的教室位置高，
> 所以，高三的教室位置比高一的教室位置高。

可用符号表示为：aRb，bRc，所以，aRc。或（aRb∧bRc）→aRc。

教育关系推理和其他演绎推理一样，前提须真实。如果前提虚假，即使推理形式正确，也可能得出错误的结论。

乾隆年间，江南科考出了麻烦。应试的举子们都是当地名士，一连几个主考官都被举子们"考"得灰溜溜地回来了。皇上又命王尔烈前去。举子们听说王尔烈是北方人，更瞧不起他，有人说："北方人出题，顶不错出个'学而时习之'。"王尔烈听说，也不介意。按规定要连考三场，王尔烈的三个考题都是"学而时习之"，并要求三篇文章不得重复。这可把举子们难坏了。有的举子不服气，说："我们是不写这等文章的。"在王尔烈的住处贴了半副对联：江南千水千山千才子。

王尔烈回到住处，挥笔写了下联，也贴在门上：塞北一天一地一圣人。

接着，他把自己以"学而时习之"之题所写的三篇文章贴出来。众人一看，风采各异，气象万千，不由得对王尔烈大加赞叹。

有个学子请王尔烈写幅字，王尔烈写道：

> 天下文章数三江，三江文章数吾乡，
> 吾乡文章数吾弟，吾为吾弟改文章。

从此，"压倒三江王尔烈"的美名便流传开了。[①]

此关系推理的关系项是"……比……好"，是传递性质的关系项。

3. 教育合成式联言推理

教育联言推理包括前文所述的教育分解式联言推理（直接推理）和教育合成式联言推理（间接推理）两种。

教育合成式联言推理是由一些独立的教育命题合成为一个以这些教育命题为肢命题的教育联言命题。一般表示为：p，q，所以，p∧q。

例如：

> 脑力劳动者需要知识，
> 体力劳动者需要知识，
> 所以，脑力劳动者和体力劳动者都需要知识。

又如：

> 教师需要进行体力劳动，
> 教师需要进行脑力劳动，

[①] 顾奎相. 辽海历史名人传——辽宁省社会科学普及系列丛书9［M］. 沈阳，辽宁教育出版社，2012：13.

教师需要进行情感劳动，

所以，教师需要进行体力劳动、脑力劳动和情感劳动。

教育合成式联言推理的作用在于根据个别的、特殊的情况或认识推出普遍的、整体的情况或认识，即从个别现象推导出具有普遍指导意义的真理和规律。

例如：

人民满意的教育是立德树人的教育，

人民满意的教育是优先发展的教育，

人民满意的教育是体系完整的教育，

人民满意的教育是促进公平的教育，

人民满意的教育是改革创新的教育，

人民满意的教育是提高质量的教育，

所以，人民满意的教育是立德树人、体系完整、促进公平、改革创新、提高质量的教育。

这样我们就能逐渐清晰人民满意的教育的内涵了。

由于教育联言推理比较简单，因此往往被人们忽视。其实，它在人们的实际思维中却是经常被用到的。而且，教育联言推理还常常与教育假言推理或教育选言推理相结合，构成许多复杂的推理。因此，要分析这些复杂的推理，就必须对教育联言推理有正确的认识。

一年一度的元旦联欢会又开始了，小狮子老师准备了一个"有奖猜谜"活动，其中有下面一道题目。

已知：

（1）K右边的两张牌中至少有一张是A；

（2）A左边的两张牌中也有一张是A；

（3）方块左边的两张牌中至少有一张是红桃；

（4）红桃右边的两张牌中也有一张是红桃。

请问：这三张牌是什么牌？

这个题目瞬间吸引了小山同学，但小山同学怎么猜都猜不出来，请你帮帮他。

这三张牌从左到右依次为：红桃K、红桃A和方块A。

先来确定左边的第一张牌。从前提（1）得知这张牌是K；从前提（4）得知这张牌是红桃；所以，这张牌是红桃K。再来确定右边的第一张牌。从前提（2）得知这张牌是A；从前提（3）得知这张牌是方块；所以，这张牌为方块A。最后，来确定中间的一张牌。从前提（2）得知，或者这张牌是A，或者左边第一张是A；又从前提（1）得知左边第一张是K，所以，中间这张牌是A。同理，从前提（4）得知，或者中间这张牌是红桃，或者右边第一张牌是红桃；但由前提（3）可知右边第一张是方块，这样即可确定，中间这张牌是红桃。

4. 教育选言推理

教育选言推理是前提中包含一个教育选言命题，并依据该教育选言命题的逻辑性质进行推演的推理。由于教育选言推理是由两个前提和一个结论组成的，所以，人们也称其为教育选言三段论。

（1）教育相容选言推理。

教育相容选言推理是包含一个教育相容选言命题，并以教育相容选言命题的逻辑性质为依据进行推演的推理。一般表示为：

或者 p，或者 q，或者 r，或者 s；

非 p，非 q；

所以，r，s。

其逻辑形式：$(p \vee q \vee r \vee s) \wedge (\neg p \wedge \neg q) \Rightarrow (r \vee s)$（否定肯定式）。

例如：

> 小山博士研究生入学考试报名时，或者报考教育学原理，或者报考比较教育学，或者报考教育心理学，或者报考教育管理学，或者报考教育测量与评价学；
>
> 小山未报考教育学原理、比较教育学、教育心理学，
>
> 所以，小山或者报考了教育管理学，或者报考了教育测量与评价学。

周国平先生有篇短文《在义与利之外》[①]，请大家阅读原文后，思考他是如何推理的？

> "君子喻以义，小人喻以利。"中国人的人生哲学总是围绕着义利二字打转。可是，假如我既不是君子，也不是小人呢？
>
> 曾经有过一个人皆君子言必称义的时代，当时或许有过大义灭利的真君子，但更常见的是借义逐利的伪君子和假义真情的迂君子。那个时代过去了。曾几何时，世风剧变，义的信誉一落千丈，真君子销声匿迹，伪君子真相毕露，迂君子豁然开窍，都一窝蜂奔利而去。
>
> 据说观念更新，义利之辩有了新解，原来利并非小人的专利，倒是做人的天经地义。
>
> "时间就是金钱！"这是当今的一句时髦口号。企业家以之鞭策生产，本无可非议。但世人把它奉为指导人生的座右铭，用商业精神取代人生智慧，结果就使自己的人生成了一种企业，使人际关系成了一个市场。
>
> 我曾经嘲笑廉价的人情味，如今，连人情味也变得昂贵而罕见了。试问，不花钱你可能买到一个微笑，一句问候，一丁点儿恻隐之心？
>
> 不过，无须怀旧。想靠形形色色的义的说教来匡正时弊，拯救世风人心，事实上无济于事。在义利之外，还有别样的人生态度。在君子小人之外，还有别样的人格。套孔子的句式，不妨说："至人喻以情。"

---

① 周国平. 在义与利之外 [J]. 中国翻译，2007（1）：92.

义和利，貌似相反，实则相通。"义"要求人献身抽象的社会实体，"利"驱使人投身俗的物质利益，两者都无视人的心灵生活，遮蔽了人的真正的"自我"。"义"教人奉献，"利"诱人占有，前者把人生变成一次义务的履行，后者把人生变成一场权利的争夺。殊不知，人生的真价值是超乎义务和权利之外的。义和利都脱不开计较，所以，无论义师讨伐叛臣，还是利欲支配众生，人与人之间的关系总是紧张。

如果说"义"代表一种伦理的人生态度，"利"代表一种功利的人生态度，那么，我所说的"情"便代表一种审美的人生态度。它主张率性而行，适情而止，每个人都保持自己的真性情。你不是你所信奉的教义，也不是你所占有的物品，你之为你仅在于你的真实"自我"。生命的意义不在奉献或占有，而在创造，创造就是人的真性情的积极展开，是人在实现其本质力量时所获得的情感上的满足。创造不同于奉献，奉献只是完成外在的责任，创造却是实现真实的"自我"。至于创造和占有，其差别更是一目了然，譬如写作，占有注重的是作品所带来的名利地位，创造注重的只是创作本身的快乐。有真性情的人，与人相处唯求情感的沟通，与物相触独钟情趣的品位。更为可贵的是，在世人匆忙逐利又为利所逐的时代，他待人接物有一种闲适之情。我不是指中国士大夫式的闲情逸致，也不是指小农式的知足保守，而是指一种不为利驱、不为物役的淡泊的生活情怀。仍以写作为例，我想不通，一个人何必要著作等身呢？倘想流芳千古，一首不朽的小诗足矣。倘无此奢求，则只要活得自在即可，写作也不过是这活得自在的一种方式罢了。

萧伯纳说："人生有两大悲剧，一是没有得到你心爱的东西，另一是得到了你心爱的东西。"我曾经深以为然，并且佩服他把人生的可悲境遇表述得如此轻松俏皮。但仔细玩味，发现这话的立足点仍是占有，所以才会有占有欲未得满足的痛苦和已得满足的无聊这双重悲剧。如果把立足点移到创造上，以审美的眼光看人生，我们岂不可以反其意而说：人生有两大快乐，一是没有得到你心爱的东西，于是你可以去寻求和创造；另一是得到了你心爱的东西，于是你可以去品味和体验？当然，人生总有其不可消除的痛苦，而重情轻利的人所体味到的辛酸悲哀，更为逐利之辈所梦想不到。但是，摆脱了占有欲，至少可以使人免除许多琐屑的烦恼和渺小的痛苦，活得有气度些。我无意以审美之情为救世良策，而只是表达了一个信念：在义与利之外，还有一种更值得一过的人生。这个信念将支撑我度过未来吉凶难卜的岁月。

全文基本的论证结构是一个选言推理：人生态度或是伦理的，或是功利的，或是审美的；伦理的、功利的人生态度都有弊端；所以，不妨选择审美的人生态度。

教育相容选言推理有两条规则：

第一，否定一部分选言肢命题，就要肯定其他选言肢命题。

第二，肯定一部分选言肢命题，不能否定其他选言肢命题。

这两条规则表明：教育相容选言推理不能使用肯定否定式，否则会产生错误推理。

例如：

　　文章或有理论价值，或有实际意义；

这篇文章有实际意义；
所以，它没有理论价值。

又如：

他成为问题小孩或有社会原因，或有家庭原因，或有主观原因；
他成为问题小孩有主观原因；
所以，他成为问题小孩不是社会原因，也不是家庭原因。

显然，这两个推理都是不正确的。

（2）教育不相容选言推理。

教育不相容选言推理是包含一个教育不相容选言命题，并以教育不相容选言命题的逻辑性质为依据进行推演的推理。

有个教书的先生，专为百姓打抱不平，他写状纸告倒了七个贪官污吏。知府十分想见识一下，将他传进衙门说："你为民鸣冤告状，图的是什么？"

教书先生说："图的是'正义'二字。"

知府说："假如有两间房子，一间房子放有金钱美女，另一间房子放有'正义'，你挑选哪一样？"

教书先生说："我当然要金钱、美女。"

知府一听，大笑说："听你这话，就知道你不是好人，要是我就一定选'正义'。"

教书先生说："我和大人不一样，我有的是正义，恰恰缺少金钱、美女；大人有的是金钱、美女，恰恰缺少正义，所以我们想要的也就不一样。"

这个故事里，教书先生就用到了不相容选言命题的推理规则，所谓不相容选言命题就是其肢命题必居其一，不能并存、不可同真。在考试中，常用"要么……，要么……"联结命题。教书先生的话可以这样理解：

要么选金钱美女，要么选正义；
我不选正义（否定正义，因为自己本来就有）；
所以，我选金钱美女（肯定金钱美女）。

对知府来说，则是肯定正义（因为知府缺少正义），否定金钱美女。

通过这个小故事，我们可以看到，不相容选言命题的推理其实非常简单，就是遵循"否一肯一"的推理规则。其实，我们平时也经常会用到这样的逻辑规则。例如，

你生病了，医生常常建议：
要么输液，要么打针。
如果你不输液，那么必须打针。
同样，如果你输液，那么就不用打针了。

不相容选言推理的否定肯定式，可用符号表示为：

$p \forall q$,
$\neg p$（或 $\neg q$），

q（或 p）。

这个推理形式可改写为：

[（p∀q）∧¬p]⇒q 或 [（p∀q）∧¬q]⇒p。

教育不相容选言命题的逻辑性质是：一教育命题为真，则其肢命题有且只有一个为真。依据这一性质，教育不相容选言推理有以下推理规则：

第一，否定除一个以外的肢命题，就必须肯定那个未被否定的肢命题。

第二，肯定一个肢命题，必须否定其余所有肢命题。

以上推理规则决定了教育不相容选言推理有两个有效式：否定肯定式、肯定否定式。

例如，

> 小狮子老师周末要么去上海开会了，要么去天津开会了，要么去西安开会了，要么还在成都。
>
> 小狮子老师没去上海开会，也没去天津开会。
>
> 所以，小狮子老师要么去西安开会了，要么还在成都。（否定肯定式）

又如，

> 小狮子老师周末要么去上海开会了，要么去天津开会了，要么去西安开会了，要么还在成都。
>
> 小狮子老师周末在成都。
>
> 所以，小狮子老师周末没有去上海开会，没有去天津开会，也没有去西安开会。（肯定否定式）

清代纪昀有篇短文《河中石兽》[①]，我们一起阅读，并思考文中的逻辑推理。

> 沧州南一寺临河干，山门圮于河，二石兽并沉焉。阅十余岁，僧募金重修，求石兽于水中，竟不可得。以为顺流下矣，棹数小舟，曳铁钯，寻十余里无迹。
>
> 一讲学家设帐寺中，闻之笑曰："尔辈不能究物理，是非木杮，岂能为暴涨携之去？乃石性坚重，沙性松浮，湮于沙上，渐沉渐深耳。沿河求之，不亦颠乎？"众服为确论。
>
> 一老河兵闻之，又笑曰："凡河中失石，当求之于上流。盖石性坚重，沙性松浮，水不能冲石，其反激之力，必于石下迎水处啮沙为坎穴，渐激渐深，至石之半，石必倒掷坎穴中。如是再啮，石又再转。转转不已，遂反溯流逆上矣。求之下流，固颠；求之地中，不更颠乎？"如其言，果得于数里外。然则天下之事，但知其一，不知其二者多矣，可据理臆断欤？

老河兵的思维过程：石兽要么在原地，要么在下游，要么在上游；石兽不在原地，也不在下游，所以，石兽在上游。这是一个不相容的选言推理。大前提是不相容的选言命题，提出三种可能性，小前提否定其中两种，结论肯定另外一种。

---

① 纪昀. 河中石兽 [J]. 快乐语文，2021（Z1）：23.

有一位教授想找一个助手协助他做科研。但是，他需要这个助手必须十分聪明才行。招聘消息发出三天后，小山、小龙两人前来应聘。

这位教授为了试一试小山、小龙两个人中哪一个聪明一些，就把他们带进一间伸手不见五指的房子里。教授打开灯说："这张桌子上有五顶帽子，两顶是红色的，三顶是黑色的。现在，我把灯关掉，并把帽子摆的位置搞乱，然后，我们三人每人摸一顶帽子戴在头上。当我把灯打开时，请你们尽快地说出自己头上戴的帽子是什么颜色的？"说完之后，教授就把灯关掉了，然后，三个人都摸了一顶帽子戴在头上；同时，教授把余下的两顶帽子藏了起来。

待这一切做完之后，教授把灯重新打开。两人看到教授头上戴的是一顶红色的帽子。

过了一会儿，小山说："我戴的是黑帽子。"小山是如何推理的？

小山的推理思路为：

我戴的帽子或者是红帽子，或者是黑帽子；

我戴的帽子不是红帽子，如果我戴的是红帽子，对方会马上推出自己戴的是黑帽子；

所以，我戴的是黑帽子。（注意题目中信息"过了一会"）

说明以下推理是何种推理，并写出推理形式。

①对学习中的困难或是知难而进，或是知难而退；

我们要知难而进；

所以，我们不要知难而退。

②人的思想或者是从天上掉下来的，或者是自己头脑里固有的，或者是从社会实践中来的；

人的思想不是从天上掉下来的，也不是自己头脑里固有的；

所以，人的正确思想是从社会实践中来的。

教育选言推理的要求如下：

第一，大前提中的选言肢必须穷尽。如果大前提不穷尽选言肢命题，刚好漏掉了真实的选言肢命题，那么，就会推出错误的结论。

例如：

或者天气冷让人难受，或者天气热让人难受；

天气或者冷，或者热；

人总是难受的。

这个推理就忽视了"天气不冷不热"时"人不难受"的选言肢命题。

第二，要遵守选言推理的规则。正确的选言推理除了要在前提中穷尽选言肢命题外，还必须遵守选言推理的规则。

例如：

一段译文的错误，或者是原文有错误，或者是翻译有错误；

这段译文的错误是翻译有错误；

所以，这段译文不是原文有错误。

这个选言推理是错误的，它违反了相容选言推理肯定一部分选言肢命题不能否定另一部分选言肢命题的规则。

5. 教育假言推理

先看一则民间故事：

一天，乾隆皇帝问纪晓岚："纪卿，'忠孝'二字作何解释？"纪晓岚答道："君要臣死，臣不得不死，此为'忠'；父要子亡，子不得不亡，此为'孝'。"

乾隆皇帝立刻说："那好，朕现在就要你去死！"

纪晓岚很爽快地答道："臣领旨。"

乾隆皇帝问他："那你打算怎么去死？"

纪晓岚回答说："跳河。"

乾隆皇帝听了，非常吃惊，他不相信纪晓岚真会去死，就想看看纪晓岚还能玩出什么花样。

过了一会儿，纪晓岚回到乾隆跟前。乾隆笑问道："卿为何不跳河？"

纪晓岚镇定自若地答道："我走到河边，正要往下跳时，屈原从河里向我走来。他说：'晓岚，你此举大错矣！想当年楚王昏庸，我才不得不死。你在跳河前应该回去先问问皇上是不是昏君。如果皇上不是昏君，你就不该投河而死。如果皇上跟当年的楚王一样昏庸，你再死也不迟啊！'"

乾隆听后放声大笑，连声说："好一个如簧之舌，真不愧是雄辩之才！"

纪晓岚在这里就是运用了一个充分条件假言推理。其推理如下：

如果我侍奉的不是昏君，则不能投河而死；

乾隆不是昏君；

所以我不能投河而死。

教育假言推理的一个前提是教育假言命题，另一前提和结论是教育直言命题，所以也叫"教育假言直言推理"。它是根据教育假言命题前后件之间的关系进行推演而得出结论的推理。

由于这种推理具有三段论形式，并具有由一般到个别的演绎性质，也称为"教育假言三段论"。

教育假言命题有三种，因此教育假言推理也有三类。

（1）充分条件教育假言推理是以充分条件教育假言命题为大前提，以教育直言命题为小前提和结论。充分条件教育假言推理的基本形式如下：

①充分条件教育假言推理肯定前件式。

例如：

如果学生认真刻苦学习，那么学生会取得一定程度的进步。

学生认真刻苦学习了。

所以，学生能够取得一定程度的进步。

其逻辑形式可以表示为：

p⇒q，

p，

q。

也可表示为：[（p⇒q）∧p]⇒q。

宋朝时期的毕昇，总感到刻版印刷是非常费事的，一个刻版印不了多少张，就模糊不清了；再刻新的版，又要付出许多劳动，于是他想到用活字进行印刷。刻出了一个个活字，排成一个个版倒是方便了，可惜的是，每一个版印不了多久，字迹也变模糊了。他经过研究发现，原来用木头刻的活字，因木头有纹路，又能够吸水，吸水以后会造成字面高低不平，也就是字面变形，字迹就不清楚了。在每印一版之前，毕昇完全可能会进行这样的推理："只要印刷的时间一长，字印就要变形，这一字印的时间长了，字印也会变形。"看来，用木头刻活字是不行的。后来，他改用胶泥刻字，加以煅烧之后再排版，才解决了这个问题。

②充分条件教育假言推理否定后件式。

例如：

如果学生认真刻苦学习，那么学生会取得一定程度的进步。

学生没有取得一定程度上的进步。

所以，学生没有认真刻苦学习。

其逻辑形式可以表示为：

p⇒q，

¬q，

¬p。

也可表示为：[（p⇒q）∧¬q]⇒¬p。

战国时期，魏文侯派舍人毋择给齐侯送一只天鹅，天鹅半路上十分口渴，毋择把它放出来喝水。可是毋择不小心，天鹅就飞走了。

毋择只能给齐侯送去一个空空的鸟笼，可是，他的解释精彩绝伦，说服了齐侯，使齐侯对他十分看重。

他是这样对齐侯说的："我们的国君派我来给齐侯送一只天鹅，路上我见天鹅口渴得要命，就放它出来喝水，谁知它一下子就飞走了。我原本想，世界上的天鹅何止千万，买一只类似的送给齐侯好了，但是转念一想，这样是不是有欺骗齐侯之嫌呢？我也曾经想过自刎谢罪，但是转念一想，这样岂不是会叫人觉得齐侯把鸟兽看得比人还重要吗？我还想过逃跑算了，但是又担心我的个人行为阻碍我们两国的友好往来。所以，我只好把空空的鸟笼送给齐侯，请齐侯赐罪！"

毋择的这一番话合情合理。齐侯非常佩服毋择的坦诚和机智，齐侯说："我能得到你这几句话远远胜过一只天鹅。"

毋择凭借自己的智慧，非但没有受罚，还得到了齐侯的赞赏。从逻辑学上说，他使用了充分条件假言推理的否定后件式。

如果换一只天鹅，就是欺骗齐侯。

我不能欺骗齐侯。

所以，我不能换一只天鹅。

这一推理遵循了充分条件假言推理的规则。由于充分条件假言判断中有了前件就一定有后件，因此，没有后件就一定没有前件。所以，否定后件就要否定前件。故事中否定了后件"不能欺骗齐侯"，必然能推出否定前件"不能换一只天鹅"。

六一国际儿童节快到了，幼儿园小狮子老师为班上的小明、小雷、小刚、小芳、小花5位小朋友准备了红橙黄绿青蓝紫共7份礼物。已知所有礼物都送了出去，每份礼物只能由一人获得，每人最多获得两份礼物。另外，礼物派送还需要满足如下要求：

如果小明收到橙色礼物，则小芳会收到蓝色礼物；

如果小雷没有收到红色礼物，则小芳不会收到蓝色礼物；

如果小刚没有收到黄色礼物，则小花不会收到紫色礼物；

没有人既能收到黄色礼物，又能收到绿色礼物；

小明只收到橙色礼物，而小花只收到紫色礼物。

根据上述信息，如果小刚收到两份礼物，则可以得出以下哪项？

A. 小雷收到红色和绿色两份礼物。

B. 小刚收到黄色和蓝色两份礼物。

C. 小芳收到绿色和蓝色两份礼物。

D. 小刚收到黄色和青色两份礼物。

E. 小芳收到青色和蓝色两份礼物。

解析：①小明收到橙色礼物→小芳会收到蓝色礼物；②小雷没收到红色礼物→小芳不会收到蓝色礼物；③小刚没收到黄色礼物→小花不会收到紫色礼物；④¬（黄色礼物∧绿色礼物）；⑤小明只收到橙色礼物，小花只收到紫色礼物。

第一步：由⑤小明只收到橙色礼物，代入①可知，小芳会收到蓝色礼物→结合②的逆否命题可知，小雷收到红色礼物。

第二步：由⑤小花只收到紫色礼物，代入③的逆否命题可知，小刚收到黄色礼物→结合④可知，小刚不能收到绿色礼物；所以排除红橙绿蓝紫，只剩下黄青，故选D。

（2）必要条件教育假言推理是以必要条件教育假言命题为大前提，以教育直言命题为小前提和结论。

亚伯拉罕·林肯是美国历史上一位颇有声誉的总统。他在当上总统之前，曾经当过一段时间的律师。有一次，他得悉朋友的儿子小阿姆斯特朗被控谋财害命，并已初审判定有罪，于是就以被告的辩护律师身份，到法院查阅了全部案卷。阅后，他上诉要求法庭重审。

这个案子的关键在于原告方面的一位证人福尔逊给出的证词。证人说：某一天晚上 11 点钟，他在月光下清楚目击小阿姆斯特朗用枪击毙了死者。按照美国法庭的惯例，作为被告辩护律师的林肯和作为原告证人的福尔逊，进行了一场面对面的"对决"。

林肯："证人发誓说认清了小阿姆斯特朗？"

福尔逊："是的，我认清了。"

林肯："证人在草堆后，小阿姆斯特朗在大树下，两处相距 20 至 30 米，你能认清吗？"

福尔逊："看得很清楚，因为月光很亮。"

林肯："证人肯定不是从衣着方面认清的吗？"

福尔逊："不是的，我肯定认清了他的脸，因为当时月光正照在他的脸上。"

林肯："你能肯定时间在夜里 11 点钟吗？"

福尔逊："充分肯定。因为我回屋看了时钟，刚好是 11 点 15 分。"

福尔逊刚说完，林肯立刻转过身，发表了辩护演说后说："我不能不告诉大家，这个证人是个彻头彻尾的骗子。"

旁听者先是一阵沉默，紧接着掌声和欢呼声一起迸发出来。

福尔逊顿时傻了眼。小阿姆斯特朗当场被宣告无罪。

从逻辑上说，林肯是通过必要条件假言推理来驳倒福尔逊的证词。林肯在同福尔逊的辩论中，作出这样一个必要条件假言命题。只有在月光的照射下，才能看清被告小阿姆斯特朗的脸。但是，那一天是上弦月，到了晚上 11 点钟，根本看不见月亮，也不可能有月光照射到被告小阿姆斯特朗的脸。既然如此，福尔逊的证词"我肯定认清了他（即小阿姆斯特朗）的脸，因为当时月光正照在他的脸上"就是虚假的了，根本不可能作为证据。

林肯的推理可简化如下：

只有在月光的照射下，福尔逊才能看清小阿姆斯特朗的脸，

那时（晚上 11 点）根本没有月光，

所以，福尔逊不可能看清小阿姆斯特朗的脸。[①]

必要条件教育假言推理要遵守的规则如下：

①否定前件就要否定后件，肯定后件就要肯定前件。

②肯定前件就不可肯定后件，否定后件就不可否定前件。

根据必要条件教育假言推理的这两条规则，可以得到必要条件教育假言推理的两个正确形式：否定前件式和肯定后件式。

否定前件式就是在小前提中否定必要条件教育假言命题的前件，结论中否定它的后件的必要条件教育假言推理形式。

必要条件教育假言推理否定前件式的推理形式是：

---

① 刘春连. 证人的证词是彻头彻尾的编造！[J]. 政府法制，2004（4）：26.

p⇐q,

¬p,

¬q。

这个推理形式可改写为：[（p⇐q）∧¬p]⇒¬q。

  小山和小龙都参与了学校的鼓乐队，并且都喜欢在课余时间吹牛。这天，课后服务活动结束后，在收拾鼓的时候，他们又开始吹牛了。
  小山："我在重庆的时候见过一面鼓，要十个人抬着鼓槌才能敲鼓，鼓响起的时候，五十里以外都能听见鼓声。"
  小龙不甘示弱，马上接话："我在贵州的时候见过一头牛，它的头有一间房子那么大，喝水的时候，一下子能喝掉半池塘水"。
  小山气愤道："你这是吹牛！怎么可能有这么大的牛！"
  小龙反驳："要是没有那么大的牛，你说的那面鼓上的牛皮从哪来的？"

这则故事中蕴含了一个必要条件教育假言推理，即：

  只有这么大的牛，才能有这么大的鼓。
  没有这么大的牛。
  所以，没有这么大的鼓。

这是典型的否定前件式的必要条件教育假言推理。

肯定后件式就是在小前提中肯定必要条件教育假言命题的后件，结论中肯定它的前件的必要条件教育假言推理形式。

必要条件教育假言推理肯定后件式的推理形式是：

p⇐q,

q,

p。

这个推理形式可改写为：[（p⇐q）∧q]⇒p。

看完电影《长安三万里》后，小山同学和小龙同学针对李白的出生地展开了讨论，他们搜索到了以下资料[1]：

  李白一生洒脱不羁，充满传奇色彩，一直为人津津乐道，但李白身上也充满了谜团，其中一个是李白出生地之谜。如今，我们都认为李白生于碎叶城，但史书上一直并未记载李白生于碎叶。相反地，更多的文献上记载李白生于四川，而四川江油也被称为"李白故里"，那么"李白生于碎叶"之说由何而来？如果李白真的生于碎叶城，那么碎叶城具体在哪？
  迄今为止的李白出生之地研究中，最可能的是四川江油或中亚碎叶城，其中"李白生于中亚碎叶"国际闻名，国内也可谓家喻户晓。既然如此，我们姑且暂时认为李白出生于碎叶城，那么历史上的碎叶城又在何处呢？

---

[1] 刘友竹. 李白的出生地再考 [J]. 李白学刊, 1989 (2): 200—212.

唐朝时期，一共有两个碎叶城：一是中亚碎叶城，一是焉耆碎叶城。李白先人隋末定居于碎叶城，而当时还没有焉耆碎叶。因此，李白故里应该是中亚碎叶城——"安西四镇"之一。

沧海桑田，曾经繁华之地，已成一片废墟，并隐藏在了历史销烟之中，后世已然难寻踪迹。20世纪80年代，吉尔吉斯斯坦托克马克市的一位农民，在种田时偶然发现了一块破石头，是一个佛像底座，上面刻有一些汉字，大概意思是：唐安西副都护碎叶镇压十姓使杜怀宝为天子祈福、为死去的父母冥福而制作了这尊雕像！根据史书记载，是唐高宗执政时期，杜怀宝被任命为庭州刺史，配合唐朝参与平定突厥的叛乱，叛乱结束后，杜怀宝便回到了碎叶城。

最终，考古专家根据这一发现，在距离这块石像的八公里之外，发现了碎叶城城墙遗迹，并挖出唐王朝通用的钱币，进一步佐证了碎叶城遗址的确切地址。

可惜的是，碎叶城本是中国领土，但在1864年沙俄逼迫清政府签订《中俄勘分西北界约记》，侵占了包括碎叶城在内的楚河上游原属中国的领土。1971年，郭沫若发表《李白出生于中亚碎叶》的文章，考证了碎叶城是自古以来的中国领土，或许在这一背景之下，加速了李白生于碎叶之说的流行。

以上资料蕴含了一个必要条件教育假言推理，即：

（假设：李白出生在碎叶城）
只有碎叶城是自古以来是中国的，李白才是中国人。
李白是中国人。
所以，碎叶城自古以来是中国的。

这是典型的肯定后件式的必要条件教育假言推理。
常见的错误的必要条件教育假言推理如下。
错误一：通过肯定前件来肯定后件 $[(p⇐q)∧p]⇒q$。
例如，

只有刻苦学习，才能攀登科学高峰。
小李刻苦学习了。
所以，小李能攀登科学高峰了。

这是错误的必要条件教育假言推理。因为"刻苦学习"不一定"能攀登科学高峰"。
错误二：通过否定后件来否定前件 $[(p⇐q)∧\neg q]⇒\neg p$。
例如：

只有教师教得好，学生才会学得好。
学生学得不好。
所以，教师教得不好。

这也是错误的必要条件教育假言推理。因为"学生学得不好"不一定是"教师教得不好"。
此外，必要条件教育假言命题可变换成充分条件教育假言命题：

只有 p，才 q 可转化为如果 q，那么 p。

（如果非 p，那么非 q。）

如果 p，那么 q 可转化为只有 q，才 p。

（只有非 p，才非 q。）

（3）充分必要条件教育假言推理是以充要条件教育假言命题为大前提，以教育直言命题为小前提和结论。

充分必要条件教育假言推理前后件之间的关系：有前件必定有后件，没有前件就没有后件；有后件就必定有前件，没有后件就没有前件。根据充分必要条件教育假言命题前后件的逻辑特征，充分必要条件教育假言推理要遵守以下规则：

第一，肯定前件就要肯定后件，肯定后件就要肯定前件。

第二，否定前件就要否定后件，否定后件就要否定前件。

充分必要条件教育假言推理有四种类型（充分条件教育假言命题推理的两种类型与必要条件教育假言命题推理的两种类型的综合）。具体如下：

第一种是肯定前件式：$[(p \leftrightarrow q) \wedge p] \Rightarrow q$。

正己化人[①]

在晏子辅佐齐灵公时期，齐灵公有一个特别的嗜好，就是喜欢看后宫女子女扮男装，因此，后宫妇女常身穿男子服饰。然而，这样的装束竟很快流行至宫外，使得全国的女子都竞相效仿，纷纷穿上男装，步行于大街小巷，并且一发不可收拾。

齐灵公得知此情形后，非常惊讶，担心此风会盛行不止，于是立刻派遣官吏监督，并明令禁止道：凡是女子穿着男子服饰的，撕破她的衣服，折断她的腰带。希望能制止这一风气。

可是，官吏们每日到街上视察，衣服被撕破的人不少。但人人在街上互相对望，个个明知禁令，女子穿着男装的风气却仍屡禁不止。齐灵公为此大伤脑筋，却又想不出办法对治。

这个时候，晏子得知此事，晋见齐灵公，灵公便向晏子请教道："寡人派遣官员严禁妇女身穿男装，倘若如此装扮，就撕破她的衣服，折断她的腰带。然而如今，被撕破衣服、折断腰带的为数不少，可此风气竟不能停止，到底是何缘由呢？"

晏子回答说："君上在宫内任凭女子作男子打扮，不加制止，对外却禁止百姓如此装束，这犹如悬挂牛首于国门口，却卖马肉于宫内啊！君上何不先禁止宫内妇女不得穿着男装，则宫外自然就不敢如此了。"

齐灵公一听，恍然大悟，说："真是很好。"于是下令宫内女子不得再穿男服，结果不出一个月，国内就再没有女扮男装的现象了。

上述故事蕴含了一个充分必要条件教育假言命题推理，其推理形式为：

当且仅当正己，才能化人。

正己。

[①] 陈涛. 晏子春秋 [M]. 北京：中华书局，2016：291—292.

所以，化人。

肯定前件式就是在小前提中肯定了充分必要条件教育假言命题的前件，结论中肯定它的后件的充分必要条件假言推理形式。

第二种是肯定后件式：$[(p\Leftrightarrow q)\wedge q]\Rightarrow p$。

例如：

  当且仅当两条直线的同位角相等，则两直线平行。
  两条直线平行。
  所以，两条直线的同位角相等。

在《正己化人》例子中，还有另外一个肯定后件式的充分必要条件假言命题推理：

  当且仅当正己，才能化人。
  人化。
  所以，己正。

肯定后件式，就是在小前提中肯定充分必要条件教育假言命题的后件，结论中肯定它的前件的充分必要条件假言推理形式。

第三种是否定前件式：$[(p\Leftrightarrow q)\wedge\neg p]\Rightarrow\neg q$。

例如：

  当且仅当两条直线的同位角相等，则两直线平行。
  两条直线的同位角相等。
  所以，两条直线不平行。

在《正己化人》例子中，还有另外一个否定前件式的充分必要条件假言命题推理：

  当且仅当正己，才能化人。
  己不正。
  所以，人不化。

否定前件式，就是在小前提中否定充分必要条件教育假言命题的前件，结论中否定它的后件的充分必要条件假言推理形式。

第四种是否定后件式：$[(p\Leftrightarrow q)\wedge\neg q]\Rightarrow\neg p$。

例如：

  当且仅当两条直线的同位角相等，则两直线平行。
  两条直线不平行。
  所以，两条直线的同位角不相等。

否定后件式就是在小前提中否定了充分必要条件教育假言命题的后件，结论中否定它的前件的充分必要条件假言推理的形式。

在《正己化人》例子中，还有另外一个否定后件式的充分必要条件假言命题推理：

  当且仅当正己，才能化人。

人不化。

所以，己不正。

在语文课外阅读中，有《孙亮辨奸》的故事，讲述了吴国孙亮机智拆穿了黄门奸诈谎言的故事，故事出自陈寿的《三国志》。这个故事告诉我们做人要正直，不可有害人之心，因为害人终害己。其原文为：

> 孙亮暑月游西苑，方食生梅，使黄门以银碗并盖就中藏吏取蜜。黄门素怨藏吏，乃以鼠矢投蜜中，启言藏吏不谨。亮即呼吏持蜜瓶入，问曰："既盖覆之，无缘有此。黄门不有求于尔乎？"吏叩头曰："彼尝从臣贷宫席不与。"亮曰："必为此也，亦易知耳。"乃令破鼠矢，内燥，亮笑曰："若先在蜜中，当内外俱湿；今内燥者，乃枉之耳。"于是黄门服罪。

孙亮的推理思路："当且仅当老鼠屎里面是干的，那就是刚刚放进去的。现在老鼠屎里面是干的，可见老鼠屎是刚刚放进去的"或者"当且仅当老鼠屎里面是干的，那就是刚刚放进去的。这老鼠屎是刚刚放进去的，所以里面是干的"或者"当且仅当老鼠屎里面是干的，那就是刚刚放进去的。现在老鼠屎里面不是干的，所以不是刚刚放进去的"或者"当并且仅当老鼠屎里面是干的，那就是刚刚放进去的。这颗老鼠屎不是刚刚放进去的，所以，老鼠屎里面不是干的"。

这么一来，充分必要条件教育假言推理就有四种正确的方式："肯前肯后"式、"肯后肯前"式、"否前否后"式、"否后否前"式。也就是说，只要前件和后件都肯定或者都否定，即前后一致，则结论总是对的。这是因为在大前提中，前件提出的条件是后件存在的唯一条件，后件表示的结果也是前件提出的条件之下能够产生的唯一结果。有这个条件就有在这个条件之下产生的结果，没有这个条件就不会有在这个条件下产生的结果；有这个结果就必定有前件提出的条件，没有这个结果就必定不存在前件提出的条件。

那么，充分必要条件教育假言推理有没有错误的情况呢？

凡是前件和后件一个肯定、一个否定，则充分必要条件教育假言推理都是错误的。

例如，

> 当且仅当两条直线的同位角相等，则两直线平行。
> 两条直线不平行。
> 所以，两条直线的同位角相等。（错误）

> 当且仅当两条直线的同位角相等，则两直线平行。
> 两条直线平行。
> 所以，两条直线的同位角不相等。（错误）

（4）教育假言连锁推理是根据条件关系的传递性进行的推理。其命题形式：若 p 则 q，若 q 则 r，故若 p 则 r。

围魏救赵[①]

公元前354年,魏惠王欲释失中山的旧恨,便想派大将军庞涓前去攻打中山。这中山原本是东周时期魏国北邻的小国,被魏国收服,后来赵国乘魏国国丧伺机将中山强占了,庞涓认为中山不过弹丸之地,距离赵国又很近,不若直打赵国都城邯郸,既解旧恨又一举两得。魏王从之,拨五百战车以庞涓为将,直奔赵国围了赵国都城邯郸。赵王急难中只好求救于齐国,并许诺解围后以中山相赠。齐威王应允,令田忌为将,并起用从魏国救得的孙膑为军师发兵救赵。孙膑与庞涓是同门师兄弟,对用兵之法谙熟精通。魏王曾用重金将他聘得,当时庞涓也正事奉魏国。庞涓自觉能力不及孙膑,恐其贤于己,遂以毒计陷害孙膑,断孙膑两足并在他脸上刺字,企图使孙膑不能行走,又羞于见人。后来孙膑装疯,幸得齐使者救助,逃到齐国。且说田忌与孙膑率兵进入齐赵交界之地时,田忌想直逼赵国邯郸,孙膑制止说:"解乱丝结绳,不可以握拳去打,排解争斗,不能参与搏击,平息纠纷要抓住要害,乘虚取势,双方因受到制约才能自然分开。现在魏国精兵倾国而出,若我直攻魏国。那庞涓必回师解救,这样一来邯郸之围定会自解。我军再于中途伏击庞涓归路,其军必败。"田忌依计而行。果然,魏军知都城大梁被围,马上撤离邯郸,归途中又陷伏击,与齐军战于桂陵,魏部卒长途行军疲惫不堪,溃不成军。庞涓勉强收拾残部,退回大梁,齐军大胜,赵国之围遂解。这便是历史上有名的"围魏救赵"的故事。

孙膑的推理如下:

如果齐军进攻魏都大梁,庞涓就会被召回;

如果庞涓被召回,赵国之危就会解除;

所以,如果齐军进攻魏都大梁,赵国之危就会解除。

6. 教育假言联言推理

教育假言联言推理是以至少两个充分条件教育假言命题和包含相同数目的联言肢的教育联言命题为前提的演绎推理。

简单式教育假言联言推理是各教育假言命题前提有相同的前件或后件,结论是教育直言命题。

例如:

如果小山没有良好的身体素质,就不会是教师;

如果小山没有良好的心理素质,就不会是教师;

小山没有良好的身体素质又没有良好的心理素质;

所以,小山不会是教师。

复杂式教育假言联言推理是各教育假言命题前提的前件和后件都不同,结论是教育联言命题。

[①] 三十六计第二计:围魏救赵[J]. 小读者之友,2020(2):36-37.

例如：

> 如果小山考试作弊，他就违反了诚实守信的原则；
> 如果小山学习不认真，他就违反了刻苦学习的原则；
> 小山既考试作弊又学习不认真；
> 所以，小山既违反了诚实守信的原则又违反了刻苦学习的原则。

构成式教育假言联言推理是教育联言命题前提的联言肢命题肯定充分条件教育假言命题前提的前件。

例如：

> 如果小山是国家运动员，那么他受过专门训练；
> 如果小山是教授，那么他受过高等教育；
> 小山既是国家运动员又是教授；
> 所以，小山既受过专门训练又受过高等教育。

破坏式教育假言联言推理是教育联言命题前提的联言肢命题否定充分条件教育假言命题前提的后件。

例如：

> 如果小山的学籍档案已丢失，那么小山已经受到了批评；
> 如果那份学籍档案已丢失，那么小山采取了补救措施；
> 小山既没有受到批评，又没有采取补救措施；
> 所以，那份学籍档案并没有丢失。

7. 教育假言选言推理

小狮子老师在讲述"进退维谷"这个成语的时候，分享了一则关于这个成语的故事。

> 周厉王继承王位后，贪图财利，重用擅长敛财的宠臣荣夷公，对百姓实行"专利"——霸占山泽物产，不准他们利用这些资源谋生。
>
> 百姓苦不堪言、怨声载道。
>
> 大夫芮良夫十分担忧，向厉王进谏：山林湖泊是百姓的生活资源，大王怎可独占呢？作为天子，应引导百姓获得财利并把它分给大家。任用奸臣、推行"专利"是会危及国家安危的呀！
>
> 厉王听了，勃然大怒：用不着你来教训我！你再胡说八道，就宰了你！我自有办法。
>
> 芮良夫叹了口气，退到一旁。
>
> 之后，厉王下令"禁止人们批评朝政"，还招来卫国巫人，专门监视批评朝政的人，杀了不少人。
>
> 如此高压政策下，国内再也没人议论朝政了。甚至路遇熟人，也不敢交谈，只交换一下眼色，便匆匆地走开。

芮良夫自从直言进谏后，遭厉王猜忌，更担忧荣夷公的谗言与陷害。于是他不得不考虑自己的未来：

一是进，继续当官；一是退，回乡务农。

再做一步思考，当官会增添无穷地苦恼和忧愁，还不如退而务农，尽其筋力，自得其乐。

过了一会儿又想，务农也不行！大王行苛政，天下征役不息，加上病虫作怪、灾荒，收不到粮食，何以为生？

这怎么办？

芮良夫陷入了困境，写下：人亦有言，进退维谷。

这里我们试着梳理一下周厉王止谤的逻辑，以及芮良夫"进退维谷"的处境。

周厉王止谤的逻辑，简单粗暴——谁论我是非，我就处决谁。

周厉王及宠臣荣夷公，推行的"专利"政策基于以下推理：

普天之下，莫非王土；

山泽物产是（天下的）自然资源；

所以，山泽物产就属于王（周王室）。

在自然资源所有权上做了认证，使用权与收益权也会相应地发生变化。

谁的东西谁使用，谁获益；

山泽物产是属于王（周王室）的东西；

所以，山泽物产的利用、获益就属于王。

按照这一逻辑制定政策，百姓就被禁止通过山泽物产获益，或者必须支付一定数额的收益给周王室，才能换取利用山泽物产的机会。百姓明明是靠山吃山、靠海吃海，"专利"政策却让他们不能采猎、不能牧渔，那百姓何以为生？逼得百姓绝了活路，或者承担了巨大"承租"压力，百姓怨声载道。

对此，周厉王是怎么考虑的呢？

处理问题要紧抓关键；

诽谤"专利"政策是问题关键；

所以，制止诽谤的人就能解决问题。

于是，对"专利"政策提质疑、有抱怨的人统统被监视、杀害。周厉王以为制止了诽谤声，就意味着"解决"了实际问题。周厉王及宠臣无疑把问题的关键，从实实在在的客观问题上，转移到了揭示问题的人身上。

如此处理，不但解决不了问题，反而会使问题更加严峻。

再看芮良夫的处境，他考虑到了两种可能的情形，可是无论他选择哪一种，都会陷入困境。

如果进而为官，则"忧"；

如果退而务农，则"荒"；

或者进而为官，或者退而务农；

所以，或"忧"，或"荒"。

教育假言选言推理的基本形式：

如果 p，那么 r；

如果 q，那么 s；

或者 p，或者 q；

所以，或者 r，或者 s。

教育假言选言推理是以充分条件教育假言命题和教育选言命题为前提构成的一种演绎推理。

教育假言选言推理的假言前提的数目和选言前提选言肢命题的数目都可以是两个及两个以上（有几个就称几难推理），其结论是教育直言命题或教育选言命题。

  有一次，四川师范大学邀请小狮子老师来做讲座，小狮子老师走上了讲台，对大家说："你们知道今天我要讲什么吗？"

  "不，我们不知道。"大家纷纷地说。

  "你们这都不知道，如此无知，我还能讲什么呢？"小狮子老师说完，就径直走下了讲台。

  过了一段日子，四川师范大学又邀请小狮子老师去做讲座。小狮子老师站在讲台上，又问："你们知道我要讲什么吗？"

  这次大家学聪明了，就异口同声地说："知道！""既然你们都知道我要讲什么了，那我还讲什么呢？"小狮子老师说完，又走了。

  四川师范大学第三次邀请小狮子老师来做讲座。小狮子老师站在讲台上问："我今天要讲什么，你们知道吗？"

  这次台下的人似乎变得更聪明了，有的人说："不知道！"，有的人则说："知道！"

  他们以为这样就可以难住聪明的小狮子老师了，但实际上，他们又一次落入了"圈套"。

  小狮子老师笑了笑，说："既然你们有的人知道，那么就让知道的人讲给你们不知道的人好了！"说完，小狮子老师扬长而去。学生们眼巴巴地望着他的身影，束手无策。

小狮子老师在这里运用了一个教育三难推理，他的推理过程如下：

如果大家不知道，那么我不讲。

如果大家都知道，那么我不讲。

如果有的知道有的不知道，那么我还是不讲。

总之，我坚决不讲就是了。

我们再看一个教育四难推理的故事：

  一日，一名学生课堂上要求上厕所，教师觉得影响课堂秩序，没有准许。结果学生尿了裤子。学生家长向教育局告状：该教师违反人权，剥夺学生上厕所的权利，应严惩。

又一日上课期间，一名学生要求上厕所，教师批准了。谁知该生在厕所滑倒受伤。家长向教育局告状：课堂期间该教师擅自让学生离开课室，导致学生受到伤害，教师未尽到监护义务，应严惩。

又一日上课期间，一名学生要求上厕所，教师害怕他在厕所滑倒，陪护前往，谁知教师离开课堂期间，有学生在教室内打闹，多人受伤。家长联名向教育局告状：该教师上课期间擅离工作岗位，致使多名学生课堂时间内打闹受伤，应严惩。

又一日上课期间，一名学生要求上厕所，于是该教师带领全班学生一起去厕所。家长联名向教育部门告状：该教师上课期间不传授学业，工作态度有严重问题，玩忽职守，不务正业，应严惩。

……

教育假言前提和教育选言前提的选言肢命题都是两个的教育假言选言推理就是"教育二难推理"。

二难推理之所以称为二难推理，是因为它有两个假言判断推出两种情况和两种结果，而且两种情况导致的两种结果，往往都是难以接受的。二难推理不仅用来论证和反驳，而且也用于创作各种幽默故事的工具。二难推理的结构包括：两个假言前提，一个二肢选言命题的前提，结论是直言判断或选言判断。

文学作品《威尼斯商人》有这样一个情节：

威尼斯的青年商人安东尼奥，为了帮助他的好友巴萨尼奥向鲍西娅小姐求婚，到威尼斯城的高利贷者夏洛克那里借钱。借钱的契约规定："到期不还，割身上的肉一磅。"结果，由于安东尼奥的船只发生意外事故，安东尼奥未能按期还钱，于是，夏洛克上诉法院，要求按约在安东尼奥身上割一磅肉。鲍西娅得知这一消息后，设法以一个来自罗马的法学博士的身份，女扮男装，前来参加审理这个案件。

鲍西娅："那商人身上的一磅肉是你的；法庭判给你，法律许可你。"

夏洛克："博学多才的法官！判得好！来，预备割肉。"

鲍西娅："且慢，我的话还没说完。这契约并没有允许你取他一滴血，只是写明着'一磅肉'，所以，你可以照约拿一磅肉去，可是在割肉的时候，要是流出一滴血，你的土地财产，按照威尼斯的法律，就要全部充公……"

夏洛克："……我不打这场官司了。"

法庭上，鲍西娅是运用"二难推理"战胜夏洛克的。

如果割肉不流血且不多不少整一磅，那就只好不割；

如果割肉流血且多于或少于一磅，就会违约犯罪而受到惩处；

夏洛克或是割肉不流血，并且不多不少整一磅，或是割肉流血，多于或少于一磅；

总之，或者不割，或者违约犯罪而受到惩处。

其逻辑形式：[（p⇒r）∧（q⇒s）∧（p∨q）]⇒（r∨s）。

教育二难推理有四种形式，具体如下。

①简单构成式教育二难推理：选言命题肯定两假言命题的不同前件进而推出肯定相同后件的简单命题。

例如：

大学生若不刻苦学习，就不能增长才干；
大学生若不积极参加社会实践，就不能增长才干；
有的大学生或不刻苦学习，或不积极参加社会实践；
所以，这类大学生不能增长才干。

简单构成式教育二难推理的特点：

两假言前提前件不同而后件同，两选言肢命题肯定两前件，结论肯定相同后件；两前件（主项或谓项）是矛盾或反对关系。

②简单破坏式教育二难推理：选言命题否定两假言命题的不同后件进而推出否定相同前件的简单命题。

例如：

若你继续吵闹，就会影响大家学习；
若你继续吵闹，就会影响大家休息；
或者不影响大家学习，或者不影响大家休息；
所以，你不能继续吵闹。

简单破坏式教育二难推理的特点：

两假言前提前件同而后件不同，两选言肢命题否定两后件，结论是否定相同前件的直言命题。

③复杂构成式教育二难推理：选言命题肯定两假言命题的不同前件进而推出肯定不同后件的新选言命题。

例如：

若［孙悟空］打死这妖怪，师父就会把我赶走；
若不打死这妖怪，师父就会被妖怪吃掉；
或是打死妖怪，或是不打死妖怪；
所以，不是师父把我赶走，就是师父被妖怪吃掉。

复杂构成式教育二难推理的特点：

两假言前提前、后件均不同，两选言肢命题肯定两前件，结论是选言肢命题分别肯定两后件的选言命题。

④复杂破坏式教育二难推理：选言命题否定两假言命题的不同后件进而推出否定不同前件的新选言命题。

例如：

如果小山考上了研究生，他就能继续读书；
如果小山考上了教师编，他就能开始工作；
小山或者不能继续读书，或者不能开始工作；

所以，小山或者没有考上研究生，或者没有考上教师编。

复杂破坏式教育二难推理特点：

两假言前提前、后件均不同，两选言肢命题否定两后件，结论是选言肢命题分别否定两前件的选言命题。

先阅读元代姚燧所作的《凭阑人·寄征衣》：

欲寄君衣君不还，不寄君衣君又寒。寄与不寄间，妾身千万难。

问：这首诗运用了怎样的推理？写出其逻辑形式。

答：如果寄去君衣，则君有了征衣保暖而不还；

如果不寄去君衣，则君会没有征衣而挨冻受寒；

或者寄去君衣，或者不寄去君衣；

所以，或者君不还，或者君又寒。总之，妾身千万难。

复杂构成式二难推理的逻辑形式：［(p⇒r) ∧ (q⇒s) ∧ (p∨q)］⇒ (r∨s)。

欧洲中世纪，无神论者针对一些神学家提出"上帝万能"的思想，曾经给出过这样一个反问：上帝能否创造出一块连他自己也搬不动的石头。

面对这样一个问题，这些神学家无论是给出肯定的还是否定的回答，都会和"上帝万能"的思想相矛盾，从而使自己处于二难的境地。请问其中的二难推理过程与形式怎样？

教育二难推理有三条规则：

第一，前提中教育选言命题的选言肢命题应当穷尽有关的可能，如果两选言肢命题外还存在第三种可能，那就不构成真正的教育二难推理。

第二，教育假言命题前提的前后件须有必然联系（假言前提正确）。

第三，要符合充分条件教育假言推理和选言推理的规则。

破除教育二难推理的方法主要有三种：

第一，分析其前提是否成立。假言前提所假设的两种情况是不是穷尽的，假言前提的前后件是不是充分条件关系。

有一次，学校运动会期间，小山同学不小心受伤了，小龙同学赶紧去校医院请校医立刻前往治疗。

校医问："这位同学伤得很重吗？"

小龙答："是啊，看上去伤得不轻！"

校医："那你喊我没用啊，赶紧打120去医院急救。"

小龙同学听校医这么说，便着急了，改口说："不，不，他伤得并没有那么重，您还是来看看吧。"

校医："要是他伤得不重，我就不必着急赶去了，等我忙完了再去看看也不迟。"

校医的逻辑思维为：

如果这位同学伤得很重，那我赶去也没用；

如果这位同学伤得不重，我就不必赶（着急赶）去；

这位同学的伤势或者很重，或者不重；

总之，校医都不用着急赶去。

校医的逻辑思维的错误在于：假言前提所假设的两种情况是没有穷尽有关的可能。因此，结论不是必然的。

第二，分析其推理的形式是否符合逻辑规则或规律。

有一次，班级里有同学的零花钱不见了，小狮子老师组织同学们"抓贼"，小狮子老师提出了两个"抓贼"方法：这个贼有作案时间，这个贼有作案动机。小龙同学马上举手说："老师，是小山干的。"

小狮子老师问："你为何断定是小山干的呢？"

小龙回答："上一节课是体育课，小山的脚不方便，他没有和我们一起参加体育锻炼，所以他有作案时间；并且小山家庭条件一般，他的零花钱也不多，所以他有作案动机。小山就是那个贼。"

小狮子老师摇摇头说，你的推理不成立。

请问，小龙同学的推理为何不成立？

小龙同学的推理过程为：

如果他是偷了钱的贼，那么他有作案时间；

如果他是偷了钱的贼，那么他有作案动机；

或者有作案时间，或者有作案动机；

所以，他是偷了钱的贼。

从形式上看，小龙同学的推理是教育二难推理的简单破坏式，即两假言前提前件同而后件不同，但这个推理不符合两选言肢命题否定两后件，结论是否定相同前件的直言命题的规则。因此，小龙同学的推理是错误的。

第三，提出与要反驳的教育二难推理针锋相对的教育二难推理。

例如，有一个诡辩的教育二难推理：

如果一个人有学问，那么他不必学习，因为他的知识足以应付社会的需要；

如果一个人没有学问，那么他也不必学习，因为没学问的人是学不进去的；

一个人或者有学问，或者没有学问；

总之，他不必学习。

针对这种谬论，用构造反驳法可这样反驳：

如果一个人有学问，他需要学习，因为社会的进步要求每个人的知识不断得到更新；

如果一个人没有学问，他更需要学习，因为现代社会要求每个人都必须具有某种知识特长；

一个人或者有学问，或者没有学问；

总之，他都需要学习。

历史上著名的千古谜案——半费之讼①。其故事梗概为：

  智者学派是公元前5至前4世纪古希腊的一批以收学生获取酬劳为职业的教师的统称。他们以雅典为中心，周游希腊各地，对青年进行修辞、论辩和演说等知识技能的训练，教授参政治国、处理公共事务的本领。古希腊第一个收取学费并称己为智者的人叫普罗泰戈拉。

  普罗泰戈拉向学生欧提勒士（一说爱瓦特尔交）传授辩论技巧，教他法律和辩论术。为了显示自己收费合理，就采用分两次收款的方法。二人在合同上约定：学生欧提勒士入学时交一半学费，另一半学费在欧提勒士毕业后替别人第一次出庭打官司并且胜诉之后再交。欧提勒士毕业后好久都不去替别人打官司，普罗泰戈拉只好到法院起诉学生欧提勒士。

  法庭上师生两人均运用诡辩技巧各执一词。老师普罗泰戈拉在法庭上说："如果我打赢了这场官司，按照合同的规定，他应该给我另一半学费。""如果我打输了这场官司，按照法庭的裁决，他应该给我另一半学费。"老师普罗泰戈拉想，无论打赢这场官司还是打输这场官司，学生欧提勒士都应该付给我另一半学费。

  欧提勒士不愧是普罗泰戈拉的高足，得了其老师的真传。欧提勒士在法庭上答辩说："如果这场官司我打赢了，按照法庭的裁决，我不应该给您另一半学费。如果这场官司我打输了，按照合同的规定，我不应该给您另一半学费。我或者打赢这场官司，或者打输这场官司。总之，我不应该付另一半学费。"

"半费之讼"中的欧提勒士就是以提出与要反驳的教育二难推理针锋相对的教育二难推理对付自己的老师的。

三、教育完全归纳推理

归纳推理是一种由个别到一般的推理。由一定程度的关于个别事物的观点过渡到范围较大的观点，由个别、特殊的事例推导出一般原理、原则的方法。自然界和社会中的一般，都存在于个别、特殊之中，并通过个别而存在。一般都存在于具体的对象和现象之中，因此，只有通过认识个别，才能认识一般。人们在解释一个较大事物时，从个别、特殊的事物总结、概括出各种各样的带有一般性的原理或原则，然后才可能从这些原理、原则出发，再得出关于个别事物的结论。这种认识秩序贯穿于人们的解释活动中，不断从个别上升到一般，即从对个别事物的特殊性认识上升到对事物的一般规律性认识。

教育归纳推理：由个别到一般的教育推理，即根据对某类事物的全部或部分对象的考察，得出该类事物一般性结论的思维形式和思维方法，包括教育完全归纳推理（教育必然推理）和教育不完全归纳推理（教育或然推理）。

---

① 格桑. 逻辑学入门［M］. 北京：中国纺织出版社，2020：122—124.

例如：

在一个平面内，直角三角形内角和是180度，锐角三角形内角和是180度，钝角三角形内角和是180度，直角三角形、锐角三角形和钝角三角形是全部的三角形，所以，平面内的一切三角形的内角和都是180度。

这个例子从直角三角形、锐角三角形和钝角三角形的内角和都是180度这些个别性知识，推出了"平面内的一切三角形的内角和都是180度"这样的一般性结论，就属于教育完全归纳推理。

又如：

陈胜与吴广领导的农民起义最后失败了，
张角领导的农民起义最后失败了，
黄巢领导的农民起义最后失败了，
方腊领导的农民起义最后失败了，
杨幺领导的农民起义最后失败了，
李自成领导的农民起义最后失败了，
所有这些人领导的起义都是农民起义，
所以，所有的农民起义最后都失败了。

这也是一个不完全归纳推理。通过对若干次农民起义最后都失败的个别性知识，推出"所有农民起义最后都失败了"的一般性知识。

教育归纳推理的基本特征：

第一，从思维进程来看，教育归纳推理是从个别到一般的推理。

第二，从结论所断定的知识范围看，结论所断定的知识范围一般超出了前提所断定的范围。教育归纳推理的结论是一般性的知识，既是对前提中已有知识的概括，又是对前提中已有知识的外推。

第三，从前提和结论联系的性质看，由于教育归纳推理的结论所断定的范围超出了前提的断定范围，因此，前提和结论的联系是或然的，前提并不蕴含结论，即使前提真实，结论却未必真实。

教育归纳推理与教育演绎推理的区别与联系如下。

教育归纳推理与教育演绎推理的区别：一是思维进程不同。教育演绎推理通常是由一般到特殊，而教育归纳推理则是由特殊到一般。二是结论所断定的范围不同。教育演绎推理的结论没有超出前提所断定的范围；而教育归纳推理的结论一般都超出了前提所断定的范围（完全归纳推理除外），教育归纳推理的前提并非蕴含结论。三是前提与结论的联系不同。根据教育演绎推理，从真的前提必然地推出真的结论，而教育归纳推理从真的前提不能必然地推出真的结论。教育归纳推理使人们由直接经验获知的前提推出未知的（即尚未观察或经历过的）结论，是一种重要的发现方法。

教育归纳推理与教育演绎推理的联系：第一，教育演绎推理与教育归纳推理相互联系。教育归纳推理是教育演绎推理的基础，教育演绎推理则为教育归纳推理确定研究的目的和方向。第二，教育归纳推理与教育演绎推理相互渗透。教育归纳推理包含着教育演绎推理的成分,同样,教育演绎推理也包含着教育归纳推理的成分。第三,教育演绎推理与教育归纳推理相互转化。

在1786年的德国,有一天,一位小学的数学老师出了一道"从1加到100"的数学题要学生作答。

有一个9岁的学生很快就解答出来了,老师问他如何解答的?

他说:把头跟尾相加,$1+100=101$,再来$2+99=101$,$3+98=101$,$4+97=101$……如此一来,就可以得到50个101,所以答案就是$50×101=5050$。

这个解法现在看来很普通,但是对当时一个9岁的小学生而言,能想出如此解方,简直是神童无疑。这个天才儿童,就是后来被称为"数学王子"的大数学家高斯。①

高斯就是运用了完全归纳推理的方法。

教育完全归纳推理:根据某类对象中的每个对象都(不)具有某属性,推出该类对象全部(不)具有某属性的教育间接推理。由于教育完全归纳推理的前提蕴含结论,因此,有逻辑学家认为它属于教育演绎推理。

教育完全归纳推理的形式(逻辑结构式):

S_1是(或不是)P,

S_2是(或不是)P,

S_3是(或不是)P,

……

S_n是(或不是)P,

S_1、S_2、S_3……S_n是S类的全部对象,

所以,所有S都(不)是P。

以前有一个很吝啬的地主,经常欺压在他家干活的长工。一天,地主叫长工去买一盒火柴,并嘱咐说:"每根火柴都要划得着,有一根划不着也不要。"

聪明的长工一听,就想趁机整治一下地主,他买火柴时把每根火柴都划着后,重新装入火柴盒。回来后,地主接过火柴一连划了好些根都不着火,就气鼓鼓地指责长工:"我不是说要你买每一根都划得着的吗?"

长工理直气壮地说:"对呀!正是按照你的嘱咐,我买的时候每一根都划过了,全部划得着呀!"

地主听了,气得七窍生烟,说不上话来。

长工的做法就是完全归纳推理。

教育完全归纳推理的特点、要求与适用范围如下。

特点:一是前提完备(包括某类事物的全部对象);二是结论可靠(所陈述的范围没有超出前提的陈述范围),有必然性。

要求:一是考察的范围要穷尽该类事物的全部对象,否则结论可能是错误的;二是

---

① 单墫. 高斯的故事[J]. 现代特殊教育,1996(5):39—40.

前提必须真实，否则结论必定是错误的。

适用范围：数量有限且绝对数不多的某类事物。教育完全归纳法通常适用于数量不多的事物，当所要考察的事物数量极多，甚至是无限的时候，教育完全归纳推理就不适用了。这就需要运用教育不完全归纳推理。

冯梦龙《警世通言》[①]有记载：

> 王安石已经贵为宰相时，苏轼的官职与之相比要低上许多。
>
> 一次，苏轼前往王安石的相府，可是正好赶上王安石午睡，无奈的苏轼只好在书房等候。
>
> 在书房中，苏轼看到了许多王安石的字画诗词，其中有一首诗正好写了半首，"西风昨夜过园林，吹落黄花满地金"。
>
> 正常文人写诗，都是有感而发一蹴而就。如果仅仅写了半首，那么当时的心境一旦过去，后半首诗自然也与之前呼应不上。
>
> 所以，苏轼觉得王安石是词穷了，因为不知道下半首该如何写，所以才停笔。更何况在人们的常识当中，菊花是最耐寒的，而且生命力顽强，怎么可能被吹落得满地都是呢？
>
> 他心想王安石终究是老了，想到这，苏轼笑了笑，便提笔在那半首诗下面继续写道："秋花不比春花落，说与诗人仔细吟。"
>
> 这首诗也就是流传后世的《咏菊》。
>
> 苏轼所写的后半句，对王安石的调侃之意尽显纸上。而他在写完之后，便转身离去。
>
> 等到王安石睡醒之后，看到了苏轼写的那两句诗，也只是摇头笑了笑，并未做过多的评价。
>
> 可是，他心里也认定，苏轼虽有才华，却桀骜不驯，这样的性格必须加以打磨，否则难成大器。
>
> 后来，苏轼被贬黄州，因一次偶然的机会，碰巧在秋天见到了满地菊花，在那一刹那，他忽然想起了当初在王安石书房中，他看到的那半首诗。
>
> 原来并非王安石老了，反而是自己见识浅薄，班门弄斧，原来小丑竟是他自己。
>
> 自那之后，苏轼便收敛了以往的傲气，谨言慎行。

苏轼没有把握好归纳推理的要求，就进行了"轻率概括"（又称"以偏概全"）。

【思考与讨论】

请扫描二维码完成习题。

[①] 彭漪涟，余式厚. 趣味逻辑（修订版）[M]. 北京：北京大学出版社，2019：158.

第五章　教育推理二：教育或然推理

　　小山、小龙与小西是某大学食品科学系的学生。一天，小狮子老师给他们每人一碗带壳的花生，让他们判定是不是所有的花生仁外面都有一层膜。
　　小山把小狮子老师给他的一堆花生全部剥开，一一查看，发现所有的花生仁外面都有一层薄膜。
　　小龙连续剥开十几颗花生，发现都有膜，于是他就断定所有的花生仁都有膜。
　　小西从这一堆花生中，找到了各有特点的花生，比如个大的、个小的、一个籽的、两个籽的、三个籽的，每种都找了几个，一一剥开来看，发现花生仁外面都有一层膜，于是他断定所有的花生仁外面都有膜。
　　这三个学生采用了不同的方法来判定花生仁是否有膜。
　　小山用的是完全归纳法，虽然很笨，但却是最真实的。这一办法对于样本数量少时还是非常有效的。
　　小龙采用的是不完全归纳法，通过十几个花生就得出结论，有一些草率，容易出现"黑天鹅"事件（黑天鹅事件是指难以预测，但突然发生时会引起连锁反应、带来巨大负面影响的小概率事件。它存在于自然、经济、政治等领域，虽然属于偶然事件，但如果处理不好就会导致系统性风险，产生严重后果）。
　　小西采用了抽样采样法，也是一种不完全归纳法，但采样时考虑了不同的特征的样本，其结论比小龙的要更真实一些。
　　由此可知，对于一些样本简单，样本数量少，或者具有代表性的样本，我们可以很方便地进行归纳，并得出一些结论，此时思维具有更为方便、快速、效率高的特征。但这些结论只是从有限信息中得出来的，并不能完全当作普遍规律。

一、教育不完全归纳法

　　教育不完全归纳推理是根据某类事物中部分对象都具有某种属性，推出该类事物全部对象都具有该属性的推理。根据教育不完全归纳推理中是否揭示了被考察对象与其属性之间的因果关系，教育不完全归纳推理可以分为简单枚举归纳推理（简单枚举法）和科学归纳推理（科学归纳法）两种。

　　（一）简单枚举归纳推理

　　在经验认识基础上考察了一类事物中部分对象有某属性且没遇到相反情况，归纳推理出该类事物都有该属性。

简单枚举归纳推理的逻辑形式：

S_1 是（或不是）P，

S_2 是（或不是）P，

S_3 是（或不是）P，

……

S_n 是（或不是）P，

S_1，S_2，…，S_n 是 S 的部分对象，且没遇到相反情况，

所以，所有 S 都（不）是 P。

简单枚举法的应用范围是非常广泛的。人们对生活经验的概括一般都是用简单枚举法获得的。如"蚂蚁搬家会下雨""天下乌鸦一般黑""失败是成功之母""吃一堑长一智""春雨贵如油""瑞雪兆丰年"等都是对生活中重复了多少次的现象加以概括得到的认识。

> 大敦为经穴名。出自《黄帝内经·灵枢·本输》。别名水泉，大顺。属足厥阴肝经。大敦是足厥阴肝经的井穴，五行属木。大为小之对，敦即敦厚，此穴在大趾内侧，局部肌肉敦厚，故名大敦。据医学故事记载，有一位樵夫，患有头痛病。有一次上山砍柴，头痛发作，不小心把脚趾头磕破了，脚趾头流着血且有点疼，头痛却好多了。樵夫以为疼痛转移了，就没在意。后来又犯头痛的时候，脚趾凑巧又碰破了，同时头痛减轻很多。他觉得这应该不是巧合。于是等次头痛发作，他特意把脚趾刺破。果然，头痛还真的好一些。原来樵夫刺破的这个部位，就是他的"大敦穴"。

这位樵夫就是运用不完全归纳推理的简单枚举归纳推理，从多次偶然经验认识的基础上得出了一个一般性的结论。

简单枚举归纳推理具有以下逻辑特征：

第一，前提所考察的是部分对象，而不是该类的全部对象。

> 我国文艺界一直认为：长篇叙事民歌都是少数民族的作品，汉族没有长篇叙事民歌。这是因为人们所见到的作品都是少数民族的民歌（如《刘三姐》《阿诗玛》等），而没见到汉族的长篇叙事民歌做出的不完全归纳推理。

> 但是，1981年3月，江苏省民间文学协会在江苏省吴江县发现了一首长约两千行的爱情山歌《五姑娘》，这就否定了原来的结论。

第二，从前归纳提推出的结论，是在已考察的部分对象中没有出现相反的情况，并未对这部分对象何以具有某种属性的原因加以研究，它是在只知其然而不知其所以然的情况下的结论。

第三，其结论具有或然性。因为结论所断定的范围超出了前提的断定范围，尽管已考察的部分对象没有遇到相反的情况，但这并不意味着相反的情况不存在，也就是说，无法保证将来不会出现相反情况。所以，简单枚举归纳推理的结论并不是绝对可靠的，它只是可能为真。

需要注意的是，简单枚举归纳推理前提与结论的联系是或然的，其结论的可靠性不大。简单枚举归纳推理的主要根据是事物情况的多次重复，而不分析事物情况出现的原因。一旦发现相反情况，结论就被推翻。

数学家华罗庚讲过这样一个故事：

> 如果我们去摸一个袋子，第一次我们从中摸出一个红玻璃球，第二次、第三次、第四次、第五次我们还是摸出了红玻璃球，于是我们会想，这个袋子里装的全是红玻璃球。
>
> 可是当我们继续摸到第六次时，摸出了一个白玻璃球，那么我们会认为这个袋子里装的是玻璃球罢了。可是如果我们继续摸，又摸出了一个小木球，我们又会想，这里面装的是一些球吧。可是如果我们再继续摸下去……

在应用简单枚举归纳推理时，应尽可能避免"以偏概全"的逻辑错误。为了提高其结论的可靠性程度：一是要增加被考察对象的数量。一般而言，被考察对象的数量越多，结论的可靠程度越高。二是要调整考察对象的视角，尽量在不同的时间、地点、场合下去考察同类思维对象，这对提高简单枚举归纳推理结论的可靠程度具有重要的作用。因为在不同情况下考察同类思维对象，可以全面把握思维对象的性质，避免轻率概括。

> 古时候，有一位财主，虽然很富有，但是家里没有一个识字。于是，财主请了一位老师教自己的儿子识字。可是，儿子自以为是，老师教他识写汉字一、二、三后，他便得意扬扬地和财主父亲说："这些字太简单了，看来这中国汉字就是这么一笔一画地写下去，根本不用教，父亲可以把老师辞掉了。"财主听了有道理，于是，把老师打发走了。一天，财主邀请一位姓万的朋友来家里做客，叫儿子帮他写一份请柬。没想到，儿子在纸上写了五百多条杠，还抱怨着："世界那么多字，为什么父亲这位朋友就偏偏姓万，害得我在纸上写了五百多条横杠。"随后，便将请柬寄出去，姓万的客人拆开一看也傻眼了，不知这五百条杠是什么意思。

这个财主儿子从"'一'是划一横、'二'是划两横、'三'是划三横"，推出"'千百万'就是划千百万横"，这是从极其个别的对象出发轻率地推理出一般性的结论，犯了"轻率概括"或"以偏概全"的逻辑错误。

> 民意调查兴起于19世纪的美国，距今已有近两百年的历史，它在当代政治，尤其是选举中扮演着重要的角色。唐纳德·特朗普每次竞选演讲都要提到自己居高不下的支持率，希拉里·克林顿则因民调下滑而饱受质疑，杰布·布什甚至因支持率低退出总统竞选。乔治·盖洛普曾把民意调查称作给"民主脉搏"把脉的手指，此言非虚。
>
> 草根民调一直到20世纪30年代仍然十分流行，其代表就是《文学文摘》杂志。从1916到1932年，该杂志连续五届准确地预测了美国总统大选的结果，因而受到人们的普遍信任和赞誉。可以毫不夸张地说，《文学文摘》在当时就是草根民调的象征。1932年10月，《文学文摘》再次成功预测了总统大选的结果。民主党

主席詹姆斯·法利就此评论说:"大众民意包含在《文学文摘》的模拟投票中。我把这种结论性的证据视为人民改变全国政府的希望。这种调查是公平的、诚实的。"

然而"公平诚实的"草根民调随后就出错了。1936年总统大选前夕,多家民意调查机构都预测罗斯福将轻松获胜,唯独《文学文摘》杂志认为阿尔弗雷德·兰登将获得531张选举人票中的370张,从而击败罗斯福当选总统。但实际的结果是罗斯福拿下了46个州合计523张的选举人票,并获得60.8%的普选得票率,而兰登只获得8张选举人票。

选举结果公布之后,《文学文摘》声誉扫地,不仅再也没有做民意调查,而且几个月后就宣告倒闭。发人深思的是,1936年的总统大选预测中《文学文摘》一共发放了1000万份问卷,回收了230万份,如此庞大的样本量,为何却预测失败?问题就出在样本的选择。

《文学文摘》相信,样本量越大,结果就越可靠。由其组织的民意调查,样本量能达到数百万之巨。但是,《文学文摘》杂志从电话簿和车牌登记名单中挑选出1000万人,寄去选票,询问他们对当年总统竞选的倾向。当时美国还处在严重的经济萧条后期,只在电话用户和汽车拥有者中进行调查,等于排除了穷人,而穷人恰恰是罗斯福的新经济政策的支持者。[①]

(二) 科学归纳推理

在某山区,一位牧羊人发现一个奇怪的山洞。一天,当他带着一条猎狗走进这个洞里时,没有走多远,狗就瘫倒在地,四肢抽搐,挣扎了几下就死了,而他自己却安然无恙。消息一传开,很多好奇的人蜂拥而来,试图亲自证实这一消息。每次试验都发生同样的情况,从此,人们就把这个洞称为"怪洞"。

为什么狗一进这个洞里就会死亡呢?许多人都想揭开这个谜。一位地质学家也赶来实地考察,他发现这里属于石灰岩结构。在考察过程中,他用各种动物作试验,得到了如下情况:

狗、猫、老鼠等头部离地面较近的小动物,在石灰岩洞里都会死亡;

人在石灰岩洞里不会死亡;

马、牛、骡这些头部距离地面较远的大牲畜,在石灰岩洞里不会死亡;

狗、猫、老鼠等小动物如果被人抱着带进石灰岩洞里,也不会死亡。

经过这一系列试验,这位科学家发现一条规律,凡是走进岩洞里很快死亡的都是头部离地面很近的小动物。凡是能平安通过岩洞的都是头部离地面较高的大动物。这样,就初步推断出小动物进入岩洞内死亡的原因是由于它们的头部靠近地面。小动物的头部靠近地面为什么就会引起死亡呢?这些小动物平时不也是靠近地面生活吗?于是这位科学家又进一步深入考察,结果发现:这个岩洞的地下冒出许多二氧化碳。因为二氧化碳比空气的密度大,洞内通风较差,所以二氧化碳都沉积

---

① 杨璐璐. 从美国大选民意调查普遍预测失败想到的[J]. 中国统计, 2017 (2): 23—26.

在地面附近，靠近地面的地方就没有氧气。而动物需要吸进氧气才能生存，狗、猫、老鼠等小动物走进洞内没有氧气的地方，当然会闷死。人和牛、马等大动物之所以能安全走过这个岩洞，是因为头部离地面较远，仍然可以吸进氧气。"怪洞"之谜终于揭开了。

地质学家是如何破解"怪洞"之谜的？

科学归纳推理是依据一类事物中部分对象与某属性间的必然联系，推出该类事物都具有该属性的归纳推理。

与简单枚举法的不同，科学归纳推理不是简单列举若干现象，而是通过科学分析揭示出事物之间的因果关系，然后推出一般结论。

科学归纳推理的形式：

S_1（不）是 P，

S_2（不）是 P，

……

S_n（不）是 P，

S_1、S_2……S_n 是 S 的部分，且它们与 P 的联系有某种原因，

所以，所有 S 都（不）是 P。

科学归纳推理的结论也是或然性的，但结论比较可靠。

科学归纳推理是在科学研究中广泛应用的一种归纳方法。

例如：

  钠与氧在燃烧条件下反应会生成新物质，

  锂与氧在燃烧条件下反应会生成新物质，

  钾与氧在燃烧条件下反应会生成新物质，

  氢与氧在燃烧条件下反应会生成新物质，

  钠、锂、钾、氢与氧的反应是化学反应的一部分，

  因为在燃烧中，分子破裂成原子，原子重新排列组合，从而生成新物质，

  所以，化学反应会生成新物质。

科学归纳推理和简单枚举归纳推理的异同：

科学归纳推理和简单枚举归纳推理都属于不完全归纳推理，都是在前提中只考察了一类事物的部分对象，而得出该类事物一般性知识的论断。但二者也有区别：

一是二者的推理依据不同。科学归纳推理是以科学分析为主要依据，由某类中部分对象与其属性之间具有的因果联系，推出该类的全部对象都具有某种属性的归纳推理；简单枚举归纳推理是根据某类事物的部分对象有无某种属性，且考察中没有遇到相反的情况，从而推出该类全部对象有无某种属性的归纳推理。

二是二者的结论可靠性不同。科学归纳推理依据科学分析，其结论的可靠程度高；简单枚举推理依据经验得出，结论的可靠程度低。

三是对前提数量的要求不同。科学归纳推理重点在找对象与属性之间的因果联系上，前提数量的多少对结论的可靠性影响相对较小，因此不要求大量的前提数量；由于

简单枚举归纳推理依据经验得出，前提数量的多少对结论的可靠性影响比较大，简单枚举归纳推理前提的数量越多，分析就会越准确，其结论就越会可靠。因此，对于简单枚举归纳推理而言，前提数量越多越好。

提高科学归纳推理结论可靠性的方法是选择的考察对象应尽可能具有代表性和典型性，因为单纯增加考察对象的数量并没有多少实际意义。

科学归纳推理的基础是探明思维对象之间的因果联系，那么，如何探求思维对象间的因果联系呢？

探求因果归纳推理是根据部分场合某一研究现象与该现象出现之前或其后的若干情况之间具有某种关系，推出所有场合该现象与其所有的先行或后行情况之间都具有这种关系的结论。其主要特征为：第一，求因果归纳推理的前提和结论之间体现着有关现象间的因果联系。从被研究现象出现的时间顺序方面看，我们必须在先于结果的现象中寻找原因，在后于原因的现象中去寻找结果。第二，求因果归纳推理作为归纳推理的一种，仍然是或然性推理。因为这种求因果归纳推理仍是不完全归纳推理。同时，在先于结果而存在的诸多相关因素中包含原因，但不一定全部都是原因；而后于原因而出现的诸多相关因素中包含结果，但这些相关因素也不一定全部都是该原因所引起的结果。所以，求因果归纳推理的前提与结论之间的联系是或然性的。

归纳法中的探求因果联系的方法，是19世纪英国哲学家穆勒在培根归纳理论的基础上创立的。他在《逻辑学体系》（1843）所区分的五种实验推论的方法，即在用归纳法研究自然界因果关系时，创造出的五种逻辑方法，称为"穆勒法"或"穆勒五法"。

1. 求同法（契合法）

考察被研究现象出现的若干场合，确定在各个场合中是否只有一个情况是共同的，如果是，那么这个共同的情况与被研究现象可能有因果联系。求同法（契合法）的一般形式见表5-1。

表5-1 求同法（契合法）的一般形式

场合	有关情况	被研究现象
（1）	A、B、C……	a
（2）	A、B、D……	a
（3）	A、D、E……	a
⋮	⋮	⋮

由表5-1可知，A与a之间有因果联系。

求同法的特点是：异中求同，结论不是必然（是或然）推出的。

应用求同法应注意以下几点：

第一，比较的场合越多，结论的可靠程度越高。因此，在科学研究中，往往要经过多次反复实验，才能得到较为可靠的结论。

第二，如果在相关因素中发现有若干相同的因素，则可初步确定这个共同因素群与发生现象之间有因果关系，然后再用其他方法做进一步分析。

第三，有时表面上的相同因素不是真正的原因，而是在相异的因素中隐藏着真正的原因。

> 18世纪，俄国科学家罗蒙诺索夫在其论文《关于热和冷原因的思索》中做过这样一个推断：摩擦冻僵了的双手，手便暖和起来；敲击冰冷的石块，石块能发出火光；用锤子不断地锤击铁块，铁块也可热到发红。由此可知，运动能够产生热。

罗蒙诺索夫运用了求同法：在摩擦双手、敲击石块、锤击铁块等不同场合的具体情况都各不相同，只有一个情况相同，即都存在着运动，由此得出"运动能够产生热"的结论。

> 虹是怎么产生的？虹可出现在各种场合：夏季雨过天晴，常可看到彩虹；飞泻的瀑布畔，在水星中常会出现虹；在河中划船，木桨击起水花，也可见到虹。

科学家们经过研究，逐一排除了这些场合中不同的先行情况，终于发现了唯一相同的先行情况：阳光穿过水珠。于是推断：阳光穿过水珠是出现虹的原因。

2. 求异法（差异法）

如果被研究现象在一场合出现，在另一场合不出现，而在这两个不同场合只有一个情况不同，且这唯一不同的情况在被研究现象（不）出现的场合也（不）出现，那么，这个情况就是被研究现象的原因。求异法的一般形式见表5-2。

表5-2 求异法的一般形式

场合	有关情况	被研究现象
（1）	A、B、C……	a
（2）	－、B、C……	－

由表5-2可知，A与a之间有因果联系。

求异法的特点：同中求异，即正负场合其他情况完全相同，只有一种不同情况；结论不是必然推出的。

应用求异法应注意以下几点：

第一，在正负场合中除了某一情况不同外，如果还隐藏着其他不同情况，那么它可能是被研究现象的真正原因（或结果）。

第二，要分析正、负场合中唯一不同的情况是被研究现象的全部原因还是部分原因。如果被研究对象的原因是复合的，而且各部分原因的单独作用是不同的，那么，全部原因的一部分情况消失时，被研究现象也不会出现。

> 咖啡的发现就是差异法的运用之一。据说，在非洲埃塞俄比亚有一个小镇叫"凯夫"，镇上一位牧羊人某次把羊群放到一块新发现的草地，到了晚上羊群却一反往常不肯入睡。第二天牧羊人为了搞清楚原因又把羊群赶到那里并仔细观察，发现那里除了一般的草外，还有一种开白花、结浆果的灌木，羊群也吃那灌木的叶子。

当天晚上，羊群表现得异常兴奋。第三天，牧羊人避开了那片有白花灌木的草地，晚上羊群就恢复了平静。牧人发现了这一秘密后，又亲自尝试，他尝了这些苦而爽口的叶子和浆果，果然夜里兴奋得无法入眠。从此，凯夫镇上的人开始采集这种果实，制成粉末冲饮而喝，用以提神。后来，这种饮品流传到世界各地，并以"凯夫"为名，谐音为"咖啡"。

与求同法相比，求异法的结论要可靠得多。因为在求异法中，不但有正面场合，还有反面场合，可以进行正反对照。求异法的实质是"同中求异"。因此，提高求异法结论可靠程度的方法是在正面场合和反面场合除了一种情况不同外，使其他情况越接近越相似越好。另外，增加考察的场合也有利于提高结论的可靠性。

再看以下材料①，思考其推理过程。

> 有检验被杀尸在路旁，始疑盗者杀之，及点检沿身衣物俱在，遍身镰刀砍伤十余处。检官曰：盗本欲人死取财，今物在伤多，非冤雠而何？遂屏左右，呼其妻问曰："汝夫自来与甚人有冤雠最深？"应曰："夫自来与人无冤雠，只近日有某甲来做债，不得，曾有克期之言，然非冤雠深者。"检官默识其居。遂多差人，分头告示侧近居民："各家所有镰刀尽底将来，只今呈验；如有隐藏，必是杀人贼，当行根勘。"俄而，居民到镰刀七八十张，令布列地上。时方盛暑，内镰刀一张，蝇子飞集。检官指此镰刀问为谁者，忽有一人承当，乃是做债克期之人，就擒。讯问犹不伏，检官指刀令自看："众人镰刀无蝇子，今汝杀人，血腥气犹在，蝇子集聚，岂可隐耶？"左右环视者，失声叹服；而杀人者，叩首服罪。

3. 求同求异并用法（契合差异法）

如果在正事例组的各场合中有一情况是共同的，而这情况在负事例组中的各场合中又都不出现，就可确定这情况是被研究现象的原因。求同求异并用法的一般形式见表5–3。

表5–3 求同求异并用法的一般形式

场合	有关情况	被研究现象	
（1）	A、B、C…	a	
（2）	A、B、D…	a	求同
（3）	A、D、E…	a	
⋮	⋮	⋮	

---

① 材料引自公众号"最高人民法院数字图书馆"荐读：中国古代案例⑩——蝇子飞集识凶手，2024年07月13日推文。

续表

场合	有关情况	被研究现象	
(1)	B、C、D…	—	
(2)	C、D、E…	—	求异
(3)	D、E、F…	—	
⋮	⋮	⋮	

由表5-3可知，A与a之间有因果联系。（求异）

求同求异并用法是通过两次求同（正面场合求同，反面场合求同）和一次求异（对两次求同结果求异）而得出结论的。

求同求异并用法也不是先求同后求异，而是通过两次求同一次求异获得结论的。在正事例场合中，第一次用求同法可得出：某一相同情况存在，被研究现象也存在。在负事例场合中，第二次运用求同法得出：某一相同情况不存在，被研究现象也不存在。最后，再用求异法把两次求同的结论进行比较，就能确定某一共同情况与被研究现象之间的因果联系。

求同求异并用法的特点：不是两个场合对照，而是正、负两组事例（每组事例至少有两个场合）对照；正、负两组事例之间，除了有A与无A的情况不同外，其他相关因素不完全相同；结论不是必然推出的。

应用求同求异并用法应注意以下几点：

第一，两组事例越多，结论的可靠性越大。

第二，对负事例组场合的选择要与正事例组场合相似，才能提高结论的可靠程度。

> 通过对灯光的研究，科学家发现灯光能影响人体的健康。两位美国医学研究人员在一个军人疗养院里对一批中年人进行了观察，发现人体在灯光的长期照射下，吸收钙的功能减弱。他们让一些人在一间装有模拟太阳光的灯的屋子里每天待8小时，一个月内这些人中的15%增强了吸收钙的能力；而另一些人，在同样的时间内，让他们在装有普通白炽灯和荧光灯的屋子里，结果，这些人中有25%的人失去了本来就在减弱的摄钙能力。

这是一个应用求同求异并用法分析原因的事例，最后通过百分比说明在普通灯光长期照射下对人体健康有影响。

> 一个医疗队调查地方性甲状腺肿大的原因，先后到这几个这地区进行调查之后发现：
> 这些甲状腺肿大患者多的几个地方，经济水平、地理环境都各不相同，但相同的是，村民经常食用的食物和饮用的水中缺碘。
> 医疗队又到甲状腺肿大病不流行的几个地区去调查，经济水平、地理环境也各不相同，但相同的是，即居民经常食用的食物和饮用的水中不缺碘。
> 综合以上情况，医疗队得出结论：缺碘是甲状腺肿大的原因。
> 后来，医疗队对患有甲状腺肿大的病人进行补碘治疗，治疗效果非常好。

这就是"求同求异法"。

4. 共变法

考察被研究现象发生变化的若干场合，确定是否只有一个情况发生相应变化，如果是，那么这个发生了相应变化的情况与被研究现象之间有因果联系。共变法的一般形式见表 5-4。

表 5-4　共变法的一般形式

场合	先行情况	被研究现象
（1）	A1、B、C…	a1
（2）	A2、B、C…	a2
（3）	A3、B、C…	a3
⋮	⋮	⋮

由表 5-4 可知，A 与 a 之间有因果联系。

共变法的特点：共变法是以原因和结果在量上的相应变化为依据的，结论不是必然推出的。

运用共变法应注意以下几点：一是同向共变，即共变量相互递加，二者成正比关系。二是反向共变，即共变原因量递加，而结果量递减，二者成反比关系。有时，共变超过一定限度，原共变关系就会消失，甚至发生反向共变。有时，共变关系中增加其他条件会发生反向共变。有的共变是偶然的巧合，并非因果关系。因时间先后出现的共变，未必是因果关系。共变法是从现象变化的数量和程度上确定因果关系，所以应用共变法可以对事物间的关系进行度量，用数据表示出共变关系，因而有较大的可靠性。

共变法有其独特的优点：第一，能对因果联系做定量的分析，从而能使人们更加精确、深入地把握思维对象间的因果联系；第二，适合于在那些被研究对象不能或不易消除的场合去探求思维对象间的因果联系。

2021 年 4 月，在第六届中国教育创新成果公益博览会新闻发布会上，北京师范大学刘坚教授、刘红云教授团队发布了《全国首个区域教育质量健康体检报告》（以下简称《报告》），报告全面梳理团队七年多来在 181 个区县的 2638 所小学、1322 所初中和 140 所高中采集到的区域教育质量健康体检结果，《报告》涉及了学生手机依赖、课外补习、睡眠不足等多个教育"新痛点"，并通过一系列数据的分析，对当前区域教育质量面临的挑战进行科学"把脉"，同时从教育质量综合评价的角度，提出一系列统筹推进国家"建设高质量教育体系"所需关注的重要问题。这份报告都有哪些值得关注的新发现？一起来看看！

发现 1：子女手机依赖行为的产生受其父母手机依赖行为的影响较大。

为了进一步验证结果，团队设计了一组调查问卷。他们向学生提供了 4 个选项，选择"父母为了玩手机，对我急躁甚至训斥我""父母由于一直玩手机而不关注我做什么"等内容的学生，手机依赖比例大约是对照组的两倍。

刘坚发现，"在调查数据中，有超过一半的学生反映存在'父母在家里无论走到哪里都要拿着手机'的现象，而家庭手机使用规则较差的学生手机依赖程度较高"。

《报告》分析，父母有手机依赖行为，其子女手机依赖的比例几乎翻倍；另外，如果教师能更多地关注学生，则会减少学生对手机的依赖。

发现2：补课时间越长学业成绩反而下降。

调查数据显示，在小学，有22.2%的学生每周至少参加3小时以上的校外补课。而在初中阶段，这一比例上升至32.8%，甚至在部分区县，每周校外补课6个小时以上学生的比例超过35%。

补习时间越长，对学生的成绩提高是否更有益？

刘坚带领团队进一步分析发现，对成绩优秀的学生来说，参加校外补课反而是"有百害而无一利"：每周参加校外补课时间越长，他们的学业成绩却出现了不增反降的现象。

刘坚解释，作业时间与学业表现的关系是非线性的，当学生投入过多的时间做作业时，其学业进步的程度反而降低了。

以初中阶段为例，有34.9%的成绩优秀初中生每周补课超过3小时。而在成绩优秀的学生群体中，每周参加校外补课的时间越多，学生内在学习动机和主观幸福感越低。在成绩中等的学生群体中，也是如此。

发现3：课外补习和课内作业是导致学生睡眠不足的最主要原因。

《报告》也注意到，"手机依赖症"、课外参加补习班泛滥引发了一系列的"连锁反应"。

调查数据显示，小学生睡眠时间达不到国家规定标准的比例是88.8%，而初中生的这一比例更是高达95.7%，有34.2%的学生每天睡眠时间不足7小时。

团队成员进一步分析不同区县学生睡眠不足的原因，发现"家长安排的补习"和"学校教师布置的学习任务"是排在前两位的最主要的原因。

"牺牲睡眠时间不一定能带来学生学业水平的提升。"刘坚提醒，"通常我们仅仅关注'布置作业''补课'所代表的时间投入对学生学业的作用，而忽略了一些间接因素。如过多布置作业、过多补课、强调牺牲睡眠时间来学习，事实上对学生的学习动机、学习兴趣也会产生负向影响。"

团队成员通过更直观的对比分析发现，在小学阶段每天睡眠时间在9~10小时的学生，根据专业量尺分数转化，他们每个学科的平均学业成绩为588.2分，而睡眠时间在8小时及以下的学生平均学业成绩下降了66.6分，初中阶段数据也有同样的趋势。

参照国际同类大规模测试的分数转换方式，"这相当于每天少睡1~2个小时的学生，比充足睡眠者少接受约1.7学年的学校教育。"刘坚解释。

团队在调研中发现，不同学年段的学生反映，当自己的睡眠不足时，第二天上课会出现精神疲惫、注意力不集中等现象。

"研究报告表明，通过'奋战到半夜'来提高学习成绩是得不偿失的。"刘坚说。[1]

注意：共变法只能适用于单一原因和单一结果的场合。在应用共变法时，只能有一个先行情况变化，其他先行情况是不发生变化的。如果同时有两个或两个以上的先行情况发生变化，运用共变法就可能得出错误结论，此时就不能使用共变法。

5. 剩余法

考察具有因果联系的两类复合现象，确定其中已知部分现象之间是否有因果联系，如果有因果联系，那么剩余部分之间也有因果联系。

剩余法的一般形式：

已知：复合情况 S（A、B、C、D）和被研究现象 F（a、b、c、d）有因果联系；

A 和 a 有因果联系；

B 和 b 有因果联系；

C 和 c 有因果联系；

所以，D 和 d 也有因果联系。

剩余法的特点：原因与结果都是复合的，不需要若干场合做比较或对照；结论不是必然推出的。

运用剩余法应注意以下几点：

第一，必须明确认定复合原因和复合现象之间已知的因果联系，并且其已知原因不能是剩余部分现象的原因；否则，结论不能成立。

第二，复合现象剩余部分的原因，也可能是个复杂情况，而不是单一因素。遇到这种情况，则需要进一步研究，直到找到全部剩余现象的原因为止。

例如，

小山的语文、数学、英语三个科目的成绩提高是因为刘老师、王老师、李老师的辅导。现在，已知刘老师的辅导只能让小华的语文成绩提高，王老师的辅导只能让小山的数学成绩提高，所以，可以得出结论小山英语成绩提高是因为李老师的辅导。

下面我们来看一道管理类联考综合试卷的逻辑学真题：

化学课上，张老师演示了两个同时进行的教学实验：一个实验是 $KClO_3$ 加热后有 O_2 缓慢产生，另一个实验是 $KClO_3$ 加热后迅速撒入少量 MnO_2，这时立即有大量的 O_2 产生。张老师由此指出：MnO_2 是 O_2 快速产生的原因。以下哪个选项与张老师得出结论的方法类似（　　）

A. 同一品牌的化妆品价格越高卖得越火。由此可见，消费者喜欢价格高的化妆品。

B. 居里夫人在沥青矿物中提取放射性元素时发现，从一定量的沥青矿物中提

---

[1] 杨洁. 全国首个"区域教育质量健康体检"报告［N］. 中国教师报，2021-04-28（014）.

取的全部纯铀的放射性强度比同等数量的沥青矿物中放射线强度低数倍。她据此推断，沥青矿物中还存在其他放射线更强的元素。

C. 统计分析发现，30 岁至 60 岁之间，年纪越大胆子越小，有理由相信：岁月是勇敢的腐蚀剂。

D. 将闹钟放在玻璃罩里，使它打铃，可以听到铃声；然后把玻璃罩里的空气抽空，再使闹钟打铃，就听不到铃声了。由此可见，空气是声音传播的介质。

E. 人们通过对绿藻、蓝藻、红藻的大量观察，发现结构简单、无根叶是藻类植物的主要特征。

选项 A 运用的是共变法，选项 D 用的是求异法，选项 C 运用的是共变法，选项 E 略微运用的是简单枚举归纳推理，B 运用的正是剩余法，这里 B 选项描述到"从一定量的沥青矿物中提取的全部纯铀的放射性强度比同等数量的沥青矿物中放射线强度低数倍"，我们自然好奇这个差异是如何产生的呢？故推测沥青矿物中存在其他比铀放射性更强的放射性元素，运用的就是剩余法。

二、教育类比推理

邹忌讽齐王纳谏[①]

邹忌修八尺有余，而形貌昳丽。朝服衣冠，窥镜，谓其妻曰："我孰与城北徐公美？"其妻曰："君美甚，徐公何能及君也？"城北徐公，齐国之美丽者也。忌不自信，而复问其妾曰："吾孰与徐公美？"妾曰："徐公何能及君也？"旦日，客从外来，与坐谈，问之客曰："吾与徐公孰美？"客曰："徐公不若君之美也。"明日徐公来，孰视之，自以为不如；窥镜而自视，又弗如远甚。暮寝而思之，曰："吾妻之美我者，私我也；妾之美我者，畏我也；客之美我者，欲有求于我也。"

于是入朝见威王，曰："臣诚知不如徐公美。臣之妻私臣，臣之妾畏臣，臣之客欲有求于臣，皆以美于徐公。今齐地方千里，百二十城，宫妇左右莫不私王，朝廷之臣莫不畏王，四境之内莫不有求于王：由此观之，王之蔽甚矣。"

邹忌讽齐王纳谏的故事就可用类比推理的形式表示：

邹忌周围的人害怕他，偏爱他，有求于他，他被欺骗了；

而齐王周围的人同样害怕他，偏爱他，有求于他；

所以齐王也被欺骗了。

教育类比推理：根据两个（或两类）对象在某些属性上相同或相似，推出它们在其他属性上也相同或相似

教育类比推理的逻辑形式：

A 有属性 a、b、c、d；

[①] 教育部组织编写. 语文九年级下册 [M]. 北京：人民教育出版社，2018：126-127.

B有属性a、b、c；

所以，B也有属性d。

教育类比推理有正类比推理和反类比推理两种。

例如：

在大自然中，偶尔能够看到不同的树木紧密地生长在一起，形成异枝而同根的奇特树木。有人给这种树木取名叫"连理枝"。聪明的劳动人民却从这里得到启发，创造出嫁接树木的惊人技术。

教育类比推理包括三个步骤：首先，找出两类对象性质（或关系）的相似性。其次，找出另一类对象的"另有性质（或关系）"。最后，依据前两点，推出结论。

在人们的日常生活中也大量运用着类比推理。例如，当你买过的一双鞋穿起来很舒适，你下次买鞋还会买同一厂家生产、同一品牌、同一号码的鞋，而且预测新买的鞋穿起来也会舒适。这是因为买过的鞋和新买的鞋之间许多属性（生产厂家、品牌、号码）都相同，所以推理出它们在"穿起来舒适"这一点上也相同。根据同样的思维活动，人们会去购买一本新书、吃同一家饭店的饭菜，原因是该作者的其他作品让你受益、该饭店的厨艺和服务令你喜欢。类比推理就是这样在日常生活中被大量运用着，让人们相信美好的过去会在将来重现。

看以下例题：

教师对于（　　）相当于蜜蜂对于（　　）。

A. 教室，蜂蜜

B. 解惑，蜂巢

C. 学校，蜂王

D. 知识，花蜜

A项："教师"与"教室"是职业与工作地点的对应关系；"蜜蜂"酿制"蜂蜜"，两词为主宾关系，前后逻辑关系不一致，排除。

B项："教师"的工作内容是"解惑"，两词为对应关系；"蜂巢"是"蜜蜂"的巢穴，两词为对应关系，前后逻辑关系不一致，排除。

C项："教师"和"学校"为工作地点的对应关系，"蜂王"是"蜜蜂"，两词为种属关系，前后逻辑关系不一致，排除。

D项："教师"传授"知识"，两词为主宾关系；"蜜蜂"采集"花蜜"，两词为主宾关系，前后逻辑关系一致，正确。

这也是用类比的方法解决问题。

教育类比推理的特点如下：

第一，从思维类型上看，教育类比推理具有跨域性和跳跃性。教育类比推理是以事物之间的相似性为基础的思维或推理，而不是以同一性为基础的思维，它既可以同类相推，还具有异类相推、横向拓展的特点。而教育演绎推理和教育归纳推理都属于同类相推，都属于纵向思维。因此，与教育演绎推理、教育归纳推理相比，类比推理是受前提制约较小的一种推理。

第二，从思维进程或思维方向上看，教育类比推理是从特殊到特殊的推理。它的思维进程不同于教育演绎推理和教育归纳推理的思维进程。因而，下述推理模式不是教育类比推理，模式（1）是教育演绎推理，模式（2）是教育归纳推理。

模式（1）：S类有属性a、b、c、d，
　　　　　S类的某个事物有属性a、b、c，
　　　　　所以，S类的某个事物有属性d。

模式（2）：S类的某个事物有属性a、b、c、d，
　　　　　S类有属性a、b、c，
　　　　　所以，S类有属性d。

第三，从前提和结论的联系上看，教育类比推理的前提和结论的联系具有或然性。首先，教育类比推理是在两个对象或两类对象之间进行的，在客观上它们不仅具有相似性，而且具有差异性。如果教育类比推理中的类推属性d是两个对象的差异性，那么所得结论就不可靠。其次，客观事物具有的属性是多种多样的，有的属性是事物的固有属性，有的属性是事物的偶有属性，如果教育类比推理中的类推属性d是对象的偶有属性，那么把它推广到别的对象上去，其结论就不可靠。

第四，教育类比推理不同于比较的思维方法。比较是确定两个事物或两类事物之间的差异性的思维过程或方法，它既要研究两对象相同点，还要研究两对象的不同点。而教育类比推理是在比较两对象的相似点的基础上，以诸多的相似属性推出未知的相似属性。因此，没有比较就没有教育类比推理，但比较不是类比，如果思维过程仅停留在比较的认识上，而不做进一步的推理，那么它就不是类比。简而言之，类比推理是在比较的基础上进行的推理，而比较是认识两类事物异同点的一种简单逻辑方法。

需要注意，教育类比推理中的类比也不同于语言表达中的比喻。虽然类比和比喻都是以比较为基础，但类比是同类相比，比喻则是异类相比。类比是推理的一种，意在推出新知识；而比喻是修辞格，意在生动形象地描述或说明事物，用具体的、为人熟知的知识去说明抽象的、深奥的道理，且比喻也不是推理。

正教育类比推理又称为"教育肯定类比推理"，是教育类比推理的最一般形式。它根据两个对象存在某些相似的属性推出它们在另一属性上也是相似的。

例如：

颤振曾是空气动力学中的一个难题，飞机的机翼在高速飞行中会产生颤振现象（一种有害的振动），飞行越快，机翼的颤振越强烈，甚至造成机翼折断，发生机毁人亡的空难悲剧。为了克服在高速飞行时飞机机翼产生的颤振问题，许多科学家和试验人员做过种种试验，花费了很大的精力和时间试图解决它，但最终都以失败告终。后来，研究人员在观察蜻蜓飞行时，从蜻蜓的翅膀上获得了灵感：蜻蜓之所以能够有效地、灵活自如地控制翅膀的颤振，是因为在它的半透明翅膀的前缘有一块加厚的色素斑，这种色素斑称为"翅痣"，可使蜻蜓在快速飞行和转弯时不受颤振的困扰。如果将翅痣去掉，蜻蜓飞行时就变得荡来荡去。实验证明，蜻蜓翅痣的角组织使蜻蜓飞行时消除了颤振。于是，人们就模仿蜻蜓，在飞机机翼末端的前缘装上了类似的加厚区，颤振现象竟然奇迹般地被克服了。

教育负类比推理又称为教育否定类比推理，是根据两个对象存在某些属性的相异而推出它们在另一属性上也是相异的。

《益智编》中有一则《唐县令抱瓜审案》的故事：

> 冠氏县盛产西瓜。一个酷暑天，通往城里的官道上人迹稀少。远处走来一个怀抱孩子的妇女，烈日高悬，妇女满头是汗，怀中小孩啼哭不止。那妇人精疲力竭，择树荫休息。小孩嘶哑着喉咙直喊口渴，那妇人见不远处有个瓜园。她走进瓜棚，发现里面无人，看瓜的人也不知上何处去了。棚内除一张床外并没有水可喝。妇人见孩子渴得厉害，只好摘了一只西瓜给孩子吃。
>
> 正当孩子吃得津津有味之际，瓜棚后面窜出一名粗壮黑汉，大喝道："大胆贼妇，青天白日居然偷起老子的瓜来！"
>
> 妇人吓得直哆嗦，一时说不出话来。
>
> 黑汉道："人赃俱在，该当何罪？"
>
> 妇人脸色苍白，掏出几文钱给黑汉，说是瓜钱。黑汉接过钱，上下仔细打量妇人，见妇人颇具姿色。况且四周无人，顿生歹念。他嘻嘻一笑："钱，我收下了。不过，事没完，除非你依我一事。"
>
> 妇人胆怯地问："只要你不把我当贼，有什么事尽管说。"
>
> 黑汉一把搂住妇人道："小事一桩，只要你依顺我，便可了结。"
>
> 妇人挣扎不从。黑汉将妇人按倒在床上，不顾小孩在旁号哭，竟欲强奸。那妇人誓死不从，一口咬伤了黑汉的肩膀。黑汉大怒道："你不从，便将你送官，以小偷论罪！"
>
> 妇人道："我宁愿见官亦不相从！"
>
> 黑汉心想此妇人偷一个瓜不能治罪，便自己摘了 30 个瓜，以证明这个妇女罪大。
>
> 到得县衙，黑汉先将妇人偷瓜之事叙述了一遍。而妇人因受刚才惊吓，伤心不已，只顾低头哭泣。
>
> 唐县令听罢诉说，便问黑汉道："妇人真偷你 30 个瓜？"
>
> 黑汉道："是的。老爷不信的话我已把瓜装来放在门口了。"
>
> 唐县令又问："她偷瓜时带了什么样子的筐子？"
>
> 黑汉顺口道："没带筐。"
>
> 唐县令哈哈一笑，命人将黑汉所带的 30 只瓜挑进大堂；对黑汉道："你抱着小孩把地上的瓜都捡起来。"
>
> 黑汉遵命而行，可还没拾上几个瓜，就抱不住了，顿时恐慌不已。
>
> 唐县令对妇人道："本县为你作主，你不是小偷。如有隐情请告之。"
>
> 妇人哭诉了刚才的遭遇。唐县令大怒，经审讯，黑汉只得供认自己因奸不成有意诬告的罪行。

教育中性类比推理是根据两个对象在某些方面的相似而在另外一些方面的差异，在平衡两者之间的相似点和差异点的基础上，依据关键的相似或相异要素，推理出两个对

161

象在其他方面的相似或相异的结论。我们可以把教育中性类比推理看作是教育肯定类比推理和教育否定类比推理的综合运用。

某公园为了保证游客安全，减少废气污染，明文规定：除园内工作用车外，不准机动车辆进入公园，违者除勒令离园外，罚款200元。有一天，某甲将太阳能轿车开进公园。园方管理人员令其离园，并处200元罚款。某甲不服，认为自己的车与机动车不同。园方认为，某甲的太阳能轿车虽与机动车有些差别，但许多方面相同，特别是速度及其可能导致的危险都一样，所以应对某甲予以处罚。

此例中，园方管理人员在平衡两种车辆的异同基础上，抓住车辆入园的危险性这一关键要素，推出某甲行为应予以处罚的结论。这里，园方管理人员就运用了教育中性类比推理。

教育类比推理常犯的错误为教育机械类比推理，后者是将两个或两类性质根本不同、仅有某些表面相似的对象进行类比的逻辑错误。教育机械类比推理是违背类比推理规则的，是推理不出结论的。中国古代《墨经》早就提出"异类不比"的见解，并列举："木与夜孰长？智与粟孰多？爵、亲、行、贾，四者孰贵？"证明它们之间是不能类比的。

越国苎罗（今浙江诸暨南）有位姓施的美女，因为家住若耶溪西岸，所以村里人叫她西施。

若耶溪东岸也有位姓施的姑娘，村里人叫她东施。东施因为自己长得很丑，所以经常仿效漂亮姑娘的服饰、姿态和动作，西施自然更是她仿效的对象。西施穿什么款式的衣服，梳什么式样的发型，走起路来又有什么习惯动作，她都要加以仿效。

有一天，西施因为心口疼，走路的时候双手捂住胸口，并且皱着眉头。但是由于西施艳丽无双，无论什么姿态都无法遮挡她的美丽，这种捧心皱眉的姿态，反而让人觉得更加楚楚动人。村人都说："西施姑娘今天真是太漂亮了！"西施的姿态正好被东施瞧见了。她一边观看，一边默默记住西施的姿态和动作。回到若耶溪东岸后，东施马上仿效西施的模样，双手捂住胸口，同时皱着眉头。

东施的这副模样，使村里人大吃一惊，以为来了什么妖怪。有钱人家紧闭大门，不想看见她，贫寒人家则带着妻子儿女远远躲开。[①]

提高教育类比推理结论的可靠性的方法如下：

第一，前提中尽可能多地寻找（增加）相比较对象的相同或相似的属性。例如，有人曾把美国加利福尼亚州与我国浙江黄岩柑橘的产地做类比，从而推断加利福尼亚也适合种植柑橘，最后果然移植成功。这是因为在类比的属性中，加利福尼亚州与浙江黄岩的相同属性较多，如自然环境方面的地形、水文、土壤等条件都相似；另外，气候方面的温度、湿度、光照等条件也是相似的。因此，类比推理结论的可靠程度也高。

第二，尽量用对象的本质属性进行类比。例如，尽管月球与地球有很多的共同点：都是太阳系的星体，都是球形，都在运转。那么，地球上有高等生物，能不能推出月球

---

① 王超. 教育小故事 | 东施效颦［J］. 新课程导学，2019（25）：24.

上也有高等生物呢？不能，因为月球上缺乏形成高等生物的根本条件，如月球上没有液态水，空气很稀薄，昼夜温差很大，等等。

第三，如果进行的是"量"上的类比，那么结论的可信程度通常取决于"量"上的精确程度。例如，小狮子老师对小组合作讨论法对学生学业表现效果进行类比分析，一个班实行了一年小组合作讨论学习，一个班实行了一学期小组合作讨论学习，最终对这两个班进行一次学业测评，根据学业测评成绩判定小组合作学习是否对学生学业成绩表现（成绩差距）有影响。显然，这种教育类比推理就不太科学。

教育类比推理不仅是探索教育真理、发现教育真理的重要手段，也是说理论证的重要手段。

三、教育溯因推理

所谓教育溯因推理（教育溯原推理），就是从结果出发，根据一般的规律性知识，推测出事件发生的原因的非演绎推理。例如，三个月没有见到小山，而今小山身体更健硕，人也非常有精气神。于是猜测，他这三个月应该是坚持了体育锻炼。

教育溯因推理的形式：

如果 p，那么 q，

q，

所以 p。

q 是原因有待探求的已知事实或现象。

由教育溯因推理的形式可以看出，教育溯因推理不是必然性的推理。另外，从因果联系的复杂性和多样性来看，导致某一结果的原因通常不是唯一的，可有许多不同原因都能导致同一结果，因而溯因推理结论所断定的未必就是真正原因。比如，教室里吵闹起来了，可能原因是：教师离开了，学生失去了约束；教室里发生了某件比较热闹的事件，大家情绪比较高昂；教室里正在开展激烈的讨论会；等等。

从推理形式看，教育溯因推理的逻辑模式与充分条件教育假言推理的肯定后件式具有逻辑同构性，即从蕴含肯定命题的后件到蕴含肯定命题的前件。因此，这种逻辑模式不具有逻辑必然性。尽管在教育溯因推理中，猜测性假说可以推导出观察陈述，但教育溯因推理仍是或然性的。

从教育溯因推理中，我们还可以看到，由观察现象到原因的猜测推导，既不同于演绎推理，也不同于归纳推理，而是一种独立的逻辑推理方法。同时，运用教育溯因推理去猜测现象的机理，所受的逻辑规则的制约程度小，因而灵活性程度大。它是一种颇具创造性的思维方法。

与教育归纳推理、教育演绎推理相比，溯因推理尚未被广泛注意和使用，但它解决了存在于教育归纳推理与教育演绎推理的问题，即统一了过程与结果的一致与完备性：实际上采用的就是溯因推理。

教育溯因推理的优势在于其可解释性的过程，从现象中通过溯因推理来找出其潜在的因果机制，产生理论解释，也就形成了一个可解释的理论，从而使过程和结果高度统一。教育溯因推理的另一个贡献是理论的生成性。教育演绎推理需要已知理论，教育归纳推理只是构建了一个"潜在于模式"的理论，并没有真正创造新的理论，而教育溯因推理产生的理论是彻底的新知识和新的理论。

教育溯因推理过程可简述为：①某一现象 E 被观察到；②提出假说 H 来解释 E；③基于 H 提出推论 C；④若 C 被证伪，则 H 为假；⑤若 C 被验证为真，则 H 可能为真。以 H 为前提一般可以演绎出 C1、C2、C3……一系列推论。如果这些推论都被证实，那么 H 就获得了更大程度的支持，从而 H 为真的可能性更高。一个假说的众多推论可能不会全部被证实，也不会全部被证伪。此时，人们需要不断地对假说进行修正，或者提出新的假说，从而一步步地向真理逼近。

在清晨上学的路上，我们观察到马路边的草坪是湿的。于是合理猜测，这一现象发生的原因是昨晚下过雨。如果晚上下过雨，那么我们会得到一个推论：马路是湿的。我们观察到马路确实是湿的，因此晚上下过雨的可能性比较大。同时，我们还会有第二个推论：学校和路边的屋顶是湿的。如果我们观察到屋顶确实是湿的，那么晚上下过雨的可能性就更大了。

例如：

在亚洲某国山区，二月份和三月份出生的新生儿体质普遍不如其他月份的新生儿好。当地医务所的工作人员经过调查后认为，这一现象的主要原因是冬季的食物比较匮乏，孕妇不能很好地补充营养，所以新生儿体质虚弱。

以下哪个选项如果为真，最能支持上述调查结论？

A. 该山区中少数能为孕妇提供足够营养的富有家庭在冬天依然生下体质虚弱的婴儿

B. 决定新生儿体质的时期是出生前半年的营养情况，而非当月的营养情况

C. 该山区的孕妇普遍患有一种冬季发作的疾病，这会使得她们体质下降进而影响婴儿的健康

D. 该山区为数不多的几种冬季食物中普遍缺乏某种微量元素，这恰是新生儿所急需的

答案选 D。题干的结论是二月份和三月份新生儿体质虚弱是因为二、三月份食物匮乏。A 项，食物丰富的孕妇其婴儿依然体质虚弱，说明并不是冬季食物使得新生儿体质虚弱，否定了这个原因，削弱了题干结论，排除。B 项，决定新生儿体质的时期是出生前半年的情况，但是生产前半年的营养状况还包括秋天的情况，所以不能确定是否和冬季的食物匮乏有关系，不能加强，排除。C 项，该山区的孕妇还普遍患有一种让新生儿体质虚弱的冬季疾病，那就说明使得该地区新生儿体质虚弱的原因可能是这个疾病，而不是因为冬季食物匮乏，属于另有他因，是削弱项，排除。D 项，指出冬季食物种类确实少，并且恰恰缺乏新生儿急需的微量元素，说明很可能是因为冬季食物缺乏使得新生儿体质虚弱的，建立了因果之间的联系，加强了题干结论。故选 D。

教育溯因推理有三个主要推理方法：

方法一：事实推断。对事实 E 所存在的可能解释 H_1，H_2，…，H_n，找到最能解

释 E 的 H_i 作为推断原因。但在观察和研究的过程中，原因往往不止一个、不够完美，或者无法直接推断出原因，这时可以使用概率或假设来进行推理。

方法二：概率推断。对事实 E 所存在的可能解释 H_1，H_2，…，H_n，如果 H_i 比其他任何的解释都更能解释 E，则选择 H_i 作为 E 最可接受的推断原因。

方法三：假设推断。对事实 E 所存在的可能假设 H_1，H_2，…，H_n，如果 H_i 比其他任何的假设都更能解释 E，则选择 H_i 作为 E 最接近事实的推断假设。

隋朝大业年间成书的《诸病源候论》认为近视是由"劳伤脏腑，肝气不足"所致。近视的出现与公元 606 年科举制的实施密切相关。唐代，孙思邈在其《千金要方·七窍病》中将夜读细书、月下看书、抄写多年、雕镂细作、博弈不休、饮酒不已等视为重要的眼病病因。著名诗人白居易《眼暗》一诗中有"早年勤倦看书苦，晚岁悲伤出泪多"，道出了早年苦读书是晚年眼病的重要原因。1644 年成书的《审视瑶函》认为久视伤睛成近觑。我国近代著名绝对"近世进士尽是近视"更是揭示了过多读书与近视眼的密切关系。而近代西方则将青少年学生近视称作学校性近视。

自 20 世纪 70 年代末开始的近视眼实验与流行病学研究 20 多年来取得了举世瞩目的成就。研究表明：虽然有重要的遗传因素，对于绝大多数的单纯性近视眼患者来讲，环境因素起主要作用。即便是少数病理性近视眼，环境因素亦起重要作用。在视觉发育的敏感期，特别容易受环境因素的影响。近视眼的主要病理机制是长时间近距离作业造成的眼睛调节力低下或迟滞，导致成像落到视网膜后面，造成眼球相对远视，或者长时间近距离读写时对黄斑区以外的大片视网膜所造成的特殊形式的形觉剥夺，导致眼球前后径过度增长。

儿童少年卫生学及学校卫生学的研究结论显示：学校教育对于学生视觉发育有重要影响。目前，我国学生近视率居高不下的主要原因是学生课业负担过重，近距离用眼时间过长，室外活动时间太少。随着手机的普及，计算机与网络技术的迅猛发展，特别是电子游戏机的泛滥，中小学生长时间看手机、上网、玩游戏机等都是导致近视发生、发展的重要因素。全面贯彻国家教育方针，认真实施素质教育，彻底改革落后的教育体制、教育内容和教学方式，切实加强体育、卫生、艺术、国防以及劳动和实践教育，营造良好的视觉环境，使学生自幼养成自觉锻炼身体、科学用眼的良好习惯是其视觉健康发育的必要条件。

以上材料是怎样进行推理的？

提高教育溯因推理结论可靠性的方法：深入探求、确切把握思维对象间的因果联系，设法排除引起该既定事实的其他可能原因。

思考：某研究员发现，学习音乐会提高儿童的数学成绩，请你帮助他增强这一推理。

【思考与讨论】

请扫描二维码完成习题。

第六章　教育逻辑基本规律

运用教育概念做出教育判断和进行教育推理应当遵守其各自的教育逻辑规则。此外，各种教育思维形式还有其需要共同遵守的普遍规则。这些对各种教育思维形式普遍起作用的规则就叫作教育逻辑思维的基本规律，即同一律、矛盾律和排中律。

同一律、矛盾律和排中律之所以是教育逻辑思维的基本规律，除了这三条规律普遍适用各种思维形式外，更重要的是因为这三条规律体现了正确教育思维的基本要求和特征，能从不同的方面保证人们的教育思维具有确定性、一贯性和明确性。同时，这三条规律还是各种思维形式其他特有规则确立的基础，各种思维形式的特有规则都是逻辑思维基本规律的具体体现。

教育逻辑思维的基本规律是教育客观事物固有特性和规律的反映，它对人的教育思维具有很强的制约作用。遵守这些规则是正确教育思维的必要条件，若违反，则教育思维就会陷入混乱和矛盾之中。

一、同一律

同一律：在同一教育思维过程中，每一教育概念和教育命题都必须保持自身同一。

同一律的基本内容可以用公式表示为："A 就是 A"或者"A＝A"。

式中的"A"可表示任何一教育概念、教育命题。

遵循同一律是使教育思想具有确定性的保证。

同一律所要求的同一，是在同一时间、同一关系下，对具有确定性的同一对象而言的；如果不符合这一条件，同一律就失去了它的规范作用。如向量的概念，其内涵是既有大小又有方向的量。根据向量的概念，我们能判断出力是向量，速度是向量，速率不是向量，数轴也不是向量。因为速率只有大小，没有方向，所以不是向量。数轴也是只有大小，没有方向，所以也不是向量。可能有同学会说，数轴的箭头难道不是方向吗？不是，方向的本质是角度。

例如，《韩非子》[①] 中有这样一则故事：

郑县有一位姓卜的，他常常在外鬼混。一天，他的裤子弄出了一个洞。他买了新布，回家让妻子为他做一条新裤子。妻子问："如何做？"他说："照原样"。于

---

① 韩非. 韩非子［M］. 北京：中华书局，2014：334.

是，妻子按照原来的样式做好裤子后，照样在裤子原来的地方剪了一个洞。

这当然是一个笑话。但从逻辑的角度来说，他的妻子是有意或无意地违反同一律。"原样"在丈夫的那里指的是原来样式的、尺寸，绝不是有破洞的原样。

又如，北京市 2023 年高考作文题目：

从下面两个题目中任选一题，按要求作答。不少于 700 字。将题目写在答题卡上。不透露所在区、学校及个人信息。

A. "续航"一词，原指连续航行，今天在使用中被赋予了新的含义，如为青春续航、科技为经济发展续航等。

请以"续航"为题目，写一篇议论文。

要求：论点明确，论据充实，论证合理；语言流畅，书写清晰。

B. 舞台上，戏曲演员有登场亮相的瞬间。生活中也有许多亮相时刻：国旗下的讲话，研学成果的汇报，新产品的发布……每一次亮相，都受到众人关注；每一次亮相，也会有一段故事。

请以"亮相"为题目，写一篇记叙文。

要求：思想健康，内容充实、合理，有细节描写；语言流畅，书写清晰。

写作时，必须明确"续航"与"亮相"的内涵，继而思考自己文章中的"续航"与"亮相"是哪一个内涵，并且始终保持它的同一性，不可偷换或混淆概念。即使试题中没有提示，也应当如此。

再如，通常，我们在师范生课堂上讨论的"教育"和在日常生活中讨论的"教育"并非同一个概念，如果不加以思考辨别，就容易出现鸡同鸭讲的情况。

在日常生活中，人们经常使用"教育"一词。这些用法主要有四种：

教育是一种"过程"，表明一种深刻的思想转变过程。比如，我从这部电影中受到了一次深刻的教育。

教育是一种"制度"。比如，教育是振兴地方经济的基础。

教育是一种"方法"。比如，你的孩子真不错，你是怎样教育孩子的。

教育是一种"暴力"。比如，你再不听话我就打算教育教育你了。

社会中的"教育"是从正向意义上讲，指凡是增进人的知识和技能、发展人的智力和体力、影响人的思想的活动。

而师范生课堂上讲的"教育"，常指狭义的教育，主要指学校教育，是教育者根据一定的社会要求，有目的、有计划、有组织地通过学校教育的工作，对受教育者的身心施加影响，促使他们朝着期望方向变化的活动。

（一）转换概念

1. 偷换概念

偷换概念是指在同一推理、论证过程中，把本来不同的概念混同起来，故意制造概念混乱。比如，小狮子老师对本学校校长经常用公款吃喝提出意见，认为这是腐败行为。但这位校长却辩解说："谁不吃喝？吃喝是腐败的话，大家就都在腐败了。"这位校长的话，除了认识上的错误外，还有故意偷换"吃喝"概念的逻辑错误。在对用公款吃喝的批评中，"吃喝"表达的是"利用公共权力为自己谋取利益"这一概念，而这位领导辩解中的"吃喝"表达的是"人们生活中的正常饮食"这一概念。用后一概念取代前一概念，就是偷换概念。

北宋时期，由于经济繁荣，元宵节实际上也是一年中最盛大的节日。这一天，大宋的一些主要城市张灯结彩，说书的、唱戏的、打把式卖艺的，市集上有各种好吃的好玩的，人们全都上街去看热闹。

在宋朝，女人平时就在家待着，大门不出二门不迈。而元宵节是个例外，这一天大家全都可以出门了，各家各户的贵妇人、大姑娘、小媳妇，一个个穿上最漂亮的衣服，打扮得漂漂亮亮的，形成大街上一道难得的风景。

这一年，从小就聪明异常、临危不乱的神童司马光长大了。他因为不同意王安石变法，自己主动请求离开开封，闲居洛阳。洛阳是跟开封一样繁华的都市，元宵节这一天也是非常热闹。

司马光的妻子张氏听着外面的动静，也想去凑凑热闹，可又不太敢说。因为司马光这个人虽然对妻子极好，但平时总是不苟言笑的，对于宴饮集会这样的事情都是不大上心的，估计看灯这样的事情也不会赞同。

华灯初上，皎洁的月亮也升上了天空，大街上人声鼎沸，张氏终于忍不住了，就小心翼翼地对司马光说："相公，我想出去看彩灯。"

司马光一皱眉："咱们屋里点的不是灯？"贤惠的张氏没想到司马光会这样回答，一时没反应过来，也没考虑这句话中的漏洞，接着说："不只是看灯，我还要看看街上的人。"一向严谨的司马光把诡辩发挥到极致："难道我不是人，是鬼吗？"

为了拒绝夫人的正当要求，司马光故意用"灯"取代"花灯"，用"人"取代"游人"，犯了"偷换概念"的逻辑错误。

苏格拉底领了一个青年到智者欧底姆斯那里去请教。这个智者为了显示自己的本领，就想在初次见面时给这个青年一个下马威。因此，一见面他就劈头提出了这样的问题：你学习的是已经知道的东西，还是不知道的东西？

这个青年回答说：学习的是不知道的东西。

于是这个智者就向这个青年发出了一连串的问题。

"你认识字母么？"

"我认识。"

"所有的字母都认识吗？"

"是的。"

"而教师教你的时候，不正是教你认识字母吗？"

"是的。"

"如果你认识字母，那么教师教你的不就是你已经知道的东西吗？"

"是的。"

"那么，或者你并不在学习，只是那些不识字母的人在学习吧！"

"不，我也在学习。"

"那么，如果你认识字母，就是学习你已经知道的东西了。"

"是的。"

"那么，你最初的回答就不对了。"

这个青年就这样被智者欧底姆斯搞晕了，于是承认自己的失败，而甘心拜欧底姆斯为师。

实际上，在这个故事里，智者欧底姆斯使用了偷换概念的方法，把这个青年弄得昏头昏脑。

2. 混淆概念

混淆概念是指在同一推理、论证过程中，由于认识不清，无意地把有某些联系或有某些表面相似之处的不同概念，当作相同的概念来使用而犯的逻辑错误。

警惕教育概念被偷梁换柱[①]

日前，记者调查幼小衔接班发现，上海一家专门为应试民办小学招生而开设的"幼升小精英培训班"里，3000个汉字、100以内加减法和简单的英语会话以及基本的汉语拼音成了幼儿园毕业前孩子要掌握的"知识标配"。这样的培训目标，显然不再指向幼小衔接，而是赤裸裸的"小学化"了。全国各地这种打着幼小衔接的旗号大搞"小学化"培训的应当不在少数。

由于幼儿园和小学是两种不同类型的教育机构，幼儿园和小学之间缺乏联系，对孩子的学习、生活、行为等许多方面的要求完全不同，所以适当进行幼小衔接，为幼升小的孩子做一些准备是必要的。但在现实生活中，很多所谓的幼小衔接变了样，不是帮助幼儿从思维方式、学习习惯、社会技能等方面适应小学生活，而是提前学习小学的课程内容。

久而久之，很多家长便把幼小衔接误解为提前学习小学知识。不仅"幼小衔接"一词的本意被掩盖、歪曲，这种违背幼儿成长规律的提前学，还有可能为孩子的成长埋下隐患。

"幼小衔接"的这种遭遇，就是一种典型的偷梁换柱。一些拥有话语权的人为了相关利益，偷换语言概念，将一些词语做偏离本义甚至是完全相反的解释，从而达到操纵人心的目标。"幼小衔接"含义的变化，正是一些培训机构偷梁换柱，刺激家长的抢跑焦虑造成的。

这样的案例还不少。"弯道超车"本是赛车运动中的一个常见术语，意思是利用弯道超越对方，后来被广泛运用于政治、经济、社会生活的各个领域。"弯道"则被理解为社会进程中的某些变化或人生道路上的一些关键点。

[①] 杨三喜. 警惕教育概念被偷梁换柱 [J]. 教育文汇，2018 (18): 1.

在教育领域,"弯道超车"的概念也颇为流行。中国青年报社社会调查中心联合问卷网对2012名受访者进行的一项调查显示,对于暑期是学生"弯道超车"时机的说法,38.7%的受访者表示认同,21.8%的受访者不这样认为,34.0%的受访者表示说不好。交互分析发现,中小学生家长对此说法明显认同度更高。是什么原因导致家长们把本应休息放松的暑假,当作"弯道超车"的大好时机,给孩子大肆"进补"?这背后既有教育焦虑大背景下的抢跑心理在作祟,恐怕也少不了校外培训机构的营销刺激。

不过,很多家长似乎没有意识到如果没有在弯道上把控好速度,更有可能翻车。不间断上课会让孩子产生厌学情绪,让孩子得不到足够的放松时间,缺少户外锻炼。更何况,个人的成长真的需要所谓的"弯道超车"吗?家长究竟是希望孩子超越他人还是超越自己?如果把超车理解为超越其他孩子,难道不是应该让每个孩子拥有属于自己的跑道,在不同的跑道上进行竞争?

对某一个概念进行偏离原意的、夸张的理解,甚至填充进相反的含义,由此形成的教育焦虑让校外培训需求虚火旺盛。一些家长在家庭条件并不允许的情况下想方设法让孩子参与到暑期培训、游学当中。媒体报道,杭州一名家长,为了让在某民办小学读六年级的儿子参加学校组织的海外游学活动,省吃俭用。原因就在于小学6年,全班只有儿子一人没有出过国。这几年的研学旅行市场火热,尤其是海外游学更受到不少家长的追捧。然而,游学虽有利于开阔视野、锻炼能力,却并不是教育的必需品,也并不是只有参加学校或者机构组织的活动,才算游学,更何况,很多研学旅行项目,不过就是挂羊头卖狗肉罢了。

同样,"素质教育"一词也被一些人、一些机构有意歪曲,素质教育的核心是培养学生的实践能力和创新能力,但在现实生活中素质教育却被窄化为掌握音乐、美术等艺术特长。于是,获得各种等级证书成了素质的代名词,看上去是进行素质教育,实际上仍然走进了应试的误区。

面对教育生态乱象,当然需要教育主管部门联合其他部门加强监管力度,让违规办学、虚假宣传等行为无处藏身。同时还需要正本清源,还各类教育理念和教育概念本来面貌,让这些教育概念、教育理念成为家长进行理性教育选择的基础,而不是刺激教育焦虑的元凶。

材料中提到的问题,实际上是对教育概念混淆理解,而正确、准确把握教育概念的内涵与外延,不随意混淆教育概念,是我们正确进行教育思维的前置工作。

以下说法有何逻辑问题?注意区分混淆概念和偷换概念的逻辑思维错误。

①教条主义的学习方法的确不好,应当克服。但这也难以完全避免,因为我们总还要背诵课文,死记硬背外语单词。

②当欧蒂德谟被指责说谎时,他狡辩说:"谁说谎谁就是在说不存在的东西,而不存在的东西是无法说的,所以没有人说谎。"

（二）转换论题

1. 转移论题

转移论题是指在一个思维进程中，改变已提出的论题，把它引向另一论题，常表现为"离题"或"走题""答非所问"，也叫作离题、跑题或走题。

在《艾子杂说》中，苏轼提到过这样一个故事：

> 有一个脑子不开窍的营丘人，平时很喜欢追着问别人问题，可对别人的讲解，又不太能明白，经常会把人问得烦躁不已。
>
> 一天，营丘人问艾子："拉大车的骆驼，为什么脖子要挂一个铃铛？"
>
> 艾子告诉他："大车和骆驼都是庞然大物，且经常在夜里赶路，怕狭路相逢，难以避让，所以就挂个铃铛，听到铃声对方就能做好让路的准备。"
>
> 营丘人点点头，又问："高塔上挂铃铛，也是为了夜里行路相互避让吗？"
>
> 艾子说："你怎么不通事理？鸟雀们都喜欢在高处建巢，把鸟粪拉得到处都是，高塔上挂铃挡，是为了借风吹响，赶跑鸟雀，这跟骆驼挂铃铛不是一回事。"
>
> 营丘人挠挠头，继续问："老鹰的尾巴上也挂了铃铛，可没有鸟雀在老鹰的尾巴上搭建巢穴呀？这又怎么解释呢？"
>
> 艾子无奈地说："你这个人真奇怪，老鹰捕捉小动物，如果不小心飞进树林里，脚被树枝绊住，只要拍拍翅膀，铃声一响，主人就能循着声音找过去，这跟高塔挂铃铛防止鸟雀筑巢怎么能是一回事呢？"

试想一下，如果我们在生活中遇到像营丘人这样的人物，不知得费多少口舌，生多少气？

在上述的故事里，他问了艾子好几个问题，主题都是"挂铃铛是为什么"？

可是，当艾子回答了一种挂铃铛的作用时，营丘人就无意识地把它理解成后一种挂铃铛也是这个用途。

实际上，他已经在不知不觉中转移了论题。挂铃铛这件事，用在不同的对象上，用途是不一样的。如果营丘人在得到第一个回答后，再转入第二个问题、第三个问题，这样的对话就符合逻辑了。

2. 偷换论题

偷换论题是指暗中用一论题替代正在谈论的话题，以达到某种不正当的目的。

> 庄子与惠子游于濠梁之上，庄子曰：鲦鱼出游从容，是鱼之乐也。惠子曰：子非鱼，安知鱼之乐？庄子曰：子非我，安知我不知鱼之乐？惠子曰：我非子，固不知子矣，子固非鱼也，子之不知鱼之乐，全矣。庄子曰：请循其本，子曰汝安知鱼乐云者，既已知吾知之而问我，我知之濠上也。[①]

---

① 教育部组织编写. 语文八年级下册 [M]. 北京：人民教育出版社，2017：114.

在,但他的精神已经被人们所遗忘或鄙弃;有的人虽然生命已经终止,而他的精神还留在世上。"

又如,

丁玲在《丁玲选集》的自序中说:"从这本集子里面大约可以得出一点点我的创作道路,是长长的路,也是短短的路。"既"长长的"又"短短的",从形式上看是矛盾的,但从其特定的含义来看并不矛盾。"长长的"是说在创作的道路上摸索了很久,走了许多弯路;"短短的"是说在无止境的创作道路上自己才走过一小段,所取得的成就并不算大。

(一) 概念自相矛盾

北京梁思成、林徽因故居被"维修性拆除"余声未了,又有微博称"蒋介石重庆行营拆了",一张施工人员正在施工的照片与文字同时发布。这一"有图有真相"的微博迅速引起网民关注。

国民政府军事委员会重庆行营(简称"蒋介石重庆行营"),旧址为三幢两楼一底的砖木结构建筑群,属于民国时期典型的中西合璧建筑,建于1935年底。卢沟桥事变数月之后,国民政府迁都重庆,国民政府军事委员会就在这里办公,蒋介石的官邸也设在此处。作为重庆市重要的抗战遗址,"国民政府军事委员会重庆行营"旧址2009年被列为市级文物保护单位,2011年11月,该址的保护方案通过了重庆市文物局的审批。据重庆市渝中区文化广电新闻出版局副局长吴辉介绍,"蒋介石重庆行营"所在地块目前的业主单位为重庆市复旦中学,地块已规划为教育用地,目前正在进行保护性拆除。

"维修性拆除"(梁思成、林徽因故居)和"保护性拆除"(蒋介石重庆行营)这样的表达是否合适?

在同一思维过程中,不能用两个互相矛盾或互相反对的概念指称同一对象,否则就犯了概念自相矛盾的错误。

(二) 命题自相矛盾

有个年轻人想到爱迪生的实验室去工作,他对爱迪生说:"我有一个伟大的理想,想发明一种万能溶液,它能溶解一切物品。"爱迪生听后惊奇地说:"那么你用什么器皿来盛装它呢?它不是可以溶解一切物品吗?"这个年轻人被问得哑口无言。

"能溶解一切的溶液"与"能装下溶解一切溶液的器皿"这两个命题是自相矛盾的。在同一思维过程中,不能同时肯定两个互相矛盾或互相反对的命题都是真的,否则就犯了命题自相矛盾的错误。

以下对话中是否有逻辑错误?

有两个年轻人讨论信念问题。

甲问道："照你这样说，就没有信念之类的东西了？"
乙回答："没有，根本没有，从来也没有。"
甲又问："你是这样确信地吗？"
乙答道："是的。"

需要注意的是，矛盾律的作用在于保持思维的首尾一贯，避免自相矛盾。正确理解矛盾律首先要认识到矛盾律中的矛盾，只是指同一思维过程中出现的逻辑矛盾，即同时断定 A 与非 A 都真。对于这种逻辑矛盾，矛盾律是反对的，但矛盾律并不否认客观世界固有的矛盾。因此，遵守矛盾律的逻辑要求并不意味着否认客观事物本身存在着的矛盾，也不意味着人们的思想不反映客观事物自身的矛盾性。自然界、社会和思维中普遍存在着既对立又统一的两个方面，常被称为客观矛盾。客观矛盾不是逻辑矛盾。

例如：

"小狮子是老师"与"小狮子不是老师"是两个互相否定的命题。如果它们是就同一时间说的，则构成逻辑矛盾。如果这两句话是在小狮子任职前和辞职后不同的时间分别说的，就不构成逻辑矛盾。

悖论是一种特殊的逻辑矛盾。所谓悖论是这样一种命题，即由该命题的真可推出它的假，并由它的假又可推出它的真，如古希腊的著名的"说谎者悖论"。"说谎者悖论"通常表述为："我正在说的这句话是假话。"若断定该命题为真，由于该命题断定"我正在说的这句话是假话"，因此它是假的；若断定该命题为假，由于该命题断定"我正在说的这句话是假话"，所以它又是真的。这便形成悖论。在日常思维中，悖论的产生，一般是由于牵涉说话人或这句话的本身，也就是"自我相关"。所以，有人提出解决悖论的办法是避免涉及自身，也有人提出将语言分为不同的层次。

三、排中律

排中律：在同一思维过程中，两个相互矛盾的思想不能同时为假，必有一真。

排中律的基本内容可以用公式表示为："A 或者非 A。"

公式中的"A"表示任何一个思想，"非 A"表示与"A"相矛盾的思想，它可以表示概念，也可以表示命题。由公式可知，"A"和"非 A"这两种互相矛盾的思想不可能同时都是假的，必有一个是真的，或者 A 真，或者非 A 真，两者必居其一。

排中律与矛盾律是逻辑学中的两个重要原则，但它们在论证和推理中起着不同的作用。

排中律表明对于任意思想，要么为真，要么为假，二者必居其一，不存在第三种情况。矛盾律则表明对于任意思想，相矛盾的两个思想不能同时为真。

区别在于它们的结论和适用范围：第一，结论上的区别。排中律给出了两个互补且穷尽的选择：要么为真，要么为假。矛盾律给出的是不可能同时为真的选择，两个矛盾的思想不可同时为真。第二，使用范围上的区别。排中律适用于所有思想，无论其性质如何。矛盾律更多地用于分析矛盾和矛盾条件的逻辑运算。比如，"这个人是学生。"根据排中律，要么这个命题为真，即这个人是学生；要么这个命题为假，即这个人不是学生。根据矛盾律，这个命题与命题"这个人不是学生"不可能同时为真。

(一)"两不可"

以下语句有何逻辑错误？

①世界上有鬼还是无鬼？有人认为"有鬼"，而有人认为"无鬼"。这两种看法我都不赞成。

②小山对这个问题的看法，不能说是全面的，也不能说是片面的。

"两不可"指对两个互相矛盾的命题都给予否定，又称"非此非彼"，但由于矛盾命题已经排除了第三种可能，因此，对两个相互矛盾的命题同时予以否定，命题也就丧失了明确性。

(二) 模棱两可或未置可否

狮子当着老虎的面问狐狸："我是不是山中之王？"

狐狸如答"是"就会得罪老虎，被老虎吃掉；如答"不是"就会得罪狮子，被狮子吃掉。

狡猾的狐狸想了想，笑着说："狮子先生，您和老虎的雄威早就令人钦敬，两位的宽宏大量更是无人可比。我愿为二位效劳。河边还有两头小鹿也自愿供你们享用，我现在就去把它们带来。"说着就逃开了。

狐狸采用回避表态的策略对老虎的问题不予回应。

模棱两可是对两个相互矛盾的命题含含糊糊的同时加以肯定或否定，但实际上并没有明确表明自己的态度或主张，因此，"模棱两可"实际上也是"模棱两不可"，仍然是对事物的情况命题无所反映。

又如，以下对话中有何逻辑错误？

小山：你到日本去过吗？

小龙：我没怎么去过。

小山：你是大学毕业吗？

小龙：我进过大学门。

小龙的回答就属于用语含糊。

需要注意的是，排中律并不要求人们对任何存在矛盾观点的问题都做出明确表态，在实际生活中，对缺乏充分认识、尚需调查研究的事物或不宜表明态度的问题，不做出明确断定并不违反排中律；排中律并不要求对"复杂问语"盲目地做出明确回答；排中律并不否认客观事物发展过程中的中间环节和过渡状态。比如，某大学生说："我今年是否应征参军尚未决定。"这句话并未违反排中律的要求，因为它并没有同时否定"应征参军"和"不应征参军"。

又如，"你的文章写好了吗？"这句话就是复杂问语，它暗含着"你正在写文章"的话题预设。对这种复杂问语不做简单的肯定或否定回答并不违反排中律的逻辑要求。

"复杂问语"是一种不正当的问话，它本身隐藏着某种错误的假定。对它的回答不论是肯定还是否定，结果都承认了那个错误的假定。回答此类问语的最好方法是指出其中那个预设为假，或者回避，即重复该问句的预设，也可以用复杂问句揭露事实真相。

> 钟会，魏国名家，书法家钟繇之子，年少聪颖，十九岁入仕。司马氏上台，极为重用，为司马集团的核心人物。在文学方面，也是颇有功力。但仍对仅比他长两岁的嵇康膜拜万分。当时社会上玄学盛行，钟会也颇有兴趣，与人合写了一本书《四本论》，改了几次，自觉文理通达，言辞缜密，但和嵇康造诣相比，还是没有信心。
>
> 钟会想让大师嵇康点评一番，于是到嵇康家拜会。到了门口，看到在院子里的树下，嵇康光着膀子打铁。只见他手起锤落，乒乒乓乓，打得不亦乐乎，根本没理会钟会。在门外的钟会很是忐忑，进退两难。最后在院子外把书扔到院子，扭头就跑了，甚是狼狈。若干年后，钟会做了高官，再次造访嵇康，想问那本《四本论》嵇康读了没有。这次他比较自信了，浩浩荡荡带了很多名仕和随从，带了礼品。到嵇康家后，看见他又在打铁。嵇康还是对钟会不理不睬，打铁打得忘乎所以。钟会其实还是比较有诚意的，对于大师嵇康的漠视也是不以为然，默立一旁。一个时辰后，尴尬的钟会终于准备打道回府。这时，嵇康说了一句"何所闻而来？何所见而去？"钟会从容答复："闻所闻而来，见所见而去。"

此外，排中律的作用只在于提出两个相互否定的思想必有一真，以供人们选择，但它并没有指明两个命题中哪一个是真的。命题的真假要靠实践确定。

四、充足理由律

关于充足理由律是不是逻辑基本规律，存在着不同的意见，并且占主导地位的意见似乎认为它不是逻辑基本规律。充足理由律的提法源于17世纪末18世纪初，由德国哲学家戈特弗里德·威廉·莱布尼茨提出。

充足理由律：在同一思维和论证过程中，一个思想被确定为真，总是有充足的理由的。

充足理由律的基本内容可以用公式表示为：A真，因为B真，并且由B能推出A。

"A"表示真实性需要加以确定的命题，称为推断。"B"表示用来确定A真的命题，称为理由，B可以是一个命题，也可以是一组命题。

违反充足理由律的逻辑错误有以下两种。

（一）虚假理由

虚假理由是指以虚假的命题或观点作为推理、论证的根据。在一个推理、论证中，前提或论据是推出结论或证明论题真实性的根据，如果前提或论据虚假，结论或论题的真实性就不会得到证明。

所谓虚假理由就是用作理由的命题是虚假命题。以虚假命题作为理由是违反充足理由律的。即使推理形式有效，从虚假前提（理由）推出的结论（推断）也不能保证是真的。虚假理由属于思维内容方面的非形式谬误。

《吕氏春秋》中有一篇《父善游》，其原文如下：

> 有过于江上者，见人方引婴儿而欲投之江中，婴儿啼。
> 人问其故。曰："此其父善游。"
> 其父虽善游，其子岂遽善游哉？以此任物，亦必悖矣。

"其父善游，其子亦善游。"显然是不成立的，这是虚假理由。

（二）推不出来

"推不出"的逻辑错误，就是作为理由的判断虽然是真实的，但是与推断之间没有必然联系，或者因理由不充分，推不出推断。

"推不出"的逻辑错误的特点就是，即使理由是真实的，也不能得出推断是真实的。论辩中的"蛮不讲理""强词夺理"等错误，大都属于这类逻辑错误。

契诃夫小说《装在套子里的人》，写别里科夫看到他的同事柯瓦连科同姐姐华连卡一起在街上骑自行车，吓得脸色由青到白。他指责柯瓦连科"这种消遣，对青年的教育者来说，是绝对不合宜的"，其理由是："如果教师骑自行车，那还希望学生做出什么好事来？他们所能做的就只有倒过来，用脑袋走路了！既然政府还没有发出通告允许做这件事，那就做不得。"

别里科夫反对青年教师骑自行车的理由之一是"如果教师骑自行车，那么学生就不会做出好事来"，这是虚假理由。理由之二是"政府还没有发出通告允许做这件事"，理由虽真实，但不充分，也与推断之间没有必然联系，强加了因果关系，因而推不出来。

充足理由律的主要作用就是保证思维的论证性。无论是说话还是写文章，具有论证性才有说服力，才能"言之有理，持之有据"。如果违反了充足理由律，一个观点、理论，没有充足的理由支持，就会缺乏论证性，就会没有说服力而不能成立。

比如，"小狮子老师没有来上课，肯定是出差了。因为他上次没有来上课也是出差了。"这个推断就不能成立，因为"他上次没有来上课也是出差了"，并不能推出这次没有来上课，"肯定是出差了"的结论，这二者之间没有必然的逻辑联系。

同一律、矛盾律和排中律是对同一思维过程中思维确定性的反映，充足理由律是对同一思维过程中思维论性的反映，违反不同的逻辑规则会导致不同的逻辑错误发生。

【思考与讨论】

请扫描二维码完成习题。

第七章 教育论证

　　许三多是军旅题材剧《士兵突击》的主人公，他想法简单，做事认真，经常把一句话挂在嘴边："有意义就是好好活，好好活就是有意义"。这句话听起来似乎有点道理，但仔细琢磨，又觉得怪异。到底什么是"有意义"呢？许三多说："有意义就是好好活。"到底怎样才是"好好活呢？"许三多又说："好好活就是做有意义的事情。"

显然，许三多已经进入了循环论证的怪圈。

教育领域中具有诸多教育理论。教育理论是由一系列教育命题合逻辑的组合而成的。教育命题之间的结合、转换和推理，要以教育论证作为中介。

一、教育论证的含义与结构

教育论证是引用已知为真的教育命题，通过教育推理，以确定另一教育命题的真实性或虚假性的思维过程和形式，包括教育证明（立论）和教育反驳（驳论）。

看下文材料[①]，分析教育论证的组成部分为何？

　　据新华社报道，尽管教师日益成为受社会尊重和被美慕的职业，但在一些地方，中小学教师性别比例失衡问题仍较为普遍。记者近期赴湘川黔吉等多地基层区县，就此问题的现状、症结与对策展开调查，发现不少地方的中小学"女多男稀"情况仍然存在。某些语言类学科，如语文、英语更是出现了"男教师荒"。

　　造成教师队伍"女多男稀"现象主要有以下几个原因。一是温柔善良、轻言软语、善解人意等传统教师"标签"更多与女性关系密切，教师职业安全稳定、收入有保障、有固定的寒暑假等特点，也都符合社会对女性兼顾家庭的要求。二是教师职业的薪金待遇问题。教师行业较大的压力、过高的社会和家庭期望值，与相对较低的待遇形成反差，导致一些原本有志于从教的男性选择了其他行业。三是女性在现有的教师招考模式中更有优势。各地现有的教师招考模式主要是笔试加面试，笔试内容大多与教育心理学有关。这种通识类的考试，女性相对更具有优势。而面试大多采用15—30分钟的课堂教学，女性注重形象、亲切随和、口头表达能力好等优势，也让她们在选拔中更容易胜出。

---

① 文瑛. 改善教师性别比例失衡要多元创新［N］. 中国教育报，2020—09—18（002）.

教育论证由论题、论据和论证方式组成。

论题：教育论证的主题，其真实性或虚假性需要进一步论证确定的教育命题。整个教育论证都是为论题服务的。材料中"中小学阶段却呈现'男教师荒'现象，基本上教师队伍中的性别比例都是相对失衡的"就是论题。论题主要在于阐释"论证什么"的问题。

论据：教育论证中用来说明论题真或假的命题，一般是客观事实或科学定义、公理、原理、定理。同一论题的论据可由多个。材料中调查数据的引用、原因的阐释等，都是摆事实、讲道理，说明中小学教师为何"男教师荒""性别失衡"现象的真实性。论据主要在于阐释"用什么论证"的问题。

论证方式：教育论证中把论据与论题有机联系起来的方式，即论据与论题间逻辑联系的方式。同一论题也可有多种论证方式。材料中运用了演绎证明、归纳证明等方法。论证方式在于阐释"怎样论证"的问题。

二、教育论证与教育推理的关系

教育论证要使用教育推理，一般由若干教育推理构成。

> 对待教育历史文化遗产应采取批判继承的态度。对待教育历史文化遗产的态度，要么是全盘继承，要么是虚无主义，要么是批判继承。全盘继承，不分精华和糟粕，不能推陈出新，不利于教育事业的发展，这种态度是不可取的。虚无主义，隔断历史，违背教育事业发展的规律，同样不利于教育事业的发展。只有批判继承，去其糟粕，取其精华，才能促进教育事业的繁荣。[①]

这段材料就运用了教育不相容选言教育推理进行教育论证：

> 对待教育历史文化遗产的态度，要么是全盘继承，要么是虚无主义，要么是批判继承。
>
> 全盘继承，不分精华和糟粕，不能推陈出新，不利于教育事业的发展，这种态度是不可取的。
>
> 虚无主义，割断历史，违背教育事业发展的规律，同样不利于教育事业的发展。
>
> 所以，只有批判继承，去其糟粕，取其精华，才能促进教育事业的繁荣。

教育推理形式为：

要么 p，要么 q，要么 r。

非 p，非 q。

所以，r。

教育论证的论据必须真实，而教育推理的前提即便假也完全可以进行合乎逻辑的推理。

---

① 郭元祥. 教育逻辑学 [M]. 北京：人民教育出版社，2019：125.

据先秦时期的《列御寇》中《两小儿辩日》记载：

孔子东游，见两小儿辩日，问其故。

一儿曰："我以日始出时去人近，而日中时远也。"

一儿以日初出远，而日中时近也。

一儿曰："日初出大如车盖，及日中则如盘盂，此不为远者小而近者大乎？"

一儿曰："日初出沧沧凉凉，及其日中如探汤，此不为近者热而远者凉乎？"

孔子不能决也。

两小儿笑曰："孰为汝多知乎？"

两小儿的推理前提"如果某物离我们近，就看起来大一些；如果某物离我们远，就看起来小一些"和"如果某有温度的物离我们近，就会让我们感觉热一些；如果某有温度的物离我们远，就会让我们感觉凉一些"。在推理前提的基础上进行推理（下文将科学解释该推理前提不够真实准确），得出了"日初出大如车盖，及日中则如盘盂，此不为远者小而近者大乎"和"日初出沧沧凉凉，及其日中如探汤，此不为近者热而远者凉乎"合乎逻辑的推理（推理形式），因此，"孔子不能决也"。

用我们现代科学的观点来看，两小儿的论据都是不够真实的，由此推理出来的结论难以谓之科学。

太阳每天早晨都会从东方升起，傍晚在西方落下。我们在地球上看仿佛是太阳在围绕着地球转动。而实际情况正好反过来了，是地球在围绕着太阳转动。假如地球围绕太阳公转的轨道是一个正圆形，那么问题的答案就很清楚了。中午的时候，太阳距离我们更近一些。原因很简单，地球是一个转动的球体。地球被太阳照亮的一面是白天，没有被太阳照亮的一面是黑夜。地球的白天叫作昼半球。中午的时候太阳位于昼半球的中央，在位于中午时刻的人是正对着太阳的。而处在早晨和黄昏上的人看则是位于昼半球的边缘上，看到的太阳很低，阳光是斜射的。显然，在这个半球体上，位于半球体中央要比位于半球体边缘更加的靠近太阳。例如，在赤道上，中午的时候要比早晨的时候近了 6378 公里，也就是地球赤道半径的长度。如此一来，那个说中午的时候距离太阳更近一些的小孩完胜。

但是事情并没有这么简单。因为地球围绕着太阳转动的轨道并非正圆形，而是一个椭圆形。这对这个问题有什么影响呢？开普勒行星运动三大定律中的椭圆定律告诉我们，所有的行星绕太阳的轨道都是椭圆，太阳在椭圆的一个焦点上。地球也不例外。所以，地球到太阳之间的距离是在不断发生变化的。地球到太阳的远近是如何变化的呢？每年的 7 月初，地球会抵达远日点。此时地球到太阳的距离是一年之中最远的，约为 1.521 亿公里。每年的 1 月初，地球会抵达近日点。此时地球到太阳的距离是一年之中最近的，约为 1.471 亿公里。地球在远日点和近日点之间距离相差了大约 500 万公里。所以，从 1 月初到 7 月初的上半年，地球离太阳越来越远；而从 7 月初到 1 月初，地球又会越来越接近太阳。所以，地球与太阳的位置一直在变化，大概每昼夜相差 28000 公里。这样的话，地球从早晨到中午的这段时间里，地球表面上的各点与太阳之间的距离相差了大概 7000 公里。而这个距离要比地球自转引起的距离变化要大一些。

太阳什么时候离我们更近一些？现在，答案很清楚了。如果是在地球远离太阳的上半年，早晨的太阳要比中午的太阳离我们更近一些。如果是在地球靠近太阳的下半年，那么中午的太阳就要比早晨的太阳更近一些。

这些真实的论据才能推出正确的结论。

三、教育证明

教育证明是教育论证的一种形式，是用已知为真的教育命题通过逻辑推理确定另一教育命题为真的教育思维过程。教育证明主要包括教育直接证明和教育间接证明两种形式。

（一）教育直接证明

教育直接证明就是由真实的论据直接确定教育论题为真的证明方法。它是从论题出发，通过给它提供真实的直接理由来证明其真实性，也可称为顺推证明、由因导果法，包括教育演绎证明、教育归纳证明和教育类比证明三种主要类型。

1. 教育演绎证明

用一般性的论据去证明特殊性论题，即证明方式为演绎推理的教育证明。

教育演绎证明的特点如下：

一是论据中通常有一个或几个较论题断定范围更为广泛的、一般的命题，如教育政策与法规中的条款。

二是论题是较为特殊的命题，如具体论证者的观点。

三是由论据导出论题的推理是各种形式的演绎推理，其结论是必然性的。

禁止体罚和变相体罚并非禁止教育惩戒。我们回到《中华人民共和国义务教育法》文本，重新认识禁止体罚和变相体罚的具体语境。《中华人民共和国义务教育法》第二十九条指出："教师应当尊重学生的人格，不得歧视学生，不得对学生实施体罚、变相体罚或者其他侮辱人格尊严的行为，不得侵犯学生合法权益。"显然，禁止对学生进行体罚和变相体罚，其目的在于尊重学生人格，平等对待学生，不歧视学生，不侵犯学生权益。也即暗指，体罚和变相体罚，是对学生的权益损害和人格侮辱，有违人道要求和人格特征，是错误行为和违法行为。这样做也符合《中华人民共和国教师法》中要求教师"关心、爱护全体学生，尊重学生人格"的原则和倡议要求。可见，体罚和变相体罚是不对的和被禁止的，是违背教育规律和人格发展的行为。而教育惩戒与体罚和变相体罚并非等同。体罚和变相体罚是对学生身体的责罚，是一种造成学生疼痛感的惩罚行为，表现为"打"（如打屁股、打耳光）、"罚"（如罚跪、憋尿）具有肢体暴力和人格羞辱，对学生身心造成痛苦感控制学生的行为，使学生因畏惧而屈服。因此，体罚和变相体罚，不同于教育惩戒，禁止体罚和变相体罚，不能被视作禁止教师教育惩戒。翻阅任何法律政策文本，并不能找到禁止教师教育惩戒的任何表述，禁止体罚和变相体罚是规范教师教育惩戒，以免教师教育惩戒走入极端，目的在于促进教师教育惩戒权更好实施，以帮助学生健康发展，并非禁止教师教育惩戒。对教师教育惩戒的质疑声，是对教师教育惩戒的误解，是对体罚和变相体罚的随意扩张，属于"张冠李戴"现象。①

2. 教育归纳证明

以个别或特殊的教育命题作为论据来证明一般性论题的真实性，即证明方式为归纳推理的教育证明，包括教育完全归纳证明和教育不完全归纳证明。

教育归纳确证的特点如下：

第一，论据通常为一系列反映具体事实的判断。

第二，论据与论题联结而形成的推理，通常是归纳推理或类比推理，其结论是或然性的。也就是说，它不能为论题提供必然性证明，只能对论题给予一定程度的支持。

《生于忧患，死于安乐》出自《孟子·告子下》，原文为：

> 舜发于畎亩之中，傅说举于版筑之间，胶鬲举于鱼盐之中，管夷吾举于士，孙叔敖举于海，百里奚举于市。
>
> 故天将降大任于是人也，必先苦其心志，劳其筋骨，饿其体肤，空乏其身，行拂乱其所为，所以动心忍性，曾益其所不能。
>
> 人恒过，然后能改；困于心，衡于虑，而后作；征于色，发于声，而后喻。入则无法家拂士，出则无敌国外患者，国恒亡。然后知生于忧患而死于安乐也。

该文运用了简单枚举法，枚举了舜、傅说、胶鬲、管夷吾、孙叔敖、百里奚的例子，归纳论证出"故天将降大任于是人也，必先苦其心志，劳其筋骨，饿其体肤，空乏其身，行拂乱其所为，所以动心忍性，曾益其所不能"的大道理。

教育归纳证明包括教育完全归纳证明和教育不完全归纳证明。

(1) 教育完全归纳证明。

> 在一个平面内，直角三角形内角和是180度，锐角三角形内角和是180度，钝角三角形内角和是180度，直角三角形、锐角三角形和钝角三角形是全部的三角形，所以，平面内的一切三角形内角和都是180度。

这个例子从直角三角形、锐角三角形和钝角三角形内角和分别都是180度这些个别性知识，推出了"一切三角形内角和都是180度"这样的一般性结论，就属于完全归纳证明。

(2) 教育不完全归纳证明。

> 凡有所学，皆成性格。
>
> 读书使人充实，讨论使人机智，

---

① 邹维. 教师教育惩戒权的理论澄明与实践变革 [J]. 当代教师教育，2021 (4)：60-68.

> 笔记使人准确，读史使人明智，
> 读诗使人灵秀，数学使人周密，
> 物理使人深刻，伦理使人庄重，
> 逻辑修辞之学使人善辩。

教育不完全归纳证明包括简单枚举归纳证明和科学归纳证明。

例如，司马迁在《报任少卿书》中的论证：

> 古者富贵而名摩灭，不可胜记，唯倜傥非常之人称焉。盖文王拘而演《周易》；仲尼厄而作《春秋》；屈原放逐，乃赋《离骚》；左丘失明，厥有《国语》；孙子膑脚，《兵法》修列；不韦迁蜀，世传《吕览》；韩非囚秦，《说难》《孤愤》；《诗》三百篇，大底圣贤发愤之所为作也。此人皆意有所郁结，不得通其道，故述往事、思来者。乃如左丘无目，孙子断足，终不可用，退而论书策，以舒其愤，思垂空文以自见。

这就是简单枚举归纳证明。

> 从前有一个年轻的音乐家，为了创作一部《森林交响乐》，便到原始森林去寻找灵感。清晨，从森林里传来了一阵悠扬的歌声，音乐家循声寻去，只见一个美丽的少女正对着溪水唱歌。他被美妙的旋律深深陶醉，再三恳求她再唱一遍。可是，少女却哽咽着说："我是个奴隶，魔王规定我六十年只能唱一首歌。"音乐家还是苦苦哀求，少女被他的深情感动，沉思了一会儿说："好吧，等会儿在你五步远的地方会出现五朵一模一样的杜鹃花，其中一朵就是我，其余四朵是昨晚在那里过夜的魔王。如果你能采到我，那你的愿望就能实现。"少女说完便化作一股轻烟，被风吹走了。音乐家一转身，果然看到离他五步远的溪边开着五朵鲜艳的杜鹃花。他赶忙奔过去，俯下身，仔细观察了一阵。突然，他脸上泛出自信的笑容，伸手采了其中的一朵。原来，他经过细致观察，发现其中四朵沾满了露水，只有一朵没有露水。他断定，那四朵沾有露水的杜鹃花是昨晚在那里过夜的魔王变的，而那位少女清晨正在唱歌，身上应该不会有露水。这时，奇迹出现了，他手中握着的杜鹃花渐渐消失，美丽的少女出现了……

音乐家之所以能采到那朵少女变得杜鹃花，是因为他运用了科学归纳推理中的差异法（求异法）归纳。

3. 教育类比证明

冯梦龙《古今谭概》中有段故事说：

> 翟永令的母亲笃信菩萨，一天到晚烧香念经，阿弥陀佛之声不绝于耳。翟永令为了让他母亲知道，念经是没有用的，即是有菩萨，听了也会烦的。有一天，当母亲又在烧香念佛时，翟永令叫他："娘！娘！娘！"母亲没有回声，他就不停地叫下去。母亲非常生气地问他，为什么老叫个不停，让人家生烦。翟永令说我才叫几声您就生烦了，您一天到晚一直叫阿弥陀佛，菩萨还会不烦吗？这样下去可不得了。

母亲见状，急问怎么办？翟永令乘机说，教徒如果得罪菩萨，活着要遭殃，死了不得升入极乐世界。母亲听后，大吃一惊，从此再也不敢阿弥陀佛地念个不停了。

冯梦龙就是运用了类比论证证明了"母亲不停地烧香念经会打扰到菩萨"。

当存在教育类比论证时，通常可以整理为以下形式：

A 具有 F 和 G 的属性。

B 具有 F 的属性。

因此，B 具有 G 的属性。

（二）教育间接证明

教育间接证明是通过证明与原论题相矛盾的反论题为假来证明原论题为真的证明方法。教育间接证明常用的方法为反证法和选言证法。

1. 反证法

先证明与原论题相矛盾的反论题为假，再根据排中律确定原论题为真。

反证法的一般形式：

论题：p。

设：非 p。

证：非 p 假（用充分条件假言推理否定后件式，用事实或科学原理证明非 p 假）。

结论：p 真（排中律）。

有一首反对迷信的顺口溜：风水先生惯说空，指南指北指西东，如若真有"龙虎地"，何不当年葬乃翁？

这寥寥二十八个字就是一个很有说服力的反证法论证。论证的过程是：倘若风水先生真的能找到"龙虎地"，那么他就会用这块地埋葬他的先人；事实上，他没有这么做。可见，他是在用谎话骗人。

具体过程可以这样表述：

求证：风水先生说谎话，他根本不能找到"龙虎地"。

①假设反论题"风水先生能找到'龙虎地'"为真。

②以反论题为前件，引出后件即"如果风水先生能找到'龙虎地'，那么他就会用这块地埋葬他的父亲"。（后件与事实不符合）

③否定后件进而否定前件：风水先生没有用这块地埋葬他的父亲，所以他找不到这块"龙虎地"。

④被否定的反论题与原论题之间是矛盾关系，根据排中律，反论题被否定，则原论题成立。

运用反证法进行论辩通常分为三步：第一步，设立反论题，即提出与所主张的论点相矛盾的论题；第二步，根据事实或科学原理说明反论题是不能成立的；第三步，根据排中律，确定原论题是正确的。

运用反证法进行论证应当注意：第一，反论题必须与自己所主张论点构成矛盾关系，如果不满足这一要求，即使论证了反论题不能成立，也难以确定原论题一定是正确的。第二，必须以有力的论据说明反论题是虚假的或不能成立的，这样才能真正确立自己所主张论点的正确性。

2. 选言证法

用选言推理的否定肯定式进行间接证明。

这种方法是先找出与论题有关的互相排斥的全部可能情况，使论题成为其中的一种可能；然后证明除论题外的其他可能虚假，再通过选言推理的否定肯定式确定论题真。

选言证法的一般形式：

论题：p。

设：或p，或q，或r。

证：q假，r假。

结论：所以p真（不相容选言推理的否定肯定式规则，若q假和r假，则p真）。

> 对教学属性以及教师在其中的作用进行深入的再思考是十分必要的。当前对教师教学地位的认知，存在着两种认知取向：一种认知取向认为教师扮演好指导角色即可，教师应该"少教或者不教"，以此来凸显学生为学习主体的地位；另一种认知取向则高度强调教师作用，认为"教学是一门艺术"，面对复杂多变的教育环境，必须重视教师的主动性和个性，因此，教师应该形成一套具有自我属性的教学思想、教学理念、教学方式等。针对第一种认知取向，保罗·基尔希纳等人通过实证研究证明，"少教和不教"并不管用，这一做法事实上不合情理，与人类认知背道而驰，缺乏实证支持，不可能产生多大的影响。至于第二种认知取向，认识到了教师在教学中的重要作用，但是，由于缺乏必要的限制性条件，充满艺术气息，却也导致了教学实践中乱象频发。比如，当前我国基础教育中出现了教学过度复杂化问题，教学逐渐由最美的简单形式变得日益晦涩难懂，教师角色、教学手段、教师工作等都从简单走向了复杂，而教学操作性却大打折扣。相应地，实践中普遍存在着对教学的"泛化"理解现象，教学概念的外延和教学方式的功能被随意扩大，而"泛化"的过程往往伴随着"虚化"，实际上却降低了实践运用中的有效性。因此，对教学属性以及教师在其中的作用进行深入的再思考是十分必要的。[①]

上述材料的论题是"对教学属性以及教师在其中的作用进行深入的再思考是十分必要的"，论证方式是教育演绎论证，论据是"或者遵循当前的两种主要教学属性以及教师地位的实践认知，或者再思考教学属性以及教师地位"，而"当前两种主要教学属性以及教师地位的实践认知不科学，有待改进"。因此，根据教育选言命题的否定肯定式的推理规则，就需要"对教学属性以及教师在其中的作用进行深入的再思考"。

又如，毛泽东在《人的正确思想是从哪里来的》一文中的论证方式就是选言证法。

> 人的正确思想是从哪里来的？是从天上掉下来的吗？不是。是自己头脑里固有

[①] 马健生，邹维. 论教学是一门领导的艺术[J]. 北京师范大学学报（社会科学版），2017（1）：13-21.

的吗？不是。人的正确思想，只能从社会实践中来，只能从社会的生产斗争、阶级斗争和科学实验这三项实践中来。人们的社会存在，决定人们的思想。而代表先进阶级的正确思想，一旦被群众掌握，就会变成改造社会、改造世界的物质力量。人们在社会实践中从事各项斗争，有了丰富的经验，有成功的，有失败的。无数客观外界的现象通过人的眼、耳、鼻、舌、身这五个官能反映到自己的头脑中来，开始是感性认识。这种感性认识的材料积累多了，就会产生一个飞跃，变成了理性认识，这就是思想。这是一个认识过程。这是整个认识过程的第一个阶段，即由客观物质到主观精神的阶段，由存在到思想的阶段。这时候的精神、思想（包括理论、政策、计划、办法）是否正确地反映了客观外界的规律，还是没有证明的，还不能确定是否正确，然后又有认识过程的第二个阶段，即由精神到物质的阶段，由思想到存在的阶段，这就是把第一个阶段得到的认识放到社会实践中去，看这些理论、政策、计划、办法等等是否能得到预期的成功。一般地说来，成功了的就是正确的，失败了的就是错误的，特别是人类对自然界的斗争是如此。在社会斗争中，代表先进阶级的势力，有时候有些失败，并不是因为思想不正确，而是因为在斗争力量的对比上，先进势力这一方，暂时还不如反动势力那一方，所以暂时失败了，但是以后总有一天会要成功的。人们的认识经过实践的考验，又会产生一个飞跃。这次飞跃，比起前一次飞跃来，意义更加伟大。因为只有这一次飞跃，才能证明认识的第一次飞跃，即从客观外界的反映过程中得到的思想、理论、政策、计划、办法等等，究竟是正确的还是错误的，此外再无别的检验真理的办法。而无产阶级认识世界的目的，只是为了改造世界，此外再无别的目的。一个正确的认识，往往需要经过由物质到精神，由精神到物质，即由实践到认识，由认识到实践这样多次的反复，才能够完成。这就是马克思主义的认识论，就是辩证唯物论的认识论。现在我们的同志中，有很多人还不懂得这个认识论的道理。问他的思想、意见、政策、方法、计划、结论、滔滔不绝的演说、大块的文章，是从哪里得来的，他觉得是个怪问题，回答不出来。对于物质可以变成精神，精神可以变成物质这样日常生活中常见的飞跃现象，也觉得不可理解。因此，对我们的同志，应当进行辩证唯物论的认识论的教育，以便端正思想，善于调查研究，总结经验，克服困难，少犯错误，做好工作，努力奋斗，建设一个社会主义的伟大强国，并且帮助世界被压迫被剥削的广大人民，完成我们应当担负的国际主义的伟大义务。[①]

（三）教育辩护

教育辩护本质上是普通逻辑学所探讨的逻辑证明在教育法律诉讼活动中的实际应用，是一种特殊形式的逻辑证明。

教育辩护与教育证明的主要区别如下：

第一，目标不同，论题的评价标准也不同。教育证明是要确定一个教育论题的真实

---

① 毛泽东. 毛泽东文集（第8卷）[M]. 北京：人民出版社，1999：320—323.

性，以此建立一种观点或理论；教育辩护则是要说明一个教育论题的合法性，以为当事人争取一个在法律允许范围内的最有利的结果。

第二，凭借的理论论据不同。教育辩护和教育证明都要以事实为根据，但在理论论据方面，教育辩护侧重于法律法规，教育证明侧重于公认的生活准则及科学原理和定律等。

教育辩护与教育证明的共同之处：

第一，逻辑结构相同，都是由论题、论据和辩护（或证明）方式三部分构成的。

第二，思维进程相同，都是先确立论题，然后围绕论题找论据，正好与推理从前提（根据、理由）到结论的思维进程相反。

第三，都要借助推理来完成。

第四，所要遵守的逻辑规则相同。

一个真实案例："一起教育体罚案件的不起诉历程"。[①]

当事人W，自小聪明伶俐，因是家中独女，父母视为掌上明珠，疼爱有加。父亲为当地市级医院的主治医生，母亲是国有企业员工，均为受过良好教育的知识分子。W勤奋好学，求学期间考取了省重点高中，毕业于国内某知名"双一流"大学，后于国外留学获硕士学位，但均非教育师范类专业。2021年，W刚毕业即怀揣梦想前往K市，投身于热爱的教育事业，应聘为某公立小学的教师并通过了教师资格证考试，获得了步入社会的第一份工作——光荣的人民教师。

2021年9月新学期伊始，经过短暂的培训，W满心憧憬地步入人民教师的行列。学校为培养新晋教师，对其委以重任，使其担任4年级某班班主任，并教授语文。在工作期间，由于班级秩序混乱，W在管理过程中采取体罚学生的手段，后事件升级为刑事案件，其被公安机关以"虐待被监护、看护人"一罪移送检察机关审查起诉。

2021年12月11日，派出所与当地司法所人民调解中心参与了调解，在当事人W不在场的情况下，学校的校长、人民调解员、学生家长三方确定了一个赔偿解决方案，只允许当事人W签字支付赔偿款，且不能有异议。毕竟W只有25岁，也是刚刚步入社会参加工作的研究生，一个人背井离乡，身边没有亲人，为了尽快解决此事所产生的不良影响及后果，便签署了调解协议书，随后四处借钱交齐了12万元的赔偿金。同时，学校方面对其做出了停职一周、调岗其他班级任课、通报批评、扣发当月绩效工资、取消本年度评优、晋升资格等行政处罚措施。按正常的事件发展脉络，此事到此就应该处理完毕，生活工作学习会回归日常的进程。

但是，2022年是教育部师德师风专项整治年，加之此次事件处理中的赔偿金额过高，引起了市公安局的重视，认为一个简单的教育体罚事件却有如此高的赔偿，担心事情并非那么简单，而要深究其因。故将此案件重新指派给学校所在区公安分局辖区的派出所以涉嫌虐待被监护、看护人案进行立案侦查，当事老师W作

---

① 该案件的来源为大成辩护人公众号2022年7月22日推文。http://criminallaw.dachenglaw.com/cases/852.html.

为嫌疑人接受了全方位的审查,所幸其一直被取保候审,继续在学校从事教学工作。

2022年4月15日,派出所重新侦查并报区人民检察院,拟以W涉嫌虐待被监护、看护人案审查起诉。W的亲属在获知了事件的进程后,立即来K市找辩护律师寻求帮助。此时,案件已被移送至区检察院正式立案,已经进入了审查起诉阶段。

律师辩护:

辩护律师急当事人之所急,放下案头待处理案件,联系检察官阅读案卷并紧急约见当事人,就当时的案件情况做了详细的了解。通过细致耐心地查阅案卷材料和走访,辩护律师意识到,该案件可能存在案外因素误导案情走向的情况,于是在查阅相关的法律规定后,积极与检察官沟通,立场坚定地表示,嫌疑人不可能构成虐待被监护、看护人罪,并结合客观事实及证据材料进行了论证分析,还原案件事实。抢在检察官看案卷之前把书面和口头辩护意见予以表达。

既然要论证案件当事人不构成该罪,那么就有必要针对该罪名进行深入的分析:虐待被监护、看护人罪的立法背景,是近些年来幼儿园老师虐待小朋友、福利院虐待老人的事件时有发生,从媒体曝光的视频来看,虐待手段残忍,情节极其恶劣,对儿童、老年人等被监护人、被看护人的心理造成严重的伤害。然而,受害人往往由于伤情构不成重伤,达不到故意伤害罪的立案追诉标准,导致无法追究施暴人的刑事责任。而《中华人民共和国刑法》规定的第260条的虐待罪仅限于家庭成员之间,且如果未达到被害人重伤、死亡的结果,属于告诉才处理的犯罪。这种情况下,往往给予施暴人行政处罚,由其承担民事赔偿责任,不能更好地保护被害人的权益。而虐待被监护、看护人罪弥补了这一法律漏洞,将非家庭成员之间的虐待行为纳入了《中华人民共和国刑法》保护的范围,加强了对弱势群体权益的保障。

关于犯罪认定,《中华人民共和国刑法修正案(九)》新增设的虐待被监护、看护人罪的主体,主要是对未成年人、老年人、患病的人、残疾人等负有监护、看护职责的学校(含幼儿园等育婴机构)、养老院、医院、福利院等单位负有监护、看护职责的人员以及直接负责的主管人员和其他直接责任人员,并且在客观上表现为行为人实施了虐待被监护、看护的人,情节恶劣的行为。事实上,包括发生在幼儿园里的虐童行为在内,该罪的客观行为通常表现为殴打或者体罚等,行为性质显然更符合故意伤害犯罪。因此,如果造成被监护、看护的人轻伤以上后果的,应根据《中华人民共和国刑法修正案(九)》关于"有第一款行为,同时构成其他犯罪的,依照处罚较重的规定定罪处罚"的规定,以故意伤害罪定罪处罚。关于构成该罪的处罚,刑法的规定是犯虐待被监护、看护人罪的,处三年以下有期徒刑或者拘役。单位犯前款罪的,对单位判处罚金,并对其直接负责的主管人员和其他直接责任人员,依照前款的规定处罚。有第一款行为,同时构成其他犯罪的,依照处罚较重的规定定罪处罚。

辩护律师认为,当事人W的行为,从根本上不符合该罪名的构成要件。首先,W的主观方面是为了更好地维护和保持教学秩序和课堂纪律,使认真学习的绝大部分同学能有一个安静稳定的课堂纪律，使自己的一身所学能更好地教育传授给学生们，不存在所谓的恶意侵犯学生人身权利的主观心态，主观心态不存在犯罪故意；其次，W所实施的惩戒行为，造成了学生身体体表的轻微伤，这在客观上是本可以避免的严重错误（法律意识的淡薄所致），并不属于手段残忍、情节极其恶劣（该罪的入罪标准必须是属于恶意虐待且达到情节恶劣），且没有对受惩戒学生造成不良的心理影响（该生仍然活泼好动，积极上学），并不需要心理干预和调解，学生自己在笔录中都表达了理解老师是为了约束其违反课堂纪律而为之。其他的学生家长也表示对此予以理解，认为应该由教育行政部门给予行政处分足以达到警示的效果，公安机关不应该介入。最后，法律的目的是教育和引导，惩罚只是辅助的手段，综合法律方面、案件事实的因素考虑，为达到法律效果和社会效果的合理统一，无论从哪个方面来考量，都不能认定W的行为符合虐待被监护、看护人罪的构成要件，更加不可能构成该罪。既然连犯罪构成要件都不符合，那么以此罪名起诉，只能是导致司法不公，对国家教育事业的发展带来严重的不良影响。

  刑法的处罚原则必须主客观效果一致，否则会导致罚不当其罪，严重违背司法公正。如果以该罪名起诉定罪，也会给司法的公信力造成严重的冲击，与人民群众、教育界对合理的教育惩戒行为产生误解，让教师们只能按部就班地完成教育部门规定的教学任务，不再发生自主能动性，认真负责地进行教学工作，更会失去工作的积极性。W的行为固然有错，教育经验的不足、法律意识的不足使其处理问题的手段和方式方法过激，没有掌控好教育惩戒的违法边界。但从其主观方面思考，其错不至于犯罪，其错在没有认知到自己的行为已经违法，且有踏入犯罪道路的危险，没有深刻认识到自己作为教育工作者更应该知法懂法，学会运用法律的手段维护受教育者和自身的合法权益。其在事后已受到了相应的行政处分，并做出了积极的赔偿，该行为所引发的后果也已让其吸取到了足够的教训。

  辩护律师经过查阅法律法规，认真仔细的研判案卷材料，走访现场，多次约见被取保嫌疑人，撰写多次法律文书，与侦查机关协调沟通等，最终坚定地认为，本案当事人不构成虐待被监护、看护人罪。同时，律师向侦查机关和检察机关及时建议终结诉讼程序，以给当事人的心理影响和教学影响降至最低。

四、教育反驳

《两个铁球同时着地》是原人教版小学语文教材四年级下册中的一篇课文。

  伽利略是17世纪意大利伟大的科学家。他在学校念书的时候，同学们就称他为"辩论家"。他提出的问题很不寻常，常常使老师很难解答。

  那时候，研究科学的人都信奉亚里士多德，把这位古希腊哲学家的话当作不容许更改的真理。谁要是怀疑亚里士多德，人们就会责备他："你是什么意思？难道要违背人类的真理吗？"

  亚里士多德曾经说过："两个铁球，一个10磅重，一个1磅重，同时从高处落下来，10 磅重的一定先着地，速度是 1 磅重的 10 倍。"这句话使伽利略产生了疑问。

他想：如果这句话是正确的，那么把这两个铁球拴在一起，落得慢的就会拖住落得快的，落下的速度应当比 10 磅重的铁球慢；但是，如果把拴在一起的两个铁球看作一个整体，就有 11 磅重，落下的速度应当比 10 磅重的铁球快。这样，从一个事实中却可以得出两个相反的结论，这怎么解释呢？

伽利略带着这个疑问反复做了许多次试验，结果都证明亚里士多德的这句话的确说错了。两个不同重量的铁球同时从高处落下来，总是同时着地，铁球往下落的速度跟铁球的轻重没有关系。伽利略那时候才 25 岁，已经当了数学教授。他向学生们宣布了试验的结果，同时宣布要在比萨城的斜塔上做一次公开试验。

消息很快传开了。到了那一天，很多人来到斜塔周围，都要看看在这个问题上谁是胜利者：是古代的哲学家亚里士多德呢，还是这位年轻的数学教授伽利略？有的说："这个青年真是胆大妄为，竟想找亚里士多德的错处！"有的说："等会儿他就固执不了啦，事实是无情的，会让他丢尽了脸！"

伽利略在斜塔顶上出现了。他右手拿着一个 10 磅重的铁球，左手拿着一个 1 磅重的铁球。两个铁球同时脱手，从空中落下来。一会儿，斜塔周围的人都忍不住惊讶地呼喊起来，因为大家看见两个铁球同时着地了，正跟伽利略说的一个样。这时大家才明白，原来像亚里士多德这样的大哲学家，说的话也不是全都对的。

结合以上材料，思考何为教育反驳？

教育反驳是指用一个或几个已知为真的教育命题去确定另一个教育命题的虚假性或者教育论证不成立的教育思维过程。在结构上，教育反驳由被反驳的教育论题、反驳的教育论据和反驳方式组成。如果教育论证被称为"立"的话，那么教育反驳就可为称之为"破"。

（一）教育反驳的种类

1. 反驳论题

通过反驳论题确定对方论题的虚假性。

有一种观点认为，智力早熟会造成早亡。然而事实并非如此。5 岁就能作诗、9 岁通声律的唐代大诗人白居易活了 74 岁；控制论创始人诺伯特·维纳 12 岁入大学，16 岁毕业于哈佛大学，活了 70 岁；德国诗人歌德 8 岁能阅读德文、法文、意大利、拉丁文、希腊文等多种文字的书籍，14 岁开始写剧本，活了 83 岁……可见，并非智力早熟会造成早亡。

这里引用了几位名人早熟长寿的事实，通过归纳推理得出了"并非智力早熟就会造成早亡"的结论，直接反驳了"智力早熟就会造成早亡"这一论题。

又如：

教育万能论有两个基本主张：一是教育对个人的发展起决定作用，认为人的思想观点、个性是受他所生活的环境及所受的教育影响而形成的；二是教育是改造社会的最重要手段，教育万能论认为通过教育来培养整个民族、国家以至社会的性格能够改造社会，推动历史发展。

"教育万能论"的观点对于加深人们对教育的认识和促进教育的发展起到了积极的作用，其对教育作用的高度评价对于认识教育在人的身心发展中的作用具有一定的意义。教育虽然对社会和人的发展都有着重要的影响，但是这种影响并不能决定社会和人的发展，教育万能论把教育视为人的身心发展的决定因素和改造社会的最重要手段，过分夸大了教育的作用，在实践中也是有害的。

2. 反驳论据

针对对方论据进行反驳，通过确定对方论据的虚假性，说明对方的论证（证明）不能成立。

相传孔子有一次与弟子们东游，车马行至齐地纪障城的时候，年方七岁的项橐见车马来了也没有让开。

项橐对孔子说："我请教您三个问题，答出来我就让路，答不出来就请您绕城而过。"孔子答应了。

项橐说："天地人为三才，夫子可知天有多少星辰，地有多少丘谷，人有多少根眉毛？"孔子摇头说："我还真的不知道。"项橐得意说道："那我来告诉你，天有一夜星辰，地有一茬五谷，人有黑白两根眉毛。"

项橐再问："请问什么水没有鱼？什么火没有烟？什么树没有叶？什么花没有枝？"孔子答道："江河湖海，水中都有鱼；柴草灯烛，是火就有烟；没有叶不成树，没有枝又哪里有花呢？"项橐听后晃着脑袋说："不对，是井水没鱼，萤火没烟，枯树没叶，雪花没枝。"

项橐又问："什么山上无石？什么车子无轮？什么牛无犊？什么马无驹？什么男人没有妻子？什么女人没有丈夫？"孔子逗他说："啊呀，我还是不知道。"项橐又答道："土山无石，轿车无轮，泥牛无犊，木马无驹，神仙无妻，仙女无夫。"

孔子佩服这个七岁的孩子，于是向项橐行礼绕城而过。这就是后世传说的"项橐三难孔夫子"的故事。[①]

3. 反驳论证方式

针对对方的论证方式进行反驳，确定对方的论证方式不能成立。也就是证明对方的论据与论题间缺乏必要的逻辑联系，由此说明其证明是不合逻辑的。

反驳论证方式就是指出对方在论证过程中所运用的推理形式不符合有关推理规则或推理要求，进而犯了"推不出"的逻辑错误。需要指出的是，在反驳中如果驳倒了对方的论证方式，并不等于驳倒了对方的论题，也不等于确定了对方的论据是虚假的。这是

---

① 程建忠. 项橐三难孔夫子［N］. 天府早报，2015－03－25（国学故事版）.

因为在有些情况下，对方的论题和论据都是真实的，仅仅是论证方式不正确。所以，如果驳倒了论证方式，只是表明对方所运用的推理形式是错误的，违反有关推理的规则或要求，进而得出对方所提供的论据并不能合乎逻辑地推导出论题，即论题没有得到有效论证。

例如：

> 所有的优秀教师都有属于自己的教学风格，
> 小狮子有属于自己的教学风格，
> 所以，小狮子是优秀教师。

显然，这是直言三段论"第二格"的推理形式，亦称"区别格""否定格"，即中项在两个前提中都必须是谓项。第二格的规则：前提中要有一个是否定判断；大前提是全称判断。而这个推理中前提没有一个否定判断，因此，不符合规则，也就推不出"小狮子是优秀教师"。但是，这个推理不成立只是无法证明小狮子是优秀教师，同时也无法证明小狮子不是优秀教师。

（二）教育反驳的方法

1. 直接反驳

直接用论据从正面说明某一命题是不正确或不合法的，也就是引用与被反驳的论题或论据相矛盾或相反对的真实的理论或原理，直接确定被反驳的论题或论据的虚假性。

例如：

> 篮球运动员都是高个子，小山是高个子，所以，他是篮球运动员。
> 反驳：个子高和篮球运动员没有必然联系。篮球运动员都是高个子，但是高个子不一定是篮球运动员。

直接反驳的结构：
被反驳的论题或论据 p。
引用与 p 相矛盾或相反对的真实的命题非 p。
根据不矛盾律和对当关系推理，推出论题或论据 p 的假。

2. 间接反驳

先证明与被反驳命题相矛盾的命题为真，或者先假定被反驳的命题为真并由此推出荒谬的结论，然后根据不矛盾律来确定被反驳的论题或论据为假。一般可分为归谬反驳法和独立证明法两种方法。

（1）归谬法反驳。

先假设对方的论点是成立的，然后按照对方的逻辑进行分析和推理，最后得到一个自相矛盾或荒谬的结论，这样也就说明了该假设是不成立的，也就有力地反驳了对方的论点。归谬法类似于反证法，使用了假设的方法，利用了逻辑规律中的矛盾律，由对方逻辑在推理分析中出现前后矛盾的现象，得到对方的逻辑是错误的。这是一种"以牙还牙"的反驳方法。即先假定被反驳论题为真，然后由此推出荒谬的结论，最后根据假言推理的否定后件式来否定前件，从而驳倒对方的论题。

归谬反驳法的逻辑步骤和形式：

确定被反驳的命题 p；

设 p 真；

构建一充分条件假言命题：p⇒q；

证明 q 假，即┐q；

根据充分条件假言推理否定后件而否定前件式：(p⇒q)∧┐q⇒┐p；

有位美国参议员对逻辑学家贝尔克说："所有的共产党人都反对我，你也反对我，所以你是共产党人。"

反驳：

贝尔克当即答道："亲爱的参议员先生，您的推论真是妙极了！如果你的推论能够成立，那么下面的推论也能成立：所有的鹅都吃白菜，您也吃白菜，所以您是鹅。"

归谬反驳法有三种主要形式：

①推论式反驳：从被反驳的命题推出假命题。

抓住对方的狡辩的逻辑，按照这个荒唐逻辑从一个角度层层深入进行推导，得出一个错误明显、漏洞百出的结论，从而暴露出这种说法的极端荒谬可笑，使对方无法反驳，不得不拱手认输。

小狮子老师喜欢养金鱼，前天，他花了 100 多元从市场上买了两条名贵金鱼，谁知没过一天，金鱼就一命呜呼了。于是他找到金鱼商，想讨个说法。

小狮子老师：你卖的这些新品种金鱼，真像你说的那样，包活五年吗？

鱼商：是的，包活五年，假一赔十！

小狮子老师：包活五年？那我前天从你这儿买的两条鱼，为什么昨天就死了呢？

鱼商：是吗？——哦，这个。对……对！我忘了告诉你，昨天正好是那两条鱼五周岁的生日。

小狮子老师：你怎么知道的？

鱼商：鱼是我养的，我当然知道啦！

小狮子老师：哦，这下我也明白了，前天的鱼是昨天过五岁生日，昨天的鱼就是今天过五岁生日，今天的鱼就是明天过五岁生日，明天的鱼就是后天过五岁生日，对吧？你卖的金鱼确实长寿，但离死都只有一天！

围观的人一听，哈哈大笑。鱼商无话可说，只好把购鱼款退给小狮子老师。

②矛盾式反驳：从被反驳的命题推出与其自身相矛盾的命题。

抓住对方论断中自相矛盾的说法，以此推导出与事实相悖的结论，充分彰显其论题的荒谬，"以子之矛，攻子之盾"，使对方陷入尴尬困境，无法自圆其说，最终败下阵来。

历史学家顾颉刚去拜见章太炎时，大谈西方的科学实验，强调一切事物必须亲眼看到，才算真实可靠。章太炎很不以为然，问顾颉刚："你有没有曾祖？"顾回答说："老师，我怎么会没有曾祖呢？"章太炎说："你真有吗？你亲眼看到了你的曾祖吗？"

③引申式反驳：从被反驳的命题中引申出与其相矛盾的命题。

古希腊学者克拉底鲁宣称："我们对任何事物所作的肯定或否定都是假的。"亚里士多德对此命题进行反驳说："克拉底鲁的话等于说：'一切命题都是假的'，而如果一切命题都是假的，那么，这个'一切命题都是假的'命题也是假的。"

这个例子就是运用了这种归谬法的反驳形式。

（2）独立证明法（反题法）。

先证明与被反驳的命题（论题或论据）相矛盾的命题真，然后根据对当推理或不矛盾律推出被反驳的命题假。

独立证明法的逻辑步骤和形式：

确定被反驳的命题 p；

提出与被反驳命题相矛盾的命题 ¬p；

证明 ¬p 真；

根据不矛盾律，推出 p 假。

这种反驳方法与证明中的反证法刚好相反：反证法是通过证明与原命题相矛盾的命题假，借助排中律，推出原命题真。

地心说体系由古希腊晚期亚历山大城的数学家、天文学家托勒密（Claudius Ptolemy，约90—168年）所完成。他提出了进行理论研究的基本原则：力求以最简单的假设对各种现象作出统一的解释，这就是"简单性原则"，它在近代科学发展中起着重要的作用。在他所写的《天文学大全》一书的前言中，他明确提出："……天宇是球形的并且作球体运动，大地就形状来说，显然是球状的……；就位置来说，它恰在天宇的中央，像几何中心一样，就大小和距离来说，大地与恒星比较就是一个点，它本身完全没有运动。"

托勒密根据当时人们所接受的动力学原理提出论证说，如果地球自身在转动，其周围的大气将不会被带走，因而云将向西离去，鸟和大气中的其他东西都会被带向西方，地球将会失掉它上面的所有东西。他正是根据这种判据否定地动思想的。于是，他便由近及远地按照月亮、水星、金星、太阳、火星、木星、土星，最后是恒星的顺序，安排了他的地心说宇宙结构。

由于古代人缺乏足够的宇宙观测数据，以及怀着以人为本的观念，他们误认为地球就是宇宙的中心，而其他星体都是围绕着它运行的。古希腊的托勒密将地心说的模型发展完善，且为了解释某些行星的逆行现象（即在某些时候，从地球上看那些星体的运动轨迹，有时这些星体会往反方向行走），他提出了该理论，即这些星体除了沿着绕地轨道外，还会沿着一些小轨道运转。后来，天主教教会接纳此为世界观的"正统理论"。

托勒密的理论能初步解释从地球上所看到的现象，但到了文艺复兴时代，随着科学技术的进步，支持"日心说"的一些证据陆续出现，且有些现象地心说无法解释，地心说逐渐被淘汰。

五、教育论证规则

在教育论证过程中，需要遵守一些共同的规则。

（一）关于教育论题的规则

1. 论题须明确，否则犯"论题不明"的错误

在日常生活中，有的算命先生常对人说一些"活络话"、双关语，好便于他根据情况随意进行辩解，避免因算得不准而陷于被动。比如，在谈到父母存殁情况时，他说："父在母先亡。"

"父在母先亡"含义不明确，可作不同解释：

其一，父亲在，母亲已亡故；

其二，父亲在母亲之前亡故；

其三，如父母双方都已亡故，那可解释成他们去世时间上的先后，反正谁先死都说得通；

其四，如果父母都还健在，那也可解释为他们将来亡故的时间先后。

总之，不管在什么情况下，这句话都能成立。

算命先生是故意用含混的论题进行诡辩。

2. 论题须保持同一，否则犯"转换论题"的错误

"论题同一"就是按照同一律的要求，在同一个论证过程中论题保持不变，不能偷换论题或改换论题。无论偷换论题还是改换论题，都改变了原来的论证对象：不是论证原来应论证的问题，而是论证和原论题有某种联系的或者比较近似的其他论题。

"改换论题"即在论证过程中改变一开始所主张的论点，转而提出另一不同的论点，把后者误认为就是原先的论点。"改换论题"常表现为"论证过多"或"论证过少"：在论证过程中，不去论证原来的论题，而去论证比原来的论题断定更多而又虚假的判断，叫"论证过多"；在论证过程中，不充分论证原论题，而去论证比原论题断定内容少的判断，叫"论证过少"。

例如：

有些同学在论证"家庭教养方式对学生行为习惯的影响"这一论题时，容易论证过多，变为论证"家庭因素对学生行为习惯的影响"。

又如：

有同学在论证"学校对学生发展的主导作用"这一论题的时,容易论证过少,变为论证"课堂教学对学生发展的主导作用"。

(二)关于教育论据的规则

1. 论据须真实,否则犯"虚假理由"的错误

论据是用以证明论题或驳倒论题的根据或理由。如果论据不真实,所要证明的论题就不能得到证明,所要驳倒的论题也不能被驳倒。

亚里士多德认为,地球是宇宙的中心,因为日月星辰都是围绕地球运行。

而所谓"日月星辰都是围绕地球转的"这一论据是假的,所以,这一论证就犯了"虚假论据"的错误。

2. 论据真实性应已知,不能是尚待证明的,否则会犯"预期理由"的错误

所谓"预期理由"的错误,是指在论证时所用的论据本身还是一些真实性尚未得到论证的判断。

昆曲《十五贯》中,无锡知县过于执,仅凭尤葫芦(被害人)养女苏戌娟年轻貌美,便判定她是与熊友兰勾搭成奸而谋财杀死养父的凶手。其论断是:"看你艳如桃李,岂能无人勾引?年正青春,岂能冷若冰霜?你与奸夫情投意合,自然要生比翼双飞之意。父亲拦阻,因之杀其父而盗其财,此乃人之常情。"

3. 论据的真实性应先于论题的真实性

在论证中,论题与论据的关系是不可逆的。即论题的真实性依赖论据的真实性来论证,但论据的真实性不能依靠论题的正确性来确定,否则要犯"循环论证"的错误。

小山:"小龙,你今年几岁了?"
小龙:"比去年大一岁。"
小山:"那你去年几岁啊?"
小龙:"比今年小一岁。"
小山:"你家里有几口人?"
小龙:"和家里的牙刷数目一样多。"
小山:"那你家里有几把牙刷啊?"
小龙:"每人一把。"
小山:"你好像很胖?"
小龙:"因为我吃得多。"
小山:"你为什么吃得多?"
小龙:"因为我很胖。"

（三）关于教育论证方式的规则

论证所用推理须合乎逻辑规则，否则推不出。

论据与论题要有充分的逻辑联系，即能够从论据推出论题，或者说从论据推出论题的推论形式应是有效的，否则要犯"推不出"的逻辑错误。

"推不出"的逻辑错误具体表现如下：

第一，不合规则。

> 小山同学在英语课堂上总是心不在焉、东张西望、无心学习，
> 小狮子老师想点拨点拨他，让他在英语课堂认真学习。小狮子老师："小山，英语课你不好好听讲的话，以后出国旅游你都无法跟人交流。"小山回答："如果一个人想出国旅游，那么他就要学英语。我不打算出国旅游，所以我没有必要学英语。"

显然，小山同学采用了假言推理的否定前件式，不符合规则。

第二，论据与论题不相干。

> 小山不喜欢饮料，小山也不喜欢喝茶，所以小山喜欢喝咖啡。

显然，我们发现该论证过程不成立，主要原因在于论据与"喜欢喝咖啡"这个论题不相干。

第三，论据不足。

> 惩罚的严厉程度应当与违法的严重程度相吻合。教师殴打学生的行为侵害了学生的生命健康权，违背了教师职业道德，违反了《中华人民共和国宪法》《中华人民共和国教育法》等法律，教师殴打学生属于严重的违法行为，因此，教师殴打学生的行为应被判死刑。

这个例子中，"教师殴打学生属于严重的违法行为"的论据较为充足，可以成立；但"教师殴打学生的行为应被判死刑"没有充足的论据支撑，不能成立。

第四，以人为据。在论证过程中，不是以事实和已经证明的科学原理为依据，而是以与论题有关的人的权威、地位、品德、人格等作为论证这一判断真假的依据，这就是以人为据。

以人为据的具体表现如下：

诉诸权威。诉诸权威是指在论证中以权威作为论据的根基，而不是以逻辑或事实来支持论点。例如，"地心说"是不能怀疑的，因为亚里士多德就是这么认为的。在这个例子中，对于"地心说"不容怀疑这个论题，仅仅依靠亚里士多德的言论来证明其为真，是典型的诉诸权威。

诉诸无知。诉诸无知是一种以无知为论据而引起的谬误，即辩称一个命题为真，其依据仅仅是该命题没有被证明为假，或者辩称一个命题是假的，仅仅因为没有被证明为真。即以人们对某一个命题的无知为依据，从而断言该命题的真假。例如，灵魂是存在的，因为没有人能证明它是不存在的。这里用"没有人能证明灵魂是不存在的"来证明

"灵魂是存在的",就犯了"诉诸无知"的错误。对某些知识的无知,与它是否存在是没有关系的。

诉诸众人。诉诸众人则是指援引众人的意见、见解、信念或常识等来进行论证,以被广泛接纳为理服人。例如,《战国策·魏策二》[1]记载有这样一则故事:

> 庞恭与太子质于邯郸,谓魏王曰:"今一人言市有虎,王信之乎?"王曰:"否。""二人言市有虎,王信之乎?"王曰:"寡人疑之矣。""三人言市有虎,王信之乎?"王曰:"寡人信之矣。"庞恭曰:"夫市之无虎明矣,然而三人言而成虎。"

成语"三人成虎"所揭示的正是诉诸大众的谬误。鉴于这种谬误往往涉及情感的诉求,而后者常常对某一人群的整体产生影响,因此,这种谬误有时也称作"诉诸感情"。

【思考与讨论】

请扫描二维码完成习题。

---

[1] 韩非. 韩非子 [M]. 北京:中华书局,2014:268.

参考文献

[1] 明道. 图解逻辑学［M］. 北京：中国华侨出版社，2018.
[2] 郭元祥. 教育逻辑学［M］. 北京：人民教育出版社，2002.
[3] 彭漪涟，余式厚. 趣味逻辑（修订版）［M］. 北京：北京大学出版社，2019.
[4] 格桑. 逻辑学入门［M］. 北京：中国纺织出版社，2020.
[5] 杨武金. 逻辑思维能力训练［M］. 北京：中国人民大学出版社，2020.
[6] 欧文·M. 柯匹，卡尔·科恩，维克多·罗迪奇. 逻辑学导论［M］. 张建军，潘天群，顿新国，等译. 15版. 北京：中国人民大学出版社，2022.